berg
torf

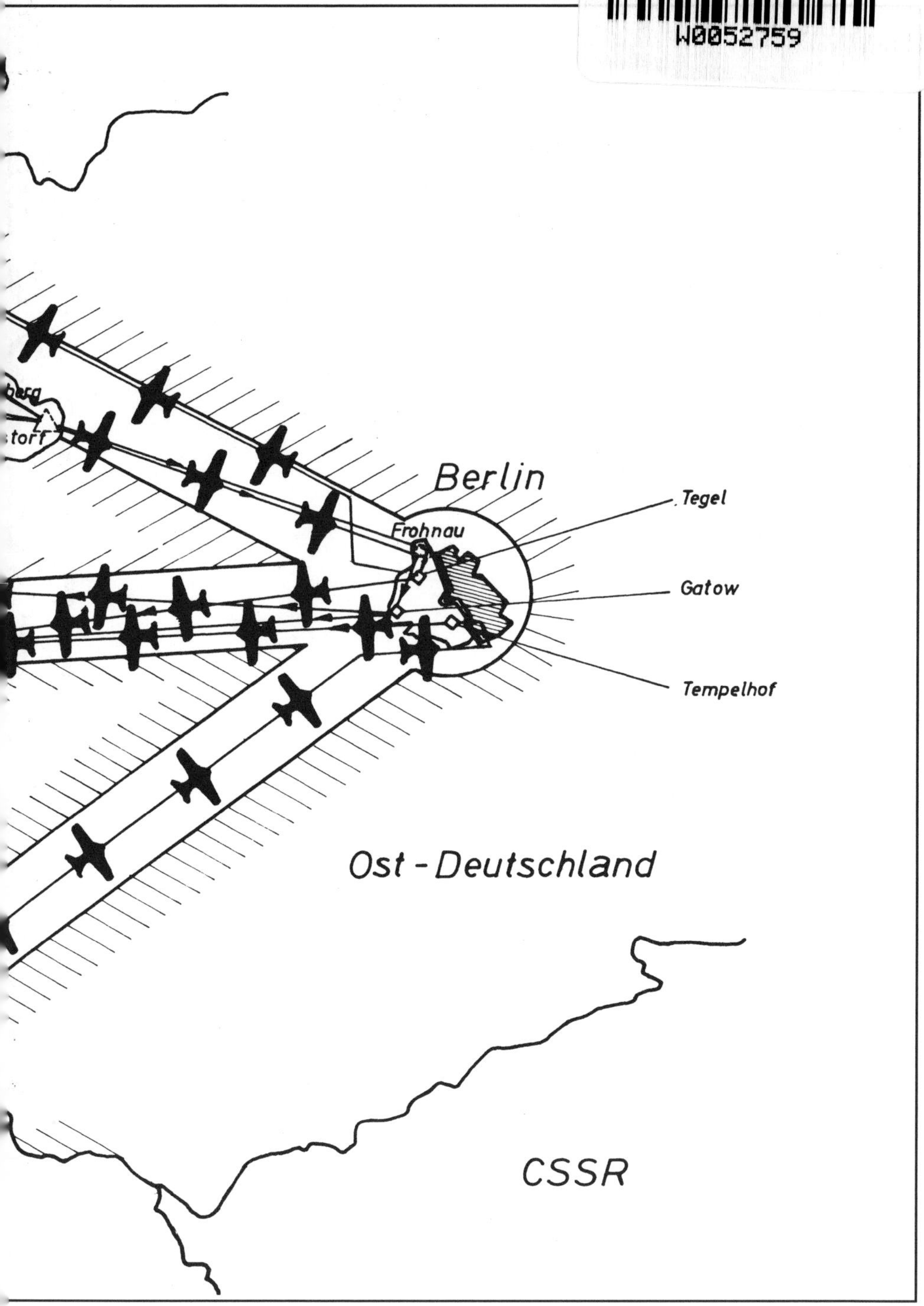

Berlin

. Tegel

Frohnau

Gatow

Tempelhof

Ost - Deutschland

CSSR

LUFTBRÜCKE BERLIN

DIE DRAMATISCHEE GESCHICHTE
DER VERSORGUNG AUS DER LUFT
JUNI 1948–OKTOBER 1949

KLAUS SCHERFF

Luftbrücke Berlin

Einbandgestaltung: Michael Kreutz unter Verwendung eines Fotos aus dem Archiv Scherff.

ISBN 3-87943-417-4

2. Auflage 1998
Copyright © by Motorbuch Verlag, Postfach 103743, 70032 Stuttgart.
Ein Unternehmen der Paul Pietsch Verlage GmbH + Co.
Druck: Studio-Druck, 72622 NT-Raidwangen
Bindung: E. Riethmüller, 70176 Stuttgart
Printed in Germany.

INHALTSVERZEICHNIS

WIDMUNG

Dieses Buch wurde zum Gedenken an jene Männer geschrieben,
die für die Luftbrücke nach Berlin, für die Erhaltung der zwei
Millionen Einwohner dieser Stadt ihr Bestes gaben und ihr
Wertvollstes verloren, das Leben.

J. Anderson	P. C. Golding	E. O'Neill	T. Spernatt
R. H. Boyd	P. J. Griffin	J. T. Orms	C. Taylor
G. S. Burns	J. E. Grout	W. G. Page	N. H. Thies
A. J. Burton	G. Haan	H. Patterson	H. W. Thomson
E. E. Carrol	C. v. Hagen	A. Penny	J. Toal
M. E. Casey	W. F. Hargis	B. E. Phelps	S. M. L. Towersey
H. R. Crites	R. M. W. Heath	C. L. Putman	F. I. Trezona
W. Cusack	H. F. Heinig	M. J. Quinn	C. W. Utting
J. Devaientine	W. R. Howard	W. A. Rathgeber	J. A. Vaughan
E. D. Diltz	G. Kell	K. A. Reaves	B. J. Watkins
I. R. Donaldson	C. H. King	D. W. Robertson	E. W. Watson
F. Dowling	C. B. Ladd	K. Schlinsog	R. P. Weaver
W. Dühring	D. J. Leemon	H. Schwarz	L. G. Wells
A. Dunsire	W. D. R. Lewis	K. A. Seaborn	L. A. Wilkins
P. J. Edwards	P. A. Louch	J. P. Sharp	L. V. Williams
E. S. Erickson	W. T. Lucas	G. B. Smith	R. Winter
H. Fiedler	R. V. v. Luehrte	J. G. Stephens	K. G. Wood
R. J. Freight	R. C. Marks	R. E. Stone	R. M. Wurgel
R. R. Gibbs	H. T. Newman	B. W. Stuber	K. Zühlsdorf
L. E. H. Gilbert			

Diese 77 Luftbrückenopfer wurden aus verschiedenen Quellen zu-
sammengetragen. Viele Unterlagen sprechen auch von »nur« 76.

Diese Widmung wäre jedoch unvollständig, würden wir nicht
auch an die Kohlensäcke und Lebensmittelkisten schleppenden
Ladearbeiter auf jedem der Versorgungsflughäfen denken, in
Berlin und in Westdeutschland, die später kein Denkmal und

auch keine Ehrennadel erhielten. Sie setzten ihre ganze Kraft ein, mühten sich ab und verschwanden nach Beendigung der Luftbrücke lautlos wieder in der großen Masse. Ihnen zu danken ist unsere Pflicht.

DANKSAGUNG

An dieser Stelle möchte ich Herrn Werner Girbig, Hattersheim für die Überlassung von umfangreichen Unterlagen zu diesem Buch meinen herzlichsten Dank aussprechen.
Ferner danke ich Frau Boldt vom Landesarchiv Berlin für die unermüdliche Mithilfe bei der schwierigen Beschaffung von weiterem dokumentarischem Material.
Ich bedanke mich ferner bei allen Personen, Firmen und Instituten, die mir mit wertvollen Hinweisen und Auskünften geholfen haben, insbesondere Fräulein H. Sönnichsen von der British Airways, Berlin, Frau Barbara Pischke aus der Landesbildstelle sowie Frau Eva Bong vom Ullstein-Bilderdienst, Berlin, ferner Herrn Günter Hecht, Berliner Verkehrs-Betriebe, den Zeitungsredaktionen von Tagesspiegel und Berliner Morgenpost, dem Burda-Verlag, Offenburg und der Berliner Flughafen-Gesellschaft in Tempelhof.

Der Verfasser

VORWORT
zur zweiten Auflage 1998

Als dieses Buch Anfang der siebziger Jahre Gestalt annahm, befand sich die Welt noch mitten im Kalten Krieg, in harter Ost-West-Konfrontation, in der die Worte Glasnost und Perestroika unbekannt waren. Deutschland bestand aus zwei selbständigen Staaten, und in Berlin durchzog seit 1961 eine unüberwindliche Mauer die Stadt.

13 Jahre davor war es schon einmal zu einem „Dichtmachen der Grenzen" um West-Berlin gekommen, nur daß 1948 die Absperrungs-Blockade absolut und Transitreisen ins westliche Deutschland nahezu unmöglich waren. Hieraus entstand, wie wir wissen, die „Luftbrücke nach Berlin" und mit ihr eine Verbundenheit zwischen den Berlinern und ihren westlichen Partnern, wie sie so kurz nach einem bitteren Kriege kein Mensch für möglich gehalten hatte.

Blockade und Luftbrücke sind untrennbar miteinander verbunden. Daß aber Mauer und Stacheldraht 1989 fallen und sich daraus die Wiedervereinigung und das Zusammenwachsen zu einem Deutschland ergeben werden, hatte wohl niemand mit Sicherheit vorausgesehen. Aus heutiger Sicht daher die *Luftbrücke Berlin* anzuschauen, ist von besonderer Aktualität, denn vieles in diesem Buch ist noch aus der Betrachtung des „Getrenntseins", des Denkens in „Ost-West-Mentalität", geschrieben worden.

Ich freue mich deshalb, daß der Motorbuch Verlag gerade zum 50. Jahrestag dieses größten Lufttransportunternehmens der Weltgeschichte mein Buch *Luftbrücke Berlin* neu herausbringt.

Marxzell/Albtal, im Frühjahr 1998   Klaus Scherff

ANSTELLE EINES GELEITWORTES

»Seit einigen Jahren werde ich von dem Gedanken verfolgt, daß es dem Menschen möglich sei zu fliegen. Diese Krankheit hat an Schwere zugenommen, und ich glaube, daß sie mich bald einen beträchtlichen Betrag an Geld kosten wird, wenn nicht gar mein Leben.«
Wilbur Wright in einem Brief aus dem Jahre 1900.

». . . Dann werden wir Berlin eben aus der Luft versorgen!«
General Lucius D. Clay, Militärgouverneur in Deutschland in einer Besprechung zu General Wedemeyer, Chef der Planungs- und Einsatzabteilung im US-Generalstab
am 24. Juni 1948 in West-Berlin.

GESCHICHTE UND GEGENWART

Die Caravelle liegt ruhig und störungsfrei in der Luft. Alle 32 Passagiere des Air France Paris-Berlin-Fluges haben nach dem Essen ihren Kaffee ausgetrunken. Zigarettenrauch steigt auf, Zeitungen werden entfaltet. Kaum einer der Passagiere wirft einen Blick aus dem Fenster, für die meisten ist Fliegen zur Selbstverständlichkeit geworden, ein Teil unseres modernen Lebens. Wir befinden uns in einem der drei nur 32 km breiten Luftkorridore mitten über der DDR. Vor etwas mehr als 50 Jahren hat sich gerade hier, auf dieser Strecke, eines der grandiosesten Ereignisse modernen Lufttransports abgespielt, als es darum ging, die blockierte Stadt Berlin und mit ihr 2,10 Millionen Einwohner ausschließlich auf dem Luftwege nicht nur mit Lebensmitteln, sondern auch festen und flüssigen Brennstoffen, Industriehalbzeugen und Teilen für ein neues Kraftwerk zu versorgen.

Die Berliner Luftbrücke, die von Juni 1948 bis Oktober 1949 andauerte, wird oftmals als ein Wunder bezeichnet, ein Wunder technischer Perfektion, optimaler Ausnutzung des Lufttransportraumes und des zur Verfügung stehenden Luftraumes in und um Berlin sowie der Zuflugstrecken. Ein Wunder, das wahrscheinlich nie mehr in dieser Größe erreicht wird. 1948 aber, als die bis an die Grenze ihres Möglichen vollbeladenen Transportmaschinen der amerikanischen und britischen Luftwaffe ihre so dringend notwendige Fracht in die eingeschlossenen Westsektoren Berlins brachten, dachte niemand an das Ausmaß und die Ein-

11

maligkeit, die diese Aktion in die Geschichte eingehen ließen. Wie Hühner auf der Stange aufgereiht, in einer nicht enden wollenden Kette von manchmal 400 km Länge und mehr, die von Berlin bis Frankfurt reichte, alle 13¹/₂ km ein Flugzeug, jedes mit genau 270 km/h Geschwindigkeit, so flog man damals nach Berlin, rund um die Uhr, Tag und Nacht, sonntags und feiertags.

Die Piloten der Skymaster-, York-, Dakota- und Hastings-Maschinen durften in Berlin nur einen Anflug machen —, wenn der mißlang, mußten sie das Stadtgebiet wieder verlassen, um Stauungen zu vermeiden. Mehr noch als ein Wunder aber war die Luftbrücke ein Ergebnis harter, bis ins einzelne Detail reichender Arbeit. Arbeit, die sich auf Planung und Durchführung der oftmals über 1200 täglichen Flüge bezog, Arbeit, die für die gesamte Organisation der Be- und Entladung, die Heranschaffung der Lebensmittel und Versorgungsgüter an die westdeutschen Absprunghäfen und die Bereitstellung der riesigen Benzinmengen für die Transportflugzeuge der Berliner Luftbrücke geleistet werden mußte.

Heute ist das etwas ganz anderes. Wer heute mit dem Flugzeug nach Berlin reist, und das tun die meisten der auswärtigen Besucher, der schaue schon aus dem Fenster, wenn der Pilot die Triebwerke drosselt und die Maschine langsam auf Tiefe geht, lang ehe das eigentliche Stadtgebiet erreicht ist. Denn hier beginnt eigentlich schon Berlin, zwischen den glitzernden Seenketten und den dunklen Kiefernwäldern. Die märkische Landschaft ist nicht so sehr Umgebung, sie ist ein Wesenselement der Stadt. Berlin ist in sie hinein und um sie herum gewachsen, es hat Wälder und Seen in seine Wohnviertel eingeschlossen. Der Grunewald ist vom Zentrum Westberlins, dem Bahnhof Zoo, in nur 20 min Autobusfahrt den Kurfürstendamm aufwärts zu erreichen. Man sieht es von oben, vom Flugzeug oder aus der luftigen Höhe des »Langen Lulatsch«, des Berliner Funkturms: Vom Villenvorort Grunewald bis Zehlendorf zeigt sich eine einzige grüne Woge von

Baumkronen, die Häuser und Asphalt unter sich begräbt.

Der Air France-Kapitän fliegt die Caravelle nun längs der Havel über Spandau bis rauf nach Tegelort, dreht über dem Tegeler See rechts ein, überfliegt den Ort Tegel. Die beiden Rolls Royce-Avon-Triebwerke am Heck der Caravelle sind kaum noch zu hören, als wir jetzt über Lübars in den Endanflug einschwenken, Fahrgestell und Klappen ausfahren und nun auf dem Flughafen Berlin-Tegel landen. In dem modernen Abfertigungsgebäude des Flugsteigringes West, an dem zu gleicher Zeit bis zu 14 Maschinen anlegen können, erinnert nichts mehr daran, daß hier im Oktober 1948 die erste amerikanische Luftbrücken-Transportmaschine mit Lebensmitteln für die blockierte Stadt Berlin landete. In nur drei Monaten wurde dieser Flughafen Tegel als dringend notwendige Ergänzung zu den westberliner Häfen Tempelhof und Gatow für die Berliner Luftbrücke buchstäblich aus dem Boden gestampft. Heute kann Tegel als einer der modernsten Verkehrslufthäfen Europas gelten. Mit seinen beiden Runways, der Nordbahn von 3021 x 46 m und der südlichen von 2421 x 61 m Größe ist Tegel für die Berliner Flughafengesellschaft der langgeträumte Traum, endlich einmal aus der Misere des Improvisierens herauszukommen.

Als wir jetzt unsere Caravelle verlassen und durch das modern und hell gestaltete Empfangsgebäude nach draußen zum Taxi gehen, fällt uns erneut auf, welche Veränderungen hier, in dem einstmals 11 Monate lang blockierten Berlin, heute eine der lebhaftesten Städte der Welt, eingetreten sind. Wie war das eigentlich damals 1948, als die Sowjets über Nacht Westberlin von allen Landwegen isolierte und über zwei Millionen Einwohner von heute auf morgen vor eine ungewisse, dunkle Zukunft stellten? Als einige Tage später die Luftbrücke einsetzte, gab kein Mensch, nicht einmal die unmittelbar Beteiligten, den Berlinern, auf längere Zeit eine Chance zu überleben. Fragte man damals Volkswirtschaftler nach ihrer Meinung, wie lange eine Großstadt wie Berlin aus der Luft versorgt werden könne, so erhielt man zur Antwort: bestenfalls eine Woche. Wie wir heute wissen, sind aus dieser einen Woche 45 geworden. 45 oftmals harte Wochen der Entbehrung, Hunger, Kälte, Dunkelheit. Letzten Endes jedoch 45 Wochen des Überlebens. Nur die Berliner, die damals in dieser Stadt lebten, wissen, daß die Luftbrücke mehr war als ein Wunder, nämlich: harte Arbeit.

Die Flugzeuge brachten alles, was zu einer Versorgung von zwei Millionen Menschen nötig ist. »Mehl«-, »Rosinen«- und »Kohlenbomber« hießen die Flugzeuge bei den Berlinern. Es war die Zeit, da alles, um Frachtraum zu sparen, trocken in konzentrierter Form eingeflogen wurde. Der Volksmund witzelte bald: »Es fehlt nur noch, daß sie uns hier das Wasser getrocknet herbringen«. Oder den Piloten der Kohlenbomber wurde zugerufen: »Seid froh, daß ihr uns nur die Kohlen hereinzufliegen braucht. Stellt Euch vor, Ihr müßtet auch die Asche wieder herausfliegen«!

WIE KAM ES ZUR LUFTBRÜCKE?

Ob sich heute noch viele an das Jahr 1948 erinnern? Die Tschechoslowakei hatte als Bollwerk der freiheitlichen Demokratie inmitten des sich konsolidierenden Ostblocks gerade zu bestehen aufgehört. Nachdem die Schlinge nach der CSSR geworfen wurde, erschien es unter dem Gesichtspunkt der Ziele der sowjetischen Aggressionspolitik fast zwangsläufig, daß Berlin das nächste Opfer sein würde. Die kleinen Sticheleien hatten schon 1947 begonnen, als die Sowjets immer strengere Befehle gegen die Verlagerung deutscher Möbel und den Umzug deutscher Familien von Berlin nach dem Westen erließen. Vielleicht war die Feuerprobe, die Berlin durchstehen sollte, schon im Dezember 1947 befohlen worden, als die Londoner Konferenz der Außenminister der USA, Großbritanniens, Frankreichs und der UDSSR in erhitzter und bitterer Stimmung auseinanderbrach.

In nüchternen Zahlen läßt sich die geographische Lage Berlins mit 52° 31' nördlicher Breite und 13° 25' östlicher Länge sowie durchschnittlich 34 m über Normalnull beschreiben. Die Stadt liegt in der Grenzlage von kontinentalen und atlantischen Großräumen, die in ihrer Kontaktzone das erzeugen, was die berühmte »Berliner Luft« ausmacht. Berlin ist nach Bodenfläche (883 km²) und Einwohnerzahl (rund 3,2 Millionen) die größte Stadt Deutschlands. Westberlin wird zwar an Fläche (480 km²) von Hamburg geringfügig übertroffen, aber seine Einwohnerzahl von 2,1 Millionen übertrifft die aller anderen deutschen Gemeinden. Das Stadtgebiet besteht, hier die Bestätigung der früher erwähnten optischen Eindrücke, zu rund 44 % aus Grün- und Wasserflächen. Die Stadt ist etwa 750 Jahre alt. Die beiden Schwesterngemeinden Kölln und Berlin wurden 1237 bzw. 1244 zum erstenmal urkundlich erwähnt. Im Jahre 1701 wurde Berlin die Hauptstadt des neuen Königreiches Preußen. Ein Höhepunkt in der bisherigen Stadtgeschichte war die Bildung Groß-Berlins im Jahre 1920, als durch das Eingemeindungsgesetz des preußischen Staates der Stadtkern mit sieben umliegenden Städten, 59 Landgemeinden und 27 Gutsbezirken verschmolzen wurde. Nach Beendigung des Zweiten Weltkrieges wurde Groß-Berlin — entsprechend der Aufteilung Deutschlands in vier Besatzungszonen — zur Viersektorenstadt. Die gemeinsame Regierung durch die vier Siegermächte war jedoch nur von kurzer Dauer. Am 20. März 1948 verließ der sowjetische Vertreter im Alliierten Kontrollrat die Sitzung. Von nun an wurde Berlin zum Hauptaustragungspunkt des Kalten Krieges.

Es war an einem drückend schwülen Juniabend des Jahres 1948 als der Kalte Krieg um Berlin seinen Höhepunkt erreichte:

Die warme Stille des Hochsommers war an diesem Juniabend 1948 unerwartet früh gekommen. Berlin, das fast auf der Höhe der vereisten Inseln von Alaska oder Labrador und am äußersten Rand der ersten großen osteuropäischen Steppe liegt, muß sonst länger auf die Wohltat sommerlicher Hitze und Stille warten. Aber in diesem ungewöhnlichen Jahr 1948 hatte der Sommer es besonders eilig, er schien gehetzt, wie in Erwartung der politischen Gewitterwolken, die sich in diesen Tagen über Berlin zusammenzogen. In ihrer geheimnisvollen und unerklärlichen Art hatte die Natur wahrscheinlich der Wettergöttin befohlen, die Inselstadt Berlin, ihr geringster Abstand nach dem Westen Deutschlands beträgt 166 km, mit sanfter Sommerwärme zu beglücken. Ihre Bewohner, die 2,1 Millionen Menschen in Westberlin, standen an diesem Juniabend 1948 kurz vor einer grausamen, elfmonatigen Belagerung, einem harten und entbehrungsreichen Kampf, in dem sie der Welt ein Beispiel von Durchhaltevermögen geben sollten, das in der Geschichte der Menschheit einmalig ist.

Auf den breiten und belebten Bürgersteigen des Kurfürstendamms, der Berliner nennt ihn schlicht »Kudamm«, spazierten die Menschen Arm in Arm und zum erstenmal in diesem Jahr ohne Mantel, um sich der plötzlichen und unerwarteten Wärme zu erfreuen. Ob viele von ihnen ahnten oder spürten, daß die Natur die Fehler der Menschen ein wenig ausgleichen wollte? Denn ernste und ungeheure Gefahr hing über Westberlin.

Trotzdem: für einen unvoreingenommenen Beobachter unterschied sich der Abend des 16. Juni 1948 in nichts von den anderen Juniabenden — es war nur plötzlich und unerwartet warm geworden. Zwar lagen Spannung und das Ahnen einer drohenden Gefahr gewittergleich in der Luft. Aber nur wenige wußten, daß die Ereignisse an diesem Abend ihren Höhepunkt erreichten und daß die Entscheidung eines Mannes ihre Spuren im zukünftigen Schicksal dieser Insel im Meer des Bolschewismus hinterlassen sollte. Dieser Mann war Alexander G. Kotikow, Generalmajor der Roten Armee und ein ernster Jünger des Stalin-Kommunis-

16

mus. Den entscheidenden Schritt unternahm er, als er plötzlich eine Sitzung der Alliierten Kommandantur in Berlin, der Viermächte-Kontrollgruppe, von der die Geschicke Berlins gelenkt wurden, verließ. Jedoch: die Blockade durch die Kommunisten und die harte Zeit der Entbehrungen, die für die Einwohner Westberlins folgte, begann nicht eigentlich an jenem warmen Abend des 16. Juni 1948. Sie begann weder am Tag davor noch am Tag danach. Es wird den Historikern nicht leicht fallen, das Anfangsdatum der Blockade auf einen bestimmten Tag festzulegen. Denn es war eine allmähliche Entwicklung, ein langsames, schleichendes Aneignen der Rechte friedfertiger Bürger, immer häufiger werdende Eingriffe in die Rechte der Westalliierten. Dadurch wurde die ordentliche Abwicklung der vordringlichsten Aufgaben, nämlich die Ernährung dieser Bürger und die Verwaltung der Stadt, unmöglich gemacht. Ein festes Datum für den Beginn der Blockade gibt es genaugenommen nicht, obwohl der 24. Juni 1948 als offizieller Blockadebeginn in den Geschichtsbüchern steht. Der Eröffnungstermin der Berliner Luftbrücke dagegen ist verbrieft: der 26. Juni 1948. Doch davon später.

Lagen die Anfänge der Blockade vielleicht im Januar 1948, als Sowjetsoldaten zum ersten Male den britischen Militärzug anhielten, der zwischen Berlin und Westdeutschland verkehrte und zwei Personenwagen abkoppelten, in denen Deutsche im amerikanischen Auftrag fuhren? Begann sie einen Monat später, als ein amerikanischer Militärzug stundenlang am sowjetischen Schlagbaum in Helmstedt festgehalten wurde? Oder die Historiker werden sagen, daß die Blockade eigentlich am 1. April 1948 anfing, als die Sowjets den westlichen Alliierten offiziell ankündigten, daß »zusätzliche Bestimmungen« eingeführt werden müßten, um die Durchfahrt alliierter Militärzüge im Interzonenverkehr zwischen Berlin und Westdeutschland zu kontrollieren. Sicher war diese Maßnahme vom 1. April ein wesentlicher Schritt zur Blockade, denn die Untersuchung des persönlichen Reisegepäcks und der militärischen Fracht riß eine weitere Kluft in die Beziehungen zwischen Ost und West.

Bald kamen neue sowjetische Schikanen hinzu. Die Frachtbriefe amerikanischer Güterladungen mußten bis in die unmöglichsten Einzelheiten ausgefüllt sein. Des öfteren wurden Güterwagen von ankommenden Zügen abgetrennt und in sowjetzonales Gebiet abgeschoben, wo die Waren beschlagnahmt wurden. In steigendem Maße wurden Brief- und Paketsendungen zensiert; an den sowjetischen Kontrollpunkten verschwanden Berge von Geschenksendungen aus den nach Berlin fahrenden Zügen. Schließlich mußte deutsche Polizei eingesetzt werden, um die kommunistische Eisenbahnpolizei daran zu hindern, Rangierlokomotiven und Eisenbahnwaggons aus dem amerikanischen Sektor zu entfernen. Damals unterhielten die westlichen Alliierten etwa 30 000 Mann Soldaten und Verwaltungspersonal in Berlin; dazu mindestens ebensoviel Berliner als Dolmetscher, Sekretärinnen, technisches Personals usw. Alles was sie brauchten, von der Verpflegung bis zu Puderquasten, Schreibpapier und Glühbirnen mußten sie aus Westdeutschland oder den Heimatländern der westlichen Besatzungsmächte einführen. Alle diese Versorgungsgüter, Tausende von Tonnen wöchentlich, mußten über die eingleisige, »internationale« Verkehrsader nach Westberlin transportiert werden. Die kleinlichen Untersuchungen und die neugierigen Fragen der Sowjetsoldaten, jeder Berliner kennt die früheren Abfertigungsmethoden der DDR-Organe, verursachten Verzögerungen, die bis auf ein gefährlich schmales Rinnsal diesen lebenswichtigen Güterstrom versiegen ließen.

Mehr noch: dieses neueste Recht der Untersuchung ankommender Fracht, das sich die Russen angemaßt hatten, ließ die Absicht ahnen, die dünne Nabelschnur ganz abzuschneiden, die die Stadt am Leben erhielt. Berlin war wirtschaftlich niemals selbständig. Die Industrie war und ist von ständiger Rohstoffzufuhr abhängig, um die laufende Produktion von Fertigerzeugnissen zu garantieren. Nicht zu vergessen, daß Berlin durch die Energie und Tatkraft seiner Arbeiter und Angestellten soviel verdienen mußte, um die Kosten für die laufende, große Einfuhr von Lebensmitteln zu decken.

Diese Lage, wie sie ähnlich den Haupt- und Großstädten in der ganzen Welt eigen ist, hatte sich trotz der 45 517 Tonnen Bomben, die mehr als 30 000 Wohnhäuser und Industrieanlagen zerstört hatten, nach dem Kriege nicht wesentlich verändert. Es war klar, daß Berlin nicht leben konnte, wenn sein importiertes Lebensblut an Nahrungsmitteln und Rohstoffen abgebunden wurde. Das wußten die Sowjets und das wußten auch die Berliner. So wird der 1. April 1948 in der Geschichte zwar nicht als der eigentliche Beginn, aber mit als auslösendes Moment für die Blockade Berlins gewertet werden. Übrigens hatten russische Wachsoldaten am gleichen Tage zwei amerikanische Militärgüterzüge angehalten und zurückgeschickt — beide Male auf Grund der fadenscheinigen Behauptung, die Frachtbriefe seien nicht in Ordnung.

Die Westalliierten in Berlin waren sich der großen politischen Bedeutung der kommenden Nervenprobe bewußt. Es schien geraten, jetzt sofort die Frauen und Kinder der Truppenangehörigen und des Verwaltungspersonals aus der Stadt zu evakuieren. Aber mit seltener Weitsicht erkannten sie gleichzeitig die psychologische Wirkung einer solchen Massenauswanderung. Das Hauptquartier in Washington fragte General Lucius D. Clay, den höchsten amerikanischen Offizier in Deutschland, nach seiner Meinung zu dieser Frage. Er drahtete sofort zurück:

»Die Evakuierung der alliierten Familien aus Berlin würde Hysterie zur Folge haben und sicher viele Deutsche in die Arme der Kommunisten treiben. Die Wirkung würde sich über ganz Europa verbreiten und überall die politische Kraft des Kommunismus stärken.«

Nun kam den Amerikanern mit einem Male die Gefahr zu Bewußtsein, die da grau und drohend am Horizont emporwuchs.

Der amerikanische Chef des Stabes in Berlin schrieb einen un-
mißverständlichen Brief an die zuständigen sowjetischen Stellen:
»Die Abmachungen, unter denen wir nach Berlin kamen, sehen
klar und frei den uneingeschränkten Gebrauch der bestehenden
Korridore vor. Dieses Recht war die Bedingung, unter der wir
nach Berlin einzogen und Thüringen und Sachsen verließen. Ich
glaube nicht, daß Ihre derzeitigen Maßnahmen mit den Abmachungen übereinstimmen.«

Die Antwort der Sowjets auf die amerikanische Protestnote folgte
am nächsten Tag und war ebenso klar und eindeutig: sie schlossen
die Hilfsstationen entlang der internationalen Autobahn von
Helmstedt nach Berlin. Diese Stationen waren im Abstand von
40 km entlang der rund 160 km langen Autobahn eingerichtet
worden und hatten den alliierten Fahrern auf dem Weg durch
das sowjetisch besetzte Gebiet der DDR manch wertvolle Dienste geleistet. Dies war der zweite Schlag innerhalb weniger Tage, und die letzte geheime Hoffnung auf eventuelle Wie-
derversöhnung mit den früheren östlichen Alliierten wurde dadurch vernichtet.

Die Amerikaner bemannten nun einen Zug in Westdeutschland
mit bewaffneten Soldaten und schickten ihn über Helmstedt auf
die Strecke nach Berlin. Es sollte eine Probe aufs Exempel sein,
wie ernst es die Russen mit ihrer Anordnung meinten. General
Clay berichtete später, daß der Zug ein Stück in die Sowjetzone
hineinfuhr, aber schließlich auf einer Seitenstrecke abgestellt
wurde, wo sich überhaupt niemand mehr um ihn kümmerte. Nach
einigen Tagen des Wartens, nichts ereignete sich, zog sich der
Zug ziemlich ruhmlos wieder nach Westdeutschland zurück. Der
Durchbruch nach Berlin war nicht geglückt.

Zur gleichen Zeit verlangten die Sowjets, daß die Amerikaner
und Engländer ihre Fernmeldespezialisten in der Sowjetzone innerhalb von zwei Wochen zurückzuziehen hätten. Bisher hatten
die Männer entlang jenes schmalen Asphaltkorridors gearbeitet,

um die militärischen Telefon- und Fernschreibverbindungen zwischen Berlin und dem Westen instand zu halten.

Aber noch andere, weitaus größere Bedeutungen hatte dieser 2. April 1948 in der Geschichte der Berliner Blockade. Denn am Morgen dieses Tages entschlossen sich die Amerikaner, eine neue Theorie, nämlich den Lufttransport der Militärgüter nach Berlin, auszuprobieren. Vielleicht konnte nicht einmal General Clay, der amerikanische Militärgouverneur, der in unendlich vielen Konferenzen von den Sowjets zum Narren gehalten worden war, die ungeheure Tragweite dessen ermessen, was er für jenen Morgen des 2. April, fast von ungefähr, als Versuch und als Prüfung der Transportfähigkeit der Luftwaffe angeordnet hatte. Am Abend vorher hatte ihm sein Chef des Stabes das Zurückschicken der beiden Militärgüterzüge nach Westdeutschland geschildert.

»Damit fehlen uns 600 Tonnen dringend benötigter Fracht in den Beständen, Herr General«, führte er weiter aus. Der General mit dem schmalen Gesicht und den grauen Augen sah von den Papieren auf, die seinen Schreibtisch bedeckten. »Schicken Sie mir bitte den Luftwaffen-Verbindungsoffizier her«, sagte er. Die Anordnungen Generals Clays kamen oft sehr unerwartet für seine Mitarbeiter, man mußte annehmen, daß die Fee, die manche Menschen mit dem Glück begünstigt, in richtigen Augenblicken das richtige zu sagen, seine besondere Freundin war. Sehr häufig überraschte und verwirrte er seine engsten Untergebenen mit schnellen Entscheidungen oder mit einer plötzlichen unerwarteten Abfassung politischer Anweisungen, die nicht lange durchdacht zu sein schien. Dennoch war General Clay wie wenige Soldaten bekannt dafür, wahrscheinlich war es eine gewisse Begabung, manchmal vielleicht auch etwas Glück, daß er immer das Rechte tat, wie schnell die Entscheidung auch getroffen sein mochte. So war es auch an diesem Spätnachmittag des 1. April 1948.

Der junge Major der Flieger, Verbindungsoffizier zwischen der Luftwaffe und den übrigen Besatzungsgruppen in Deutschland,

21

trat wenige Minuten später ins Büro des Generals. Er grüßte und sagte: »Sie haben nach mir geschickt, Herr General?«

»Wie viele Flugzeuge, zweimotorige C 47, sind in Frankfurt stationiert?« fragte ihn General Clay. Die Schlichtheit seiner unumwundenen Frage war entwaffnend und verwirrend zugleich. Die Art des Generals hatte immer die gleiche Wirkung auf alle Offiziere, mit denen er sprach.

»Wir haben auf Rhein-Main eine Gruppe, Herr General.« Der Major wollte erklären, wie groß eine Gruppe sei, denn schließlich kam General Clay ja von den Bodentruppen. »Wir haben 36 C 47 im Truppentransport-Kommando auf dem Rhein-Main-Flughafen in Frankfurt, Herr General«, führte er deshalb weiter aus. Der Major hatte keine Ahnung, worauf General Clay hinauswollte, würde es aber bald erfahren. »Wie viele dieser 36 Maschinen können auf kurzfristigen Befehl hin aufsteigen?« — »Das ist schwer zu sagen, Herr General. Vielleicht 25 oder 26, denn etwa ein Drittel von ihnen wird ständig überholt.« — »Wie groß ist die max. Ladekapazität der C 47?« wollte der General wissen. »3,1 Tonnen bei kurzen Entfernungen. Hier in Europa aber nicht mehr als zwei bis zweieinhalb Tonnen gemischter Ladung, Herr General.« Der Major fragte sich, was General Clay vorhaben könnte. Welch neuen Plan heckte er wieder aus. Clay dachte einen Augenblick nach und sagte dann: »Vor morgen um Mitternacht brauche ich dreißig Flüge von Frankfurt nach Berlin-Tempelhof. Sagen Sie das jetzt gleich Ihren Leuten in Frankfurt; ich werde in einigen Minuten eine schriftliche Anordnung schicken.« Der Fliegermajor, halb ungläubig, grüßte und verließ das Büro. Schon während er ging, wandte sich General Clay an seinen Chef des Stabes: »Weisen Sie das Transportkorps in Frankfurt an, es soll 10 % der Tonnage laden, die die beiden ausgefallenen Züge nach Berlin gebracht hätten. Und zwar die lebenswichtigsten Güter. Morgen früh muß alles per Lkw zum Rhein-Main-Flughafen gefahren werden. Sorgen Sie bitte für die Einzelbefehle. Ich

22

möchte 60 Tonnen des notwendigsten Materials — Sachen, die sonst mit den Zügen gekommen wären — vor morgen um Mitternacht in Berlin-Tempelhof haben.«

Das war es also, das große Geheimnis, der Versuch der Amerikaner, wenigstens den Versorgungsschwierigkeiten ihrer eigenen Garnisonen zum Teil zu begegnen. Den Gütertransport per Flugzeug einzuschalten, war an sich nichts Neues, denken wir nur an die eingeschlossene sechste Armee vor Stalingrad. Trotz aller Schwierigkeiten wurden damals immerhin 90 Tonnen notwendiger Kriegsgüter pro Tag eingeflogen. Das war zwar nur ein Bruchteil von dem, was Göring versprochen hatte, aber der eigentliche Unterschied liegt woanders: Damals war Krieg, Menschen und Material wurde nicht geschont und wie wir wissen, stiegen die Abschüsse deutscher Transport-Ju's auf dem Wege nach Stalingrad durch russische Jagdflieger und Flak bald ins Unermeßliche. Jetzt im April 1948, war die Situation anders. Wenigstens der rücksichtslose Einsatz wie im Krieg konnte nicht mehr so ohne weiteres gefordert werden. Es galt, menschliche und auch flugtechnische Interessen zu berücksichtigen. Probleme traten schon bald auf.

Am Morgen des 2. April saß ein amerikanischer Oberst in der Einsatzbaracke auf dem Frankfurter Flughafen, als ein Sergeant ins Büro kam, stramm grüßte und mit mehr als üblicher Begeisterung verkündete: »Herr Oberst, ich habe hier ein Fernschreiben vom Luftwaffen-Hauptquartier in Europa. Es steht drin, daß wir heute die ganze Gruppe einsetzen sollen. Bis heute vor Mitternacht sind dreißig Flüge nach Berlin-Tempelhofer Feld durchzuführen.« Er reichte dem Oberst das Blatt Papier. Der saß plötzlich sehr gerade auf seinem Stuhl. Halb vermutete er einen Scherz, halb fürchtete er die Wahrheit — wußte er doch, in welcher Richtung mit Berlin sich die Dinge in den letzten Tagen entwickelt hatten.

»Dreißig Flüge«, rief er aus, »verflixt, wir haben doch nur 24 einsatzbereite Maschinen. Das heißt, sechs Flugzeuge müssen zweimal die Strecke hin- und zurückfliegen. Bei den 200 km Geschwindigkeit, die unsere ‚Klappervögel' bei voller Beladung raufkriegen, brauchen sie nach Berlin zweieinhalb bis drei Stunden, zuzüglich der Be- und Entladung. Da müssen wir uns aber beeilen. Was zum Donnerwetter hat General Clay vor?«

Vielleicht begann an diesem Morgen des 2. April 1948 die Blockade und die Luftbrücke, an der schließlich die Blockade zerbrechen sollte. Vielleicht war dies der Anfang der großen Prüfung für Menschen und Maschinen.

Es sei noch hinzugefügt, daß diese sogenannte »Kleine Luftbrücke«, die vom 2. bis 4. April 1948 dauerte, insgesamt etwa 200 Tonnen ausschließlich für die Besatzungstruppen bestimmtes Material nach Berlin-Tempelhof brachte. Dann, als sich der Straßen- und Eisenbahngüterverkehr wieder normalisierte, stellte man die Kleine Luftbrücke ein. Trotzdem lagen hier erstmals wichtige Testergebnisse für die Versorgung von mehreren tausend Menschen ausschließlich durch Flugzeuge vor, Ergebnisse, die zweieinhalb Monate später für die Entschlußfassung der »richtigen« Luftbrücke von großem Nutzen waren.

DIE LAGE SPITZT SICH ZU

Drei Tage, nachdem General Clay die erste Versuchsluftbrücke angeordnet hatte, dachten sich die Sowjets wieder eine Maßnahme aus, um West-Berlin von seinem Hinterland abzuschneiden. Sie unterbanden plötzlich jeden Schiffsverkehr von Berlin nach dem Westen. Am gleichen Tage wurde die Postverbindung zwischen Berlin und den Westzonen gestört, außerdem die Paketpost nach dem Westen am nächsten Morgen gänzlich unterbunden.

Der Berliner Magistrat und die westlichen Besatzungsmächte versuchten, an die Vernunft der Russen zu appellieren, aber umsonst: sie erhielten nicht einmal Antwort. Die Westberliner Presse protestierte stürmisch gegen die Unmenschlichkeit der sowjetischen Anordnungen. Wochenlang berichteten die Schlagzeilen von neuen Aktionen, die das Leben in den Westsektoren lähmen sollten: »Sowjets befehlen Zensur aller abgehenden Post«; »Sowjets verlangen Sonderpaß für Interzonenreisen«; »Sowjets schließen die Elbebrücke zu Reparaturzwecken« und schließlich: »Sowjets sperren die Autobahn Helmstedt—Berlin«. Alles dies sind Schlagzeilen, die der Berliner über 30 heute noch in Erinnerung hat, wenn auch oftmals nur durch die Gedanken an die sorgenschweren Gespräche der Eltern.

Mit diesen Daten und Fakten könnte man noch einige Seiten weitermachen. Wir kommen der Wahrheit wohl am nächsten, wenn wir sagen: es war gar kein festlegbarer Tag oder eine bestimmte Nacht, sondern eine allmähliche Anhäufung dunkler Sturmwolken, die sich an dem unerwartet warmen Abend des 16. Juni 1948 in großer Wut, wie man das nur von plötzlich aufziehenden Gewittern her kennt, über dem Leben und den Hoffnungen von zwei Millionen Westberlinern zu entladen begannen. Inzwischen lief die sowjetische Propagandamaschine auf Hochtouren. Sie war wie alle anderen Maßnahmen darauf gerichtet, Berlin von den westlichen Mächten zu »befreien«. Daß dieser Schuß nach hinten losgehen würde, ahnte damals noch niemand.

»Die westlichen Alliierten haben kein Recht, länger in Berlin zu bleiben«, tönten das kommunistische Radio und die Presse.

»Die Sowjetbehörden sind bereit, die Bevölkerung von Westberlin zu ernähren und zu erhalten.«

Riesenmengen von Flugblättern und Handzetteln wurden in den Westsektoren verteilt. Der Versuch der Beeinflussung erstreckte sich sogar auf das Telefon. Alliierte und deutsche Persönlichkeiten aus Politik und dem öffentlichen Leben erhielten anonyme Anrufe, oft mitten in der Nacht, in denen sie bedroht, manchmal sogar beschimpft wurden. Aber diese Taktik blieb erfolglos. Edith Howley, die Frau des amerikanischen Stadtkommandanten, und ihre vier Kinder blieben während des ganzen nun beginnenden Streites in Berlin, obwohl sie jeden Tag die Möglichkeit gehabt hätten, sich ausfliegen zu lassen.

Der Berliner ist ein Mensch, der sich nicht leicht aus der Ruhe bringen läßt. Seine in der ganzen Welt bekannte »Schnauze mit Herz« gepaart mit Humor und angeborener Schnelligkeit im Denken hatten ihm geholfen, das schrecklichste Luftbombardement der Geschichte, Vergewaltigungen, Chaos und Plünderungen durch herumstreifende Rotarmisten und die Epidemien und Hungerperioden der ersten Nachkriegsjahre erfolgreich zu überstehen. Aber eine gewisse Wirkung des sowjetischen Druckes war jetzt unvermeidlich. Anfang Juni war sich kein Berliner mehr im Zweifel darüber, daß nunmehr wirklich das Schicksal von West-Berlin auf des Messers Schneide stand. Jeder spürte die Spannung, die in der Luft lag. Doch die Außenwelt, auch die Westalliierten, verstanden erst langsam und allmählich die Bedeutung der Dinge, die hier in West-Berlin vorgingen.

Es war nicht mehr eine Ausnahme, sondern die Regel, daß sowjetische »Inspektoren« Eisenbahnzüge und Lastkähne auf dem Wege von Westdeutschland nach Berlin anhielten und durchsuchten. Das war damals noch nicht so selbstverständlich, wie wir es von den späteren Kontrollen durch DDR-Organe bis zum Abschluß der Berlin-Vereinbarungen von 1972 kennen. So gelangten immer seltener Versorgungsgüter auf dem Wasserwege oder per Schiene in die Stadt. Schließlich befahl General Clay dem amerikanischen Stadtkommandanten Oberst Howley, eine Zusammenkunft mit dem Sowjetgeneral Kotikow zu verabreden, um die genauen Gründe für die unvernünftige und unmögliche Politik zu erfahren. Der amerikanische Kommandant setzte sich in seinen Dienstwagen und fuhr die 20 Kilometer bis Karlshorst, wo das sowjetische Hauptquartier seinen Sitz hatte. Dort wollte er frei und offen mit Kotikow sprechen.

Oberst Howley war ein Mann mit offenem und unkompliziertem Charakter; er stammt aus einer amerikanischen Pioniersfamilie und war kein Meister der versteckten Rede oder leerer Ausflüchte, zumindest zeigte er während seines $4^1/_2$-jährigen Aufenthaltes in Berlin keine Anlagen dazu. »Sagen Sie, Kotikow, warum kümmern sich Ihre Leute um Züge und Lastkähne, die nach Berlin kommen?« fragte er. »Sind Sie wirklich hinter Schmugglern her, oder haben Sie tieferliegende Gründe? Wir kamen nicht nach Berlin, um Ihnen Schwierigkeiten zu machen, und wir nahmen an, daß auch Sie keine Schwierigkeiten haben wollen.« Die blauen Augen des sowjetischen Generals wurden schmal. »Wie denken Sie, amerikanischer Oberst, über den Schmuggel?«

Es ist eine beliebte Methode der Russen, durch Fragen nach den

Gedanken des anderen selbst Zeit zum Überlegen zu gewinnen.
Nun, Howley war der Ansicht, daß der Umfang des Schmuggels
sehr geringfügig sei, aber daß man sich natürlich zusammensetzen
und Mittel und Wege beraten könne, wie der Schmuggel zu unter-
binden sei, falls die Sowjets über den Umfang beunruhigt seien.
Dieses einseitige Anhalten und Kontrollieren von Eisenbahnen
und Lastkähnen jedoch sei sicher nicht der richtige Weg, eine
einheitliche Verwaltung der Stadt aufrechtzuerhalten.

»Ich werde meine vorgesetzten Dienststellen um Instruktionen
bitten«, sagte Kotikow mit verbindlichem Lächeln, »ich werde
Sie über ihre Entscheidungen natürlich gern informieren.« Eine
Woche verging und die Transportunterbrechungen ließen nach.
Naive und hoffnungsvolle Gemüter mögen angenommen haben,
daß trotz aller gegenteiligen Anzeichen das Problem der west-
östlichen Zusammenarbeit in Berlin doch nicht unlösbar sei.

Nach dem 16. Juni aber waren die Würfel gefallen. General Kotikow, angeblich schockiert und erregt über eine Bemerkung des
amerikanischen Stadtkommandanten Oberst Howley, stampfte
wütend aus dem Konferenzzimmer der Alliierten Kommandantur
hinaus. Jetzt wußte Berlin genau — die Außenwelt begann es
erst zu ahnen — daß eine Zeit der Prüfungen und der Härte begonnen hatte.

Berlin war zu diesem Zeitpunkt eine Insel, die auf ihre Zufahrtswege dringend angewiesen war. Die geringste Entfernung zur
1346 km langen Grenze zwischen der DDR und der Bundesrepublik lag bei 166 km. Die Grenze BRD/DDR begann gegenüber dem eleganten Badeort Travemünde an der Ostsee und endete bei dem winzigen Dorf Prex im Frankenwald.

Greifen wir den Ereignissen jetzt ein bißchen vor, um die Übersicht nicht zu verlieren. Während also der westalliierte Luftverkehr über die Korridore von und nach Berlin reibungslos funktionierte, behinderten die Sowjets den Straßen-, Schienen- und Was-
serverkehr durch das Gebiet der von ihnen besetzten Zone in

steigendem Maße. Als sich der politische Himmel in diesen Sommermonaten 1948 immer mehr verdunkelte, als die Russen begannen, die nach Westen führenden Lebensfäden Berlins abzuschneiden, um schließlich in der Nacht zum 24. Juni 1948 die totale Blockade über West-Berlin zu verhängen, war das Luftfahrtabkommen eine von zwei möglichen Alternativen, die den westlichen Alliierten zur Erhaltung und zur Versorgung West-Berlins blieben. Aber zwei Millionen Westberliner auf dem Luftwege zu versorgen — ein wahnwitziger Gedanke. So etwas war doch nicht möglich. Sollte nicht die Alternative, die Zufahrtswege mit militärischer Gewalt wieder aufzubrechen, mehr Aussicht auf Erfolg haben?

Luftbrücke oder Gewalt oder Luftbrücke und Gewalt, das war die Frage der Stunde — eine Frage, die General Lucius D. Clay entscheiden mußte, und er, ein Mann schneller Entschlüsse, entschied sich für beides. Er unterrichtete Berlins Oberbürgermeister Prof. Ernst Reuter kurz über das, was jetzt auf West-Berlin zukommen würde, ließ sich von Reuter bestätigen — auch wenn es für Berlin hart werden würde — daß man auf seine Mitarbeit zählen könne. Dann gab Clay in eigener Verantwortung zunächst einmal den Befehl zur »Operation Vittle«, d. h. zum Unternehmen Luftbrücke.

Aber für Clay war die Luftbrücke nur ein Anfang. Mit Panzern wollte er schon bald nachstoßen. Jedoch für die Gewaltanwendung mußte sich Clay in Washington rückversichern. Washington lehnte ab: Keine Gewalt! Dafür aber erhielt Clay die volle Unterstützung für sein Unternehmen Luftbrücke und schon bald befanden sich Transportgeschwader aus aller Welt, ja selbst von den entferntesten amerikanischen Luftstützpunkten im Pazifik her mit viermotorigen Maschinen im Anflug auf Deutschland. Die dicken Brummer, die da herankamen, waren alle für eine Ladekapazität von 10 Tonnen ausgelegt, flogen mühelos ihre 330 km/h Geschwindigkeit und vergrößerten damit die Lademöglichkeit und die Schnelligkeit der Luftbrückenflotte gewaltig. Wir erinnern uns: die zweimotorige C 47 »Dakota« erreichte bei etwa zwei Tonnen Ladung nur 200 bis 250 Kilometer je Stunde. Mit dem Einsatz der großen Maschinen wuchsen die Chancen für den Erfolg.

In der chronologischen Übersicht gestalten sich die Ereignisse ab dem 16. Juni 1948 wie folgt:

16. 6. 1948 — Die Alliierte Kommandantur stellt ihre gemeinsamen Sitzungen ein, da der sowjetische Vertreter eine weitere Teilnahme ablehnt.

18. 6. 1948 — Währungsreform in den drei Westzonen Deutschlands, nachdem eine gemeinsame in ganz Deutschland am Widerstand der Sowjetunion gescheitert war.

22. 6. 1948 — Abbruch der Viermächtebesprechungen über eine einheitliche Währungsreform in ganz Berlin.

23. 6. 1948 — Marshall Sokolowski ordnet eine Währungsreform für die Sowjetzone und ganz Berlin an. Die westlichen Stadtkommandanten setzen diesen Befehl für ihre Sektoren außer Kraft.

24. 6. 1948 — Nach zahlreichen vorherigen Verkehrsbehinderungen sperrt die sowjetische Besatzungsmacht die Westsektoren völlig ab: jeder Personen- und Güterverkehr von und nach West-Berlin ist unterbunden.

25. 6. 1948 — Die amerikanische Militärregierung erläßt in Übereinstimmung mit der britischen und französischen Militärregierung die Bestimmung Nr. 1 über die Durchführung der Neuordnung des Geldwesens. Hierin werden unter anderem Anordnungen über die Auszahlung des Kopfbetrages, die Ablieferung und Anmeldung von Altgeld, die Feststellung von Altgeldguthaben und Postwertzeichen getroffen. Die drei westlichen Stadtkommandanten befehlen, daß die Personalausweise aller Einwohner ihrer Sektoren mit einem »B«-Stempel versehen werden, der ursprünglich nur beim Währungsumtausch in den Ausweisen angebracht werden sollte. Damit soll die Möglichkeit ausgeschlossen

werden, daß Einwohner West-Berlins von den sowjetischen Behörden wegen ihrer Beteiligung an der westlichen Währungsreform bestraft werden. Den Einwohnern der Westsektoren ist von westlicher Seite freigestellt worden, außer ihrer DM-Quote auch Ostmark im Sowjetsektor abzuholen.

26. 6. 1948 — Auf Veranlassung des amerikanischen Militärgouverneurs General Lucius Clay wird die Versorgung West-Berlins durch Flugzeuge aufgenommen. Im Laufe der nächsten Monate wird die Luftbrücke nach Berlin so ausgebaut, daß wenigstens die notdürftige Versorgung der über zwei Millionen Einwohner in den drei Westsektoren sichergestellt ist. Am 16. April 1949 z. B. treffen in Abständen von etwa einer Minute insgesamt 1398 Flugzeuge mit zusammen fast 13 000 Tonnen Versorgungsgütern in West-Berlin ein. Trotzdem muß die Bevölkerung schwere Opfer auf sich nehmen. Im Winter 1948/49, also vor dem Erreichen der höchsten Rekordleistungen, konnten pro Kopf der Bevölkerung u. a. nur 12,5 kg Kohlen ausgegeben werden.

Aber so weit sind wir noch nicht. Die Zeiten, in denen gefroren werden muß, weil nicht genug Kohlen da sind oder jene, an denen hohe und höchste Tagesleistungen erzielt wurden, liegen im Juni 1948 noch in weiter Ferne.

Immer noch in der Hoffnung, daß sich zwei verschiedene Währungen innerhalb derselben Stadt vermeiden lassen (für einen Berliner war diese Forderung später, nachdem fast 30 Jahre schon zwei Währungen in Berlin existieren, fast unverständlich oder wenigstens ungewohnt), bat der Westen um Garantien dafür, daß für West-Berlin keine Nachteile entstehen würden. Sokolowski sagte, offensichtlich auf höheren Befehl, daß die Sowjets Ausgabe und Verbreitung der neuen Ostmark kontrollierten. Die Ostmark wurde in Berlin am 23. Juni in Umlauf gesetzt. Wie schon in der Chronik erwähnt, ließen die Westmächte den Umlauf in Westberlin zwar zu, aber nicht als alleiniges Zahlungsmittel. Dieses wurde am 25. 6. die neue Deutsche Mark, die DM also. Nur wenige Stunden zuvor war bekannt geworden, daß die Blockade nicht länger im Werden war — sie bestand bereits.

DIE BLOCKADE IST PERFEKT

Die Westberliner Redakteure bereiteten die Morgenausgabe für den 24. Juni vor, als plötzlich die Fernschreibeinrichtung des ADN-Nachrichtendienstes — die oft lange Zeit gänzlich schwieg — ihr ominöses Tack-Tack-Tack anstimmte. Eine Nachricht erschien auf der gelben Papierrolle der Maschine:
»Berlin, 23. Juni 1948 (ADN) . . . Die Transportabteilung der Sowjetischen Militärverwaltung sah sich gezwungen, aufgrund technischer Schwierigkeiten den Verkehr aller Güter- und Personenzüge von und nach Berlin ab morgen früh, 6.00 Uhr, einzustellen . Es ist im Interesse der Eisenbahn unmöglich, den Verkehr umzulegen, da eine solche Maßnahme den gesamten Eisenbahnverkehr in der sowjetischen Besatzungszone hindern würde«. Die Zeitungsleute riefen sich erregte Worte zu. Sie versammelten sich um die Maschine, die monoton die Worte tippte. »Jetzt ist es soweit«, sagte einer von ihnen, »und diesmal endgültig. Die Blockade hat begonnen.«
Seit sechs Monaten war der Eisenbahnverkehr plötzlichen Unterbrechungen durch die Russen unterworfen gewesen, aber jedes Mal war der Verkehr nach höchstens ein oder zwei Tagen wieder aufgenommen worden. Diesmal jedoch war der Bruch vollständig. Während die Zeitungsleute die Nachricht mit aufgerissenen Augen und ernsten Gesichtern anstarrten, klapperte der ADN-Fernschreiber weiter.
» . . . Der Verkehr auf den Wasserstraßen wird unterbrochen. Kohlentransporte aus der Ostzone nach Berlin wurden angehalten. Die Sowjetbehörden haben außerdem das Hauptkraftwerk

Klingenberg angewiesen, die Versorgung der Westsektoren mit elektrischer Energie aus der Ostzone und dem Ostsektor, die bisher bei täglich etwa 60 000 Kilowattstunden lag, einzustellen. Begründet wird diese Maßnahme mit dem Mangel an Kohle zur Beheizung der Kraftwerke . . .«

Drohend tauchte das Unglück in seiner brutalsten Form auf: Hunger, Kälte, Dunkelheit. Die Blockade ist perfekt, 2,1 Millionen Menschen stehen über Nacht ohne Versorgung mit ungewisser politischer Zukunft da. In normalen Zeiten benötigte die Bevölkerung von West-Berlin als Lebensminimum wenigstens 13 000 Tonnen Nahrungsmittel und Brennstoffe täglich. Die Zufuhr war völlig unterbrochen worden, und die Vorräte der Warenlager der Stadt konnten allerhöchstens wenige Wochen reichen. Bei Blockadebeginn waren Lebensmittel-Reserven für 36 Tage und Kohlenvorräte für 45 Tage vorhanden, einschließlich Gemüse, Obst, Gefrierfleisch und Lebensmitteln in Büchsen, die auf die Tausende von Läden und Großverteileranlagen in ganz West-Berlin verteilt waren. Mindestens ein Drittel der Elektrizität für West-Berlin kam aus ostzonalen Kraftwerken. Das fehlte jetzt, und außerdem konnten die Westberliner Kraftwerke und Fabriken natürlich nicht ohne eine gewisse Menge Kohle arbeiten.

Die Gerüchte waren schneller als die Morgenzeitungen. Den Arbeitern und Angestellten in der Industrie drohten sie, daß sie jetzt ihre Arbeitsplätze verlieren würden; Müttern, daß ihre Babys nicht mehr ausreichend und richtige Nahrung bekommen würden und den Alten, daß es jetzt keine Hoffnung und Hilfe mehr für sie gäbe. Im Morgengrauen des 24. Juni 1948 wußten die Bewohner West-Berlins, daß sie isoliert waren. —

Es gab jedoch Männer, die sofort handelten und sich der neuen Lage anzupassen versuchten. Die drei westlichen Militärregierungen befahlen für die drei Westsektoren Stromabschaltungen in der Zeit zwischen 6.00 und 24.00 Uhr. Für Industriezwecke wurden Stromzuteilungen auf 25 Prozent und für Verkehrsmittel auf 50 Prozent des gültigen Kontingents herabgesetzt. Die Haushalte mußten den Kochstromverbrauch auf 75 Prozent und den für Beleuchtung auf 50 Prozent senken. Als Begründung wurden die einseitigen Aktionen der Sowjets angegeben.

Der Direktor der Berliner Kraft- und Licht- (BEWAG) Aktiengesellschaft, Rudolf Wissell, teilte mit, daß die Kohlenbestände in den sieben, meist veralteten Westberliner Kleinkraftwerken Charlottenburg, Moabit, Spandau, Schöneberg, Unterspree, Steglitz und Wilmersdorf, die 75 000 bis 95 000 Kilowattstunden erzeugen, etwa 10 Tage reichen. Die fehlenden 50 000 bis 60 000 Kilowattstunden seien bisher von den Ost-Großkraftwerken Klingenberg und Rummelsburg geliefert worden.

Obwohl in einem Teil der sowjetisch lizenzierten Presse als Ursache der Krise in der Stromversorgung West-Berlins eine technische Störung im Fernstromlieferwerk Golpa-Zschornewitz angegeben wurde, sah der Vorstand des FDGB in der Wallstraße die Ursache dieser Krise in den Währungsmaßnahmen der Westmächte. Übrigens wurden die erlassenen Stromeinschränkungen später noch verschärft. Mit Wirkung vom 30. 6. 1948 betrug das gesamte Tageskontingent eines Haushaltes (nicht einer Person) für Lichtstrom nur noch 150 W und für Kochstrom 520 W. Dazu kamen pro Person noch 50 bzw. 450 Wattstunden. Jeder Haushalt sollte möglichst während zwei Tagesstunden Strom erhalten. Die von der Ruhrkohle abgeschnittenen Großkraftwerke Klingenberg und Rummelsburg im sowjetischen Sektor erhalten ab dem 27. Juni Steinkohle aus Oberschlesien.

Doch zu diesem Zeitpunkt war die Luftbrücke bereits angelaufen.

AUFBAU DER LUFTBRÜCKE IN FLIEGENDER HAST

Es war in einem streng bewachten unterirdischen Büro des weit-
ausladenden, weißen Gebäudes in Berlin-Dahlem, dem früheren
Luftgaukommando. Dieses Kommando war während des Krieges
Sitz der Luftflotte III (Reich). Jetzt beherbergte es das Hauptquartier der US-Besatzungsmacht.
Einige hohe amerikanische Offiziere beobachten am Morgen des
24. Juni 1948 gespannt einen kleinen, rechteckigen Bildschirm.
Mitten unter ihnen die schmale Gestalt General Clays. Obwohl
er in der vergangenen Nacht und in der davor nur wenige Stunden geschlafen hatte, war im Gesicht und in der Haltung des
Generals keine starke Müdigkeit zu erkennen.
Die kleine Bildleinwand, die sie betrachteten, war mit einem
geheimen Fernschreiber elektrisch verbunden, der wiederum
drahtlos mit einer ebensolchen Fernschreibanlage im Pentagon in
Washington Verbindung hatte. Dieses unterirdische Büro in Dahlem war als »Fernkonferenzzimmer« bekannt. Von hier aus
konnten die amerikanischen Offiziere direkt mit Washington Verbindung aufnehmen, und zwar durch ein verschlüsseltes Fern-
schreibsystem. Auf dem Bildschirm leuchtete die Antwort aus
rund 6000 km Entfernung fast im gleichen Moment auf, wie sie
drüben gesendet wurde.
General Clay war sich darüber klar, daß die Sowjets diesmal
Ernst machen wollten. Die kurze Nachricht, die ADN in der vergangenen Nacht herausgegeben hatte, war inzwischen durch die

Berichte in der »Täglichen Rundschau«, der deutschsprachigen Zeitung der Roten Armee in Berlin, und durch eine formelle, persönlich überbrachte Note des sowjetischen Hauptquartiers in Berlin-Karlshorst bestätigt worden. Die Russen waren jetzt fest entschlossen, die westlichen Alliierten aus Berlin herauszudrängen.

Man kann annehmen, daß hinter diesem äußeren Anlaß der Gedanke stand, die Bevölkerung von West-Berlin in die Knie zu zwingen, um ein für allemal die stolze, unbeugsame Opposition der Westberliner gegen den östlichen Kommunismus zu brechen. Waren die Russen aber auch bereit, dafür einen Krieg zu riskieren? General Clay glaubte es nicht. Gleichzeitig aber verurteilte er das Vorgehen der Sowjets in jeder Weise. In seinem Buch »Entscheidung in Deutschland« schreibt Clay: »Die Blockade Berlins war einer der brutalsten Versuche in der neueren Geschichte, eine Massenhungersnot als politisches Druckmittel zu benutzen.« Aus diesem Denken und der Beurteilung der Lage sind die nachfolgenden Entschlüsse Clays herzuleiten.

Über die Fernschreibanlage gab er einen Lagebericht an seine Vorgesetzten in Washington. Er fügte hinzu: »Meine Meinung, von hier aus gesehen, ist, daß die Russen bluffen. Ich glaube nicht, daß sie einen Krieg anfangen werden, wenn wir zeigen, daß wir ihren Bluff durchschauen. Ich schlage deshalb vor, daß ein Panzerzug in Westdeutschland bereitgestellt und mit den üblichen Verbrauchsgütern beladen wird. Eine gut ausgerüstete Kompanie Soldaten müßte auf den Zug verteilt werden. Der Panzerzug würde dann über die Strecke Braunschweig — Helmstedt/Marienborn bis an die russische Zonengrenze fahren. Von dort aus weiter über die übliche Strecke. Die Soldaten auf dem Zug würden Befehl erhalten, das Feuer zu eröffnen, wenn jemand versuchen sollte, den Zug anzuhalten oder seine Fahrt sonstwie zu behindern.«

Clay dachte einen Augenblick nach und ließ dann über den Fernschreiber seinen Bericht mit folgender Lagebeurteilung vervollständigen: »Es ist natürlich ein gewisses Risiko dabei. Wir sind hier in Berlin jedoch der Meinung, daß die Russen es nicht darauf ankommen lassen. Sie werden nicht wagen, den Panzerzug aufzuhalten, denn wir werden unsere Absichten vorher genügend bekannt machen lassen. Damit wäre die Blockade, die die Sowjets angefangen haben, gebrochen.«

Dieser Vorschlag ging an die höchsten Stellen in Washington. Präsident Truman besprach sie mit seinen Fachberatern. Das »gewisse Risiko«, das der General vorgeschlagen hatte, wurde bedacht, überlegt und abgewogen. Als nach einiger Zeit die Antwort auf dem Bildschirm im Berliner Hauptquartier in Dahlem erschien, war sie negativ. Das Risiko sei zu groß, meinte Washington besorgt. Die drohende Gefahr eines dritten Weltkrieges erlaube solche Schritte nicht. Überdies war das Recht auf freie Durchfahrt nach West-Berlin seinerzeit nicht endgültig schriftlich geklärt worden.

Wenige Stunden nach dieser Fernkonferenz saß General Clay mit einem Gast in seinem Büro. Washingtons Ablehnung hatte ihn nicht sonderlich verstört, da Clay besser als jeder andere wußte, wie gefährlich das Risiko bei der Durchfahrt eines Panzerzuges durch die sowjetische Besatzungszone gewesen wäre. Trotzdem: ein »Nein« löste die Probleme in Berlin nicht. Eine andere Lösung mußte gefunden werden. Wie konnte man der sowjetischen Blockade begegnen und sie schließlich brechen? Welche Schritte, Handlungen und Taten könnten die Pläne der Kommunisten mit West-Berlin zunichte machen?

Der Gast von General Clay war Albert Wedemeyer, Generalmajor und Chef der Planungs- und Einsatzabteilung des US-Generalstabes. Bis zum Ende des Zweiten Weltkrieges hatte er US-Truppen in China befehligt und das höchst schwierige Versorgungsproblem, das ihm dort dauernd zu schaffen gemacht hatte, war zum großen Teil durch eine Luftversorgungslinie von Indien über die kahlen Berge von Burma gelöst worden. Die beiden Generäle sprachen, wie konnte es anders sein, über die kritische Wendung der Dinge in West-Berlin, über die Gefahrenmomente und die Möglichkeiten die Probleme zu lösen, ohne einen Krieg heraufzubeschwören.

»Versuchen Sie doch, eine Luftbrücke von Westdeutschland nach Berlin einzurichten«, schlug Wedemeyer vor. »So könnten wenigstens die allerdringendsten Verbrauchsgüter nach Berlin fliegen. Sie würden Zeit gewinnen, um mit den Russen zu verhandeln und Washington und Moskau könnten inzwischen vielleicht eine Lösung ausarbeiten.«

»Das ist eine Idee«, antwortete Clay. Sein logischer, beweglicher Geist erfaßte schnell den neuen Gedanken. »Dann werden wir Berlin eben aus der Luft versorgen! Vor zwei Monaten, am 2. April, flog die Luftwaffe unvorbereitet dreißig Flüge nach Berlin. Da sie das innerhalb von 13 Stunden schaffte, könnten wir jetzt zunächst die doppelte Leistung ansetzen. Dann verlangen wir von Washington mehr Flugzeuge . . .«

So wurde die Idee der Luftbrücke geboren: eine Luftversorgungslinie von Westdeutschland nach der belagerten Stadt. Aber war man nicht zu weit gegangen? Bedeutete nicht die Versorgung von über zwei Millionen Menschen aus der Luft eine schier unlösbare Aufgabe? Was war das gegen die sogenannte »Kleine Luftbrücke« vom 2. bis 4. April, mit der lediglich einige hundert Tonnen Versorgungsgüter für die Besatzungsmächte transportiert wurden, für ein riesengroßer Unterschied! Und doch: irgendwie angepackt mußte das Problem werden.

Innerhalb weniger Minuten hatte Clay an diesem 24. Juni 1948 seine Stabsfachleute zu sich beordert. Kurz darauf war eine außerplanmäßige Stabsbesprechung im Gange.

Zu dieser Besprechung wurden neben den an normalen Sitzungen teilnehmenden Persönlichkeiten auch die Sachverständigen des Magistrats von Berlin hinzugezogen, soweit sie für Ernährung, Brennstoffe und Industriebedarfsartikel zuständig waren. Der

General wandte sich zunächst an den Sachbearbeiter für Ernährung. »Ich brauche einen genauen Bericht, wieviel Lebensmittel die Bevölkerung der Westsektoren braucht, um am Leben zu bleiben. Wieviel Tonnen täglich? Welche Lebensmittel? Lassen Sie Luxusartikel aus und beschränken Sie sich auf das Minimum!« Zu seinen Industriefachleuten sagte er: »Machen Sie bis morgen früh eine genaue Aufstellung, wieviel Kohle Sie unbedingt benötigen. Und seien Sie geizig, meine Herren, denn ich weiß nicht, ob wir auch nur die Hälfte von dem hereinbekommen können, was Sie verlangen. Ich brauche Zahlen über das Kohlenminimum, das während der Sommermonate benötigt wird, um die lebenswichtigen Industrien, z. B. nahrungsmittelverarbeitende Betriebe, Gas-, Kraft- und Wasserwerke in Betrieb zu halten.« Die Besprechung zog sich stundenlang hin. General Clay sprach mit allen Spezialisten, einem nach dem anderen, und stellte ihnen schwierige, wichtige Aufgaben: Welche Medikamente waren vorhanden, welche Mengen wurden täglich verbraucht? Wieviel Benzin und Dieselöl brauchte die Stadt täglich, um das Transportwesen aufrecht zu erhalten? Konnten die Westsektoren mehr elektrischen Strom liefern? Wieviel Heizmaterial würde dazu benötigt? Wieviel Lastkraftwagen mit Anhänger waren verfügbar, um die Transportflugzeuge auf den Flugplätzen Gatow und Tempelhof zu entladen? Diese und tausend andere Fragen wurden den Fachleuten gestellt und mußten sofort untersucht und beantwortet werden. Die Einzelheiten des Planes wurden mit größter Eile zum Ganzen geschmiedet.

Nachdem zunächst festgestellt wurde, daß die in Westberlin vorhandenen Vorräte an Lebensmitteln für 36 Tage reichten, die an Kohle für 45 Tage (nicht zu verwechseln mit den Kohlevorräten, die die westberliner Kraftwerke vorweisen konnten; diese reichten nur für etwa 10 Tage), wurde das Minimum an Versorgungsgütern unter Einschluß des Eigenverbrauchs der Besatzungsmächte mit etwa 4500 Tonnen täglich ermittelt. Bisher lag diese

Zahl bei 8000 Tonnen, eine andere Quelle spricht sogar von 13000 Tonnen.

Die Stäbe arbeiteten bis tief in die Nacht zum 25. Juni. Ununterbrochen wogte der Betrieb, einer gab dem anderen die Türklinke bei General Clay in die Hand. Professor Ernst Reuter, der Bürgermeister von Groß-Berlin, trat mit seinen Magistratsmitarbeitern bei General Clay ein.

»Ein unerhört kühner, beinahe frecher Plan, diese Luftbrücke«, gab er zu. »Aber zu den Russen muß man frech sein.«

»Wie steht es mit der Bevölkerung von West-Berlin?« fragte Clay. »Wird sie die Schwierigkeiten und Härten ertragen können?« —

»Machen Sie sich um die Berliner keine Sorgen, Herr General«, antwortete der gewählte Oberbürgermeister von Berlin. »Sie haben schon viel durchgemacht und werden lieber alles ertragen, als sich den Russen zu unterwerfen.«

Britische und französische Offiziere wurden ebenfalls informiert, und sie gaben zu, daß die Luftbrücke nach Berlin ein kühner, gewagter Plan sei, fast zu schön, um wahr zu sein. Aber er sei einen Versuch wert.

Im Morgengrauen des nächsten Tages, des 25. Juni 1948 also, klingelte das private Telefon bei Generalmajor Curtis E. LeMay, dem Kommandeur der US-Luftwaffe in Europa, neben seinem Bett. Er hob den Hörer ab und grunzte ein halbwaches: »Hallo!«

»Curt«, kam eine Stimme aus weiter Entfernung. »hier ist Lucius Clay in Berlin. Sie müssen eine Luftbrücke aufbauen von Westdeutschland nach Berlin. Die Sowjets haben uns wieder einmal abgeschnitten und diesmal scheinbar endgültig. Ich möchte, daß Sie jede Krähe, die fliegen kann, nach Berlin schicken. Wir werden Ihnen die Ladung nach Wiesbaden und den Frankfurter Flughafen dirigieren.«

Nach diesem Telefongespräch war General LeMay hellwach. Innerhalb weniger Minuten, noch vor dem Rasieren und Frühstücken, hatte er bereits seine ersten Befehle gegeben.

US-General William Tunner, der später zum Chef der Vereinigten Luftbrückeneinheiten berufen wurde, hatte eine aufregende Zeit. Das was jetzt ablaufen würde, war gigantisch und bisher beispiellos in der Geschichte der Luftfahrt. Es war klar, daß nur durch eine weitgehend minutiös geplante Organisation, die mit der Präzision eines Uhrwerks ablief, der Erfolg des Unternehmens gesichert werden konnte.

Der ganze komplizierte Apparat, Versorgung; Flugbereitschaftsdienst und beschleunigte Reparatur untergestellter Flugzeuge, mußte innerhalb weniger Wochen auf Hochtouren gebracht werden, besser noch innerhalb weniger Tage.

Am gleichen Vormittag, nur 36 Stunden nach dem Eingang der ADN-Meldung über die totale Blockade von West-Berlin, trafen die ersten Flugzeuge im Herzen der Stadt, auf dem Zentralflughafen Tempelhof, ein — alte C 47-Dakotas, zweimotorige Kästen, müde Veteranen aus dem Kriege. Angesichts der über zwei Millionen Westberliner, die es zu versorgen galt, wurde vielerorts die Effektivität des Unternehmens Luftbrücke bezweifelt. Die Russen waren sogar sicher, daß eine solche Luftbrücke die Wirkung der Blockade kaum beeinträchtigen würde. Sie nahmen sie deshalb zunächst gar nicht ernst.

DIE ANFANGSSCHWIERIGKEITEN
WERDEN ÜBERWUNDEN

Nur ein ganz geringer Bruchteil der Versorgungsgüter, die genauen Zahlen sind heute nicht mehr feststellbar, die noch bis vor
wenigen Tagen per Bahn, Schleppkähne und Lkw täglich in Berlin eingetroffen waren, konnte während der ersten Tage hereingeflogen werden. Die eingesetzten, meist zweimotorigen Maschinen vom Typ C 47 Dakota oder, wie die Zivilbezeichnung lautet
»DC-3«, die nur bis max. drei Tonnen Nutzlast tragen konnten,
waren gar nicht in der Lage, die Mengen zu transportieren, die in
Berlin benötigt wurden.
Waren es am 25. Juni nur einige Testflüge, die nach Berlin durchgeführt wurden, so rollte die große Organisation der Luftbrücke
mit Beginn des 26. Juni 1948 planmäßig an und zwar in den
ersten Tagen ausschließlich mit Dakota-Maschinen. Aber, wie wir
schon gehört haben, war dieses Flugzeug einfach nicht groß genug,
die Transportleistungen, die dringend gebraucht wurden, nach
Berlin zu bringen. So stellte man auf amerikanischer Seite in der
Zeit von 1. Juli bis 30. September 1948 den gesamten Betrieb
auf die viermotorige »Skymaster« um. Dieses im Luftbrückenbetrieb rund viermal soviel tragende Transportflugzeug, die Luftwaffenbezeichnung lautet C 54, die Zivilversion war und ist noch
heute als DC-4 bekannt, konnte noch dazu erheblich schneller
fliegen. Rechnerisch ergab sich für die Skymaster eine sechsfach
so hohe Leistung wie für die kleine C 47 Dakota*), obwohl die-

42

*) Original USAF-Bezeichnung »Skytrain«, aber in Deutschland und den
   westlichen Ländern fast ausschließlich als »Dakota« bekannt.

ses Flugzeug bei den Engländern und den zivilen Carriern, die auf der Luftbrücke mitarbeiteten, die gesamte Zeit über im Einsatz war. Nur die amerikanische Seite stellte aus technischen und ökonomischen Gründen konsequent auf C 54 um, wie hier bereits ausgeführt wurde. Zwei Tage nach den Amerikanern steigt auch die britische »Royal Air Force« in das Unternehmen »Luftbrücke« ein, mit allem zur Verfügung stehenden Fluggerät. Ziel der britischen Maschinen ist, also ab dem 28. Juni 1948, der Flugplatz Gatow. Mit der Havel und dem Wannsee bieten sich für die britischen »Sunderland«-Flugboote, die von Hamburg-Finkenwerder mit Versorgungsgütern, z. B. Tonnen von Salzladungen, einfliegen, geradezu ideale Wasserungsplätze an. Unmittelbar mit dem Beginn der Luftbrücke beginnen auch die Franzosen aktiv zu werden. Mit den Amerikanern und der Mitarbeit von rund 19 000 Berlinern bauen sie im Norden Berlins, auf dem Gelände des ehemaligen Raketenschießplatzes Tegel, einen neuen Flugplatz. Hier entsteht auch die damals längste Start- und Landebahn Europas. Die Arbeiten auf diesem neuen großen Flughafen, wir berichteten in der Einleitung bereits darüber, wurden so zügig vorangetrieben, daß schon nach 85 Tagen die ersten schwerbeladenen DC-4 auf der gut befestigten Bahn niedergehen können. Daneben werden auf den vorhandenen Flugplätzen weitere Start- und Landebahnen angelegt, um die Kapazität zu vergrößern. Wie das alles geschieht, behandeln wir in den nachfolgenden Kapiteln. Mit diesen Maßnahmen jedoch konnten die mehr als bescheidenen Anfangserfolge auf das zig-fache ihrer ursprünglichen Höhe ausgebaut werden. Kehren wir noch einmal zurück zum 26. Juni, dem offiziellen Beginn der Luftbrücke nach Berlin, wenn man von den wenigen Testflügen am 25. Juni einmal absieht. Sonderkommandos, in größter Eile aus Armeesoldaten und deutschen Arbeitern zusammengestellt, werden auf dem Flugplatz Tempelhof eingesetzt, um die Transportmaschinen sofort zu entladen, ehe sie auf ihre 440 km lange Strecke nach

Frankfurt und Wiesbaden zurückgeschickt werden, um neue Ladung aufzunehmen. Zuerst wurden nur die allerdringendsten Frachten nach Berlin geflogen, aber schon nach wenigen Stunden auch Nahrungsmittel und Brennstoffe. Wie verlud man diese Ladungen an Bord der Dakotas? Ehe später bessere Verpackungsarten ausgeknobelt wurden — am Anfang der Luftbrücke war alles primitiv und eine einzige Improvisation — steckten die Verladekommandos Nahrungsmittel in Militärbrotbeutel und z. B. Kohlen in Seesäcke, in der Eile standen keine anderen Behälter zur Verfügung. Aber die Anfangsschwierigkeiten dieses gefährlichsten, und wie sich später herausstellen sollte, großartigsten aller internationalen Versorgungsunternehmen waren bald überwunden und alles lief wie am Schnürchen in diesen sonnigen und warmen Spätjunitagen 1948. Nach Tunners Plan wurde die Luftbrückenflotte auf folgende Stützpunkte zusammengezogen: Lübeck-Blankensee, Hamburg-Fuhlsbüttel, Hamburg-Finkenwerder als Wasserungsplatz für die britischen Sunderland-Flugboote, Faßberg-Unterlüß, Celle, Wunstorf, Frankfurt-Rhein-Main und Wiesbaden-Erbenheim — und alle für Berlin bestimmten Versorgungsgüter mußten jetzt hier auflaufen. Waren die Maschinen eines Stützpunktes beladen, erfolgte auf die Minute genau das Startzeichen. In ganz kurzen Zeitabständen, etwa zwischen ein und zwei Minuten je nach Wetter- und Luftlage, verließ Maschine auf Maschine den Stützpunkt. Waren alle Transportflugzeuge raus, folgten die des nächsten Stützpunktes und so ging's weiter, immer reihum. Kam eine Maschine aus irgendeinem Grund verspätet in Tempelhof oder Gatow an oder mißlang der Landeanflug, so mußte sie mit ihrer Fracht wieder zurückfliegen, da sonst die Landung des dicht folgenden nächsten Flugzeuges schon gefährdet werden konnte. Warteschleifen ziehen oder Fehlanflüge durchführen war ganz und gar unmöglich; der Luftraum über Berlin war derartig überlastet, daß solche Unternehmungen zu Stauungen geführt hätten und deshalb strikt verboten waren.

44

Tanker der amerikanischen Marine brachten riesige Mengen Flugbenzin nach Bremerhaven, von wo es in endlosen Tank-Güterzügen zu den westdeutschen Absprunghäfen gefahren wurde. Jedes der fast 400 Luftbrückenflugzeuge mußte so viel Sprit tanken, daß der Hin- und Rückflug nach Berlin zuzüglich einer vorgeschriebenen Reservemenge ohne Nachtanken geschafft werden konnte. Selbstverständlich wäre es widersinnig gewesen, die Maschinen in Gatow oder Tempelhof auch noch zu betanken. Erstmal hätte das Zeit gekostet und zweitens, wo sollte das Benzin herkommen? Es hätte eingeflogen werden müssen, denn in West-Berlin selbst, die Stadt saß buchstäblich »auf dem Trockenen«, war nichts zu haben, jedenfalls nicht für die »Rosinenbomber«, wie die Transportflugzeuge bald genannt wurden. In den ersten sechs Wochen der Berliner Luftbrücke kamen manche Piloten nur auf durchschnittlich vier Stunden Schlaf pro Tag. Trotz der hohen Anforderungen, die das Fliegen in den 32 km breiten Luftkorridoren, das genaue Einhalten der Fluggeschwindigkeit, der zeitliche Abstand und die sicheren Landungen erforderten, die Fracht wurde ja gebraucht, kam es trotz des dichten Verkehrs nur zu relativ wenig Unfällen. Innerhalb von 15 Monaten gab es bei 139 Millionen Flugkilometern nur einen einzigen schweren Zusammenstoß in der Luft.

Wir wollen uns nun hier, ehe wir mit den Einzeloperationen beginnen, zunächst einmal einen allgemeinen Überblick verschaffen. Insgesamt wurden für die Berliner Luftbrücke etwa 380 britische und amerikanische Flugzeuge eingesetzt. 205 davon, eine andere Quelle spricht von 225, waren viermotorige amerikanische C 54 Skymaster, die die Hauptlast des Unternehmens trugen. Für die Beförderung sperriger Lasten, u. a. wurden damit die Teile für ein neues Kraftwerk eingeflogen, standen fünf C 82 Fairchild Packet zur Verfügung.

Vom 4. 5. 1949 an wurde eine der neuen C 97 Stratofreighter eingesetzt. Vom 16. August bis 20. September 1948 führte eine

20-Tonnen-C 74 Globemaster-Maschine einige Testflüge nach Berlin durch. Sie beförderte in 24 Flügen insgesamt 428,6 Tonnen. Der Rest dieser buntgewürfelten Luftbrückenflotte teilte sich in britische Yorks, Hastings, Dakotas und rund 30 Flugzeuge von zivilen Gesellschaften, die in Charter für die Royal Air Force flogen.

Die zweimotorige C 47, das Arbeitspferd der US-Luftwaffe, flog die ersten Missionen während der letzten Juniwoche und Anfang Juli 1948 ausschließlich allein. Erst ab 28. Juni kamen nach und nach britische »Dakotas« und »Yorks« hinzu. Am 26 Juni wurden nur 80 Tonnen Versorgungsgüter nach Berlin geflogen, vom 25. Juni fehlen, wie gesagt, sämtliche Zahlen. Die gesamte Transportleistung für den Juni, also von 26. bis 30. 6. 1948, belief sich auf 1273,6 Tonnen in 500 Flügen. Später, als die Luftbrücke voll angelaufen und besser durchorganisiert war, verzehnfachte sich diese Menge an einem einzigen Tag, d. h. die Tagesleistung war damit vierzigmal so groß wie zu Beginn der Berliner Luftbrücke.

Mit dem hohen Tempo, das bei den Versorgungsflügen angesetzt werden mußte, wurde die Aufnahmefähigkeit der Flugplätze Gatow und Tempelhof allerdings überschritten; und diese Aufnahmefähigkeit war gewissermaßen das Nadelöhr der ganzen Aktion. Um Abhilfe zu schaffen, entstand wie wir schon gehört haben, im Norden Berlins der Flughafen Tegel. Noch ehe die Tegeler Start- und Landebahn eine Entlastung bringen konnte, wurde es in Tempelhof bereits kritisch. Nicht nur, daß man mit der Entladung der Flugzeuge kaum noch Schritt halten konnte — die Maschinen kamen bei gutem Flugwetter im Abstand von nur 90 Sekunden herein — man hatte auch Ärger mit der gleich nach dem Krieg provisorisch aus Lochblechplatten zusammengesetzten Startbahn. Unter der ständigen schweren Belastung begannen die einfach aufs Grün verlegten Platten zu wandern. Die Haken und Ösen, die den Verbund der einzelnen Platten darstellten, rissen aus und eine ganze Kolonne von Schweißern war tagein, tagaus damit beschäftigt, die gefährlichen Brüche wieder zu verschweißen. War eine Maschine im Endanflug, ertönte ein Hornsignal und dann hieß es Fersengeld geben, runter von der Bahn! Das Flugzeug war noch nicht ausgerollt, da sah man schon wieder die ersten Schweißbrenner leuchten. Beim Start war das Zeremoniell das gleiche. Sobald die Motoren aufheulten, flitzten die Schweißtrupps beiseite, kaum war die Maschine vorbeigerollt, hockten sie wieder auf der Bahn.

Und die »Rosinenbomber«, wie die Berliner sie nannten, flogen und flogen pausenlos, rund um die Uhr. Es war ein zermürbender Wettlauf um das Leben und die Freiheit von über zwei Millionen West-Berlinern. Ende 1948 wurde schon die 100 000. Landung im Rahmen der Luftbrücke in Berlin registriert. An manchen Tagen wurden mehr als 1000 Flüge erreicht. Zur Verbesserung der Energieversorgung West-Berlins kam sogar ein ganzes Kraftwerk, sauber für den Transport zerlegt, auf dem Luftwege nach Berlin. Dieses in der ganzen Welt bewunderte Beispiel an Improvisationskunst wurde später auf den Namen des Oberbürgermeisters getauft. Heute noch, da fast 50 Jahre vergangen sind, ist das »Kraftwerk Reuter« das bedeutendste und größte in West-Berlin.

Die Engpässe, die auf dem Gebiet der Energieversorgung auftraten, waren in der Tat die größten der gesamten Probleme an der Luftbrücke. Obwohl in Tempelhof und später in Tegel Tausende von Tonnen Kohle eingeflogen wurden, machten sich Mangelerscheinungen — besonders im Winter 1948/49 — überall in der Stadt mehr als deutlich bemerkbar. West-Berlin fror und um die Situation erträglicher zu machen, wurde alles Brennbare, dessen man habhaft werden konnte, gesammelt und verfeuert. Kein Baum war mehr sicher, ja ganze Parkanlagen, darunter auch der gesamte Baumbestand des einst so schönen Berliner »Tiergartens«, große Teile des Grunewalds und des Tegeler Forstes verschwanden in den Öfen der West-Berliner. Das bekannte Lied: »Im Jrunewald, im Jrunewald is Holzaktion« bekam so eine sarkastische Bedeutung.

Wieder sprach General Clay mit seinen Vorgesetzten in Washington. Er wiederholte, daß die amerikanischen Familien in Berlin bleiben müßten. »In der augenblicklichen europäischen Situation erscheint mir eine Evakuierung undenkbar. Unsere Frauen und Kinder werden es durchstehen, sie erkennen die Bedeutung des Ausharrens hier in West-Berlin. Kaum jemand hat den Wunsch, die Stadt zu verlassen, wenn es nicht unbedingt sein muß.«

Niemals wieder, das kann hier ohne jede Beschönigung der Sachlage gesagt werden, hat es eine solche Solidarität zwischen der Besatzungsmacht und einer besiegten Zivilbevölkerung gegeben. Der Verfasser hat Krieg, Nachkriegszeit und Blockade in West-Berlin erlebt und kann heute noch bestätigen, daß das Auskommen zwischen Berlinern und Alliierten kaum jemals besser war als zur Zeit der Luftbrücke. Ohne hier polemisieren zu wollen: eine Zeit des Ausharrens und der gemeinsamen Ängste kittet wahrscheinlich mehr als die besten politischen Unternehmungen während einer normalen Zeit. Was sagte Clay damals weiter?

»Wenn West-Berlin fallen sollte, kommt das übrige Deutschland dran. Wenn wir Europa gegen den Kommunismus halten wollen, dürfen wir jetzt hier nicht nachgeben. Wir können Erniedrigung und Druck in Berlin ohne Prestigeverlust ertragen, solange es keinen Krieg gibt. Wenn wir uns aus Berlin zurückziehen, ist unsere Position in Europa gefährdet. Wenn Amerika das jetzt nicht versteht, wenn es nicht merkt, daß die Würfel gefallen sind, dann wird es dies niemals mehr verstehen.

Ich glaube, daß die Zukunft der Demokratie einfach von uns verlangt, jetzt hier in West-Berlin zu bleiben.«

Diese Worte Clays vom 27. Juni 1948 erhalten besondere Bedeutung heute, da wir uns nach Vietnam und Kambodscha und

Berlin ist in seine Wälder und Seen hinein und um sie herumgewachsen. So tut sich die Berliner Landschaft beim Anflug von Westen auf den Flughafen Tegel den hinausschauenden Passagieren auf und so erblickten sie auch die Luftbrückenflieger: Gerade unter der Maschine der Bezirk Spandau, dahinter an der Havel die Zitadelle, inmitten des breiten Flusses die Insel Eiswerder und weiter hinten der Tegeler See.

Der Zentralflughafen Tempelhof heute.
Der große Vorteil des Flughafens, die Stadtlage, wird hier ganz besonders deutlich. Über die Größe des Geländes sollte man sich durch die Vogelperspektive nicht täuschen lassen. Dazu ein paar Zahlen: Länge der Hallenfront ca. 1230 m, Ausdehnung des Geländes in Längsrichtung ca. 2000 m, Länge der Startbahn Süd (27 L - 09 R) 2116 m.
Zur Zeit der Luftbrücke bestanden allerdings 3 Runways, die mittlere wurde später wieder ausgehoben und mit Erde aufgefüllt.

Vor dem Krieg dagegen, das Bild zeigt eine startende
Heinkel He 70 »Blitz« im Jahre 1936 in Tempelhof, waren
befestigte Landebahnen nicht notwendig. Starts und Landungen fanden auf der Grasnarbe statt.

General Lucius D. Clay, der »Vater« der Berliner Luftbrücke
im August 1948 vor dem amerikanischen Hauptquartier in
Dahlem.

Am 26. Juni 1948 baute er in
fieberhafter Hast die Versorgung West-Berlins mit zweimotorigen C-47 auf. Hier eine
der ersten Maschinen beim
Endanflug auf den Zentralflughafen Tempelhof.

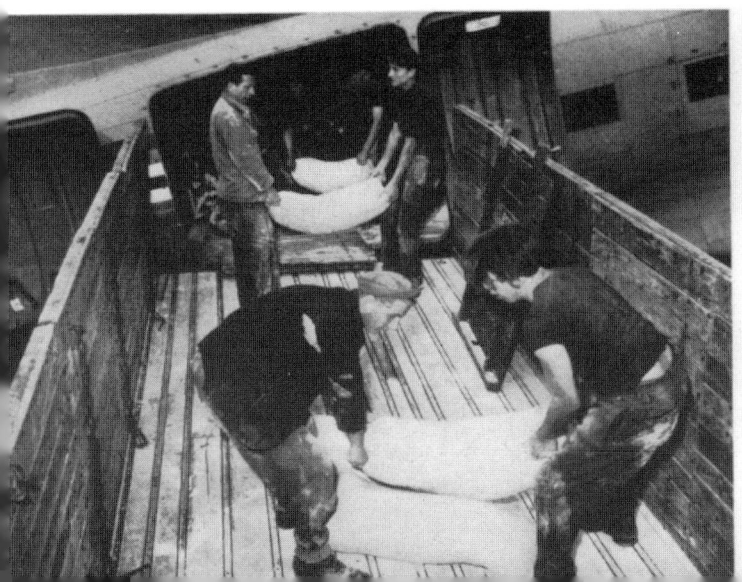

Aus den Anfangstagen der Luftbrücke Ende Juni 1948:
In Tempelhof werden amerikanische C-47-Transportflug-
zeuge entladen. Doch wie sich schon bald herausstellte, war
ihre max. Ladefähigkeit von 3 t zu wenig, um eine Stadt mit
zwei Millionen Einwohnern zu versorgen.

Ab 30. Juni 1948 kommen
viermotorige C-54-Skymaster
zum Luftbrückeneinsatz. Diese
in größter Eile und aus aller
Herren Länder nach West-
deutschland abkommandier-
ten Maschinen übernehmen
nach und nach die Hauptlast
der Luftbrücke, bis zum
Schluß 225 dieser 10 t tragenden Douglas-Transportflug-
zeuge im täglichen Einsatz
nach Berlin standen.
Berliner Kinder beobachten
die Landung einer C-54 in
Tempelhof, die Häuser im
Hintergrund gehören zur
Paradestraße.

In Tempelhof wird Mehl aus den C-47-Maschinen
entladen. Deutlich sind hier Primitivität und Improvisation
des Entladevorganges zu erkennen. Später, als die Luftbrücke besser organisiert und leistungsfähiger war, mecha-
nisierte man diesen Vorgang so weit, daß bei gleicher
Personalstärke das drei- bis vierfache an Leistung erzielt
wurde.

Schon Ende Juli 1948 verfügt die Luftbrückenflotte über
50 Skymaster-Maschinen neben immer noch 105 Dakotas.
Hier werden wie am Fließband C-54 in Tempelhof entladen.

Das Cockpit der C-54, die
während der Berliner Luftbrücke im Normalfall von
einer Drei-Mann-Besatzung
geflogen wurde.

Die Anflugkontrolle in Tempelhof. Deutlich sind auf dem
Radarschirm die drei nach West-Berlin führenden Luftkorridore zu erkennen, über die die Luftbrücke und, auch heute
noch, der gesamte zivile Berlin-Flugverkehr geführt wurden.

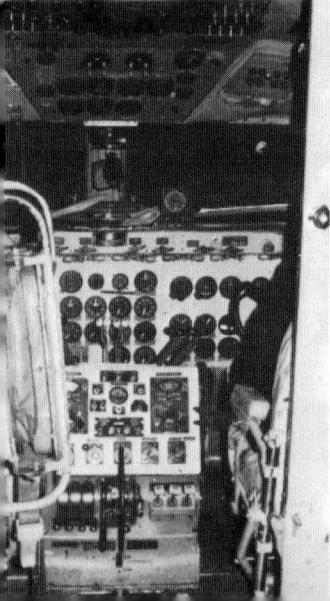

den weiter offenen Fragen um die Weltenergieversorgung, wieder vor eine Entscheidung gestellt sehen. Liegt die Pflicht der Demokratie nicht auch darin, diese Probleme einer Dauerlösung zuzuführen? 1948 war es wohl die Frage, ob die erlangte Position in Europa gehalten oder wieder verloren wird. Wurde diese Frage durch die Luftbrücke nicht damals eindeutiger gelöst als heute?

Washington und die amerikanische und britische Luftwaffenführung beeilten sich, die geforderte Unterstützung zu gewähren. Am 28. Juni war es soweit, daß alle acht Minuten eine amerikanische C 47 landete und $2^1/_2$ Tonnen Fracht auf dem Tempelhofer Feld entlud. Insgesamt waren das über 150 Flugzeugladungen pro Tag. 1300 Tonnen Nahrungsmittel, Brennstoffe und Medikamente kamen im Juni über die Luftkorridore aus dem Westen nach Berlin. Das war weniger als ein Dreißigstel von dem, was die Westsektoren brauchten, um einen Tag lang das normale wirtschaftliche Leben in der Stadt aufrecht zu erhalten. Und es war keineswegs klar, ob die Zufuhr erhöht werden könnte. Zu diesem Zeitpunkt jedenfalls noch nicht.

Die Ostberliner Presse und das kommunistische Radio mokierten sich dann auch bald über die »vergeblichen Versuche der Amerikaner, ihr Gesicht zu wahren und ihre unhaltbare Stellung in Berlin zu behaupten.« Niemals könnten Flugzeuge genügend Versorgungsgüter und Brennstoffe nach West-Berlin hereinfliegen, um die Stadt zu ernähren und warmzuhalten, schrieben sie. Es sei ein unmögliches Unternehmen. Man sollte West-Berlin lieber den Sowjets unterstellen, sonst müßte es unweigerlich verhungern.

Professor Reuter und mit ihm 2 045 000 Westberliner lehnten dieses Angebot kategorisch ab. Aber die Gefahr war groß. Die Berliner Bevölkerung, die so ungeheuer im vergangenen Kriege gelitten hatte, besonders während der letzten Apriltage 1945, als die Rote Armee die Stadt besetzte, aber auch während der großen Tagesbombenangriffe durch die Amerikaner, sah die erneute Gefahr eines Massenleidens vor sich. —

Die sowjetische Belagerung von Berlin war weder die erste Blokkade der Geschichte, noch wird sie die letzte gewesen sein. Wir
alle erinnern uns noch an Pnom Penh Anfang 1975. Doch noch
niemals ist eine Blockade so total gewesen wie die um West-
Berlin. Die Menschen früherer Jahrhunderte kämpften gewöhnlich nicht im Winter, auch ließen sie oft bei Belagerungen von
Festungen einen Ausgang frei, um den Führern der belagerten
Städte einen »ehrenvollen Abzug« zu ermöglichen, wenn die Lage
hoffnungslos war. Aber die Berliner Blockade war total und
kannte keine Unterbrechungen. Es gab keinen Fluchtweg. Es gab
in der Geschichte vielleicht schlimmere Blockaden, aber keine
war bisher so umfassend. Die zehnjährige Belagerung von Troja
durch die Griechen zum Beispiel ist wohl die berühmteste aller
Blockaden. Aber unsere Historiker berichten, daß die Kämpfe oft
lange Zeit ruhten. Troja fiel schließlich nicht durch den übermäßigen Druck der Belagerung, sondern durch das berühmte hölzerne
Pferd, das eine bis dahin unbesiegte Stadt bezwingen half.
Auch Karthago wurde drei Jahre lang von den Römern belagert,
die Hannibal vernichten wollten, weil er es gewagt hatte, Rom
zu bedrohen. Karthago wurde schließlich im Sturm genommen
und diesmal war kein hölzernes Pferd notwendig. Die Karthager
waren erschöpft, demoralisiert und ausgehungert. Die siegreichen
Römer behandelten ihre Feinde unbarmherzig, brannten die Stadt
nieder, ließen keinen Stein auf dem anderen und bestreuten
schließlich die Felder mit Salz, damit sie nie wieder Frucht tragen
sollten. Karthago ging unter und erhob sich nicht wieder.
Berühmt ist auch die Belagerung von Wien durch die Türken im
Jahre 1683. Sie dauerte nur von Juli bis September und belastete
die Einwohner nicht allzu sehr. Aber Wien war der Schlüssel zu
Europa. König Sobieski von Polen und Herzog Karl von Lothringen kamen der belagerten Stadt zur Hilfe, eines der bedeutenden
Frühbeispiele übernationaler Zusammenarbeit in Europa, und die
türkische Gefahr war gebannt.

Ein Beispiel aus neuerer Zeit ist die Belagerung von Paris durch deutsche Truppen 1870/71. Diese dauerte etwa fünfeinhalb Monate, dann folgte die Revolution der Pariser Kommune.

Trotz des Elends während der Belagerung von Paris und trotz der langen Blockaden im Altertum ist niemals vorher eine Blokkade so total und durchgreifend gewesen wie die Blockade West-Berlins vom 24. Juni 1948 bis 12. Mai 1949. Niemals vorher sind über zwei Millionen Menschen mit solcher Berechnung, so ohne jeden Grund, in Gefahr gebracht worden.

Diese Gedanken, zuzüglich zu der großen Verantwortung, lasteten schwer auf den Schultern der führenden Männer des Berliner Magistrats, allen voran Oberbürgermeister Professor Ernst Reuter und der Alliierten, vertreten durch General Lucius D. Clay. Sich selber zu gefährden, ist Angelegenheit eines jeden Einzelnen, sein persönliches Risiko; aber das Leben der Bevölkerung einer ganzen Stadt aufs Spiel zu setzen, ist etwas ganz anderes. Es wäre viel einfacher für die Amerikaner, Briten und Franzosen gewesen, Berlin zu verlassen und nach Hause zu gehen. Es wäre auch einfacher für die Männer der deutschen Regierung gewesen, abzutreten und ihre durch die Wahl übertragenen Pflichten niederzulegen. Aber was hätte das gebracht? Zunächst hätte der Kommunismus sich nur auf einige weitere Quadratkilometer seines Machtbereiches ausgedehnt, wenige Zeit später aber sich vielleicht auf ganz Deutschland und Europa erweitert.

Daher war die Entscheidung in diesen letzten Junitagen in Berlin nicht schwer: »Wir m ü s s e n hier bleiben. Berlin muß gehalten werden. Evakuierung oder Übergabe kommen nicht in Frage!«

Während einer seiner häufigen »Fernkonferenzen« schickte General Clay folgende Warnung an Washington:

»Ich habe das Gefühl, daß die Welt jetzt vor die entscheidendste Auseinandersetzung mit den Russen gestellt wird. Zur Durchführung ihrer Pläne verfügt die Sowjetregierung heute über stärkere Kräfte als Hitler während des Krieges. Ich bin überzeugt, daß es jetzt noch möglich ist, diese Aggression durch entschlossene Haltung zu stoppen, ohne einen Krieg heraufzubeschwören. Aber sie kann nur aufgehalten werden, wenn wir gewillt sind, ein gewisses Risiko auf uns zu nehmen.«

Als die Berliner Luftbrücke am 6. Oktober 1949 schließlich wieder eingestellt werden konnte — das Ziel war erreicht, die Blockade aufgehoben worden — zeigte die Bilanz für das Unternehmen »Luftbrücke« eine stolze Leistung: Mit 277 728 Flügen waren 2 362 205 Tonnen Versorgungsgüter nach West-Berlin geflogen worden. Aber die Luftbrücke forderte auch ihren Tribut; 76 (siehe Vermerk auf Seite 7) Menschenleben waren zu beklagen. 76 Menschen, die wußten, auch wenn sie bestimmt nicht daran glaubten, selbst »dran« zu sein, daß Freiheit und Leben von über zwei Millionen Berlinern irgandwann ihren Tribut fordern würden. Ihnen zu Ehren wurde auf dem Platz vor dem Zentralflughafen Tempelhof — dem heutigen Platz der Luftbrücke — ein Mahnmal errichtet, ein aufwärts strebender Betonbogen, von den Berlinern treffend und kurz »Hungerharke« genannt.

Dieser Tribut war das »gewisse« Risiko, von dem General Clay im Juni 1948 sprach. Das Mahnmal symbolisiert die drei Luftkorridore und ist mit einem niedrigen Sockel versehen, auf dem die Namen der 76 Opfer — 31 amerikanische, 40 britische und fünf deutsche Namen — eingemeißelt sind. Und wer Berliner Schnoddrigkeit wohl zu werten weiß, der fühlt, daß gerade in dem Spitznamen »Hungerharke« mehr an Erinnerung und Gedenken schwingt, als eine andere Bezeichnung ausdrücken könnte. Nach diesem kurzen Ausflug in die Zukunft, das Luftbrückendenkmal wurde erst am 17. Juli 1951 eingeweiht, nun wieder zurück zu den letzten Junitagen 1948.

Die sowjetische Blockade schlang sich inzwischen wie eine Boa constrictor immer fester um West-Berlin. Die Rote Armee gab bekannt, daß alle Lebensmittel aus der Ostzone nur im Ostsektor Berlins verteilt werden. Auch Arzneien und Medikamente im

Ostsektor wurden beschlagnahmt und alle Lieferungen in die Westsektoren eingestellt. Westberliner Spareinlagen und andere Guthaben, ja selbst der Inhalt der Safes im Ostberliner Stadtkontor, wurden eingefroren.

Die sowjetische Zentralkommandantur befiehlt dem Leiter der Berliner Feuerwehr, Oberbranddirektor Karl Feierabend, keine Verlagerung von Fahrzeugen und Geräten aus dem sowjetischen Sektor in die westlichen Sektoren vorzunehmen. Ähnliche Anweisungen hatten schon zwei Tage früher, am 26. Juni 1948, die westlichen Besatzungsmächte erlassen. Die amerikanische Militärregierung macht das Ausrücken von Löschzügen in den sowjetischen Sektor von ihrer Genehmigung abhängig.

Der Verwaltungsrat des Zweizonen-Wirtschaftsrates stellt West-Berlin erneut einen Kredit von 45 Millionen D-Mark West zur Verfügung sowie weitere zwölf Millionen D-Mark, die nicht zurückerstattet zu werden brauchen, um die hochschnellenden Ausgaben für die Luftbrücke zu finanzieren.

Im Auftrag der sowjetischen Propaganda eingesetzte Agenten verbreiten folgende Gerüchte in West-Berlin: In Kürze träfen mongolische Divisionen der roten Armee in der Stadt ein. Wenn die Westberliner nicht nachgeben und die Alliierten hinauswerfen sollten, so müßten sie die Schrecken von 1945 noch einmal erleben. Die Westberliner wußten genau, daß nur knapp fünf alliierte Bataillone in Berlin stationiert waren. Sie besaßen weder Panzer, Artillerie noch schwere Waffen. Sie waren sich über die ungleiche Kräfteverteilung der gegnerischen Mächte völlig im klaren. Viele Westberliner fragten sich, das soll hier auch erwähnt werden, ob sie den Zweiten Weltkrieg nur überlebt hatten, um in dem neuen Krieg, der kurz vor dem Ausbruch zu stehen schien, wieder eingesetzt zu werden und vielleicht darin umzukommen.

Inzwischen spritzte der kommunistische Radiosender weitere »neue« Meldungen in den Äther: »In West-Berlin nimmt der Aufruhr überhand. Westalliierte Truppen haben auf die wütende

Menge geschossen, die gegen ihre Anwesenheit protestierte. Hunderte von Toten liegen in den Straßen, niemand kümmert sich um sie. Chaotische Zustände herrschen in den Westsektoren.« Trotz dieser Propaganda blieb es in den Westsektoren in diesen ersten Wochen des Blockadebeginns ruhig. Pausenlos dröhnten die Luftbrückenflugzeuge über den Köpfen der Westberliner; das gab vielen, ohne daß sie es vielleicht ahnten, gewiß ein beruhigendes Gefühl, wenn auch vieles, vieles im Argen war.

Berlin hat eine Bevölkerung, die ruhig, unerschütterlich, ausdauernd, hart im Nehmen und nicht leicht aufgeregt ist. Geht es manchmal wirklich nicht mehr weiter, dann hilft vielen der berühmte Berliner Humor, die »Schnauze mit Herz«. Aus dieser Einstellung resultieren auch die bekannten Ausdrücke für bestimmte Berliner Bauwerke: »Hungerharke« für das Luftbrückendenkmal, »Langer Lulatsch« für den Funkturm, »Beamtenaquarium« für den Neubau der Landesversicherungsanstalt am Kaiserdamm, »Schwangere Auster« für die Kongreßhalle, »Mont Klamott« für den aus Trümmerschutt aufgeschütteten Insulaner usw., jeder von uns kennt diese Namen aus der Berlin-Literatur oder hörte sie während seines Berlin-Besuches. Sie sollen auch nicht Inhalt dieses Luftbrücken-Buches sein, sondern nur ein bißchen die Stimmung damals in Berlin, die Mentalität, die Einstellung zu den Dingen widerspiegeln. Die Haltung des Berliners erinnert an die Worte eines großen Staatsmannes, Winston Churchill, der in einem gefährlichen Augenblick des Zweiten Weltkrieges erklärt hatte: »Meine Herren, ich bin nicht der Erste Minister Seiner Majestät geworden, um dem Untergang des Britischen Weltreiches vorzustehen.« Für West-Berlin durfte es in diesen letzten Junitagen 1948 weder Übergabe noch Untergang geben. Mut und Charaktergröße waren an der Tagesordnung, vielen vielleicht nicht einmal bewußt.

Dieser Mut war begleitet von harter Arbeit und von Erfindungsgeist. Es war die Stille konzentrierter Berechnungen und genauer

58

Untersuchungen. Soldaten, Wirtschaftler, Staatsmänner und Flieger steckten die Köpfe zusammen, um einen Ausweg aus der drohenden Katastrophe zu finden, denn immer noch bekam West-Berlin über die Luftbrücke zu wenig Güter, um am Leben zu bleiben. Auf den Flugplätzen in West-Berlin und in West-Deutschland wurden übermenschliche Anstrengungen gemacht, um die Voraussetzungen für eine Luft-Nachschubbrücke in die eingeschlossene Stadt zu schaffen. Wir berichteten schon darüber und es soll nochmals erwähnt werden: einige, die meisten der C 47-Piloten schliefen pro Tag nicht mehr als vier Stunden, d. h. fünf Sechstel ihrer Zeit saßen sie im Flugzeug und flogen Versorgungsgüter nach Berlin. Jedoch, es reichte nicht. Oder sollte sich ganz hinten am Horizont doch ein Hoffnungsschimmer zeigen?

General Clay saß wiederum in seinem unterirdischen Fernkonferenzzimmer und »sprach« mit Washington: »Wir glauben jetzt, daß wir West-Berlin durch die Luft versorgen können. Es ist ein beispielloser Plan. Wirtschaftlich gesehen ist er untragbar. Aber es stehen so hohe politische und menschliche Werte auf dem Spiel, daß wir glauben, den Versuch machen zu müssen. Wir brauchen Flugzeuge, nichts als Flugzeuge, und zwar die größten, die ihr habt, und so viele wie möglich. Wir sind entschlossen, die sowjetische Absicht, Berlin zu erdrosseln, zunichte zu machen. Werdet ihr uns unterstützen?«

Diesmal kam die Antwort sofort. Es war ein dramatischer Augenblick, als sie auf der Fernschreibleinwand sichtbar wurde: »Wir haben unseren Geschwadern in allen Teilen der Welt befohlen, nach Europa zu fliegen. Sie erhalten die benötigten Flugzeuge und unsere volle Unterstützung. Gott segne Berlin!« Und nun begann das große Wunder des 20. Jahrhunderts. Radiosender funkten den Befehl an alle Lufttransportkommandos der US-Streitkräfte und der Royal Air Force. Die Gesamtmacht der amerikanischen **und britischen Luftwaffen wurde mobilisiert. London und Washington** jagten dringende Befehle in alle Teile der Welt:

»Oberst X, schicken Sie Ihre Gruppe schwerer Transportmaschinen auf dem kürzesten Wege nach Westdeutschland, um von hier an der Luftbrücke nach Berlin teilzunehmen.«

Aus Großbritannien, Alaska, USA, Panama, Süd-Afrika, Neuseeland, Australien, Indien, Guam, Hawai und Japan machen sich Luftwaffeneinheiten bereit, den zum Teil mehr als 10 000 km langen Weg nach Wiesbaden oder Celle in Deutschland anzutreten. Jetzt, Anfang Juli, begann die großangelegte Organisation zu wirken, die in den Tagen davor, in langen Nächten bei Kerzenlicht ausgeknobelt wurde und das Ziel hat, die zur Lebenserhaltung West-Berlins mindestens erforderliche Tonnagemenge von rund 4000 Tonnen Lebensmitteln und Brennstoffen täglich auf dem Luftwege in die geteilte Stadt zu bringen. Die Tage der Improvisation, der behelfsmäßig von Flugbasen in Europa zusammengezogenen C 47-Einheiten sind damit gezählt. Ab 1. Juli beginnt die Ablösung durch die große C 54 Skymaster. Die Überwindung der Anfangsschwierigkeiten tritt in die entscheidende Phase.

DIE FLUGPLÄTZE IN WEST-BERLIN

Auf vielen entlegenen Luftstützpunkten ging es vielleicht ähnlich zu wie auf der Insel Guam, die 16 000 Kilometer Luftlinie von Berlin entfernt ist, Anfang Juli 1948.

An einem Sonnabend verbringen die Besatzungen der Transportstaffel ihre Freizeit im Kasino, eine der wenigen, freudig erwarteten Abwechslungen auf jener einsamen, fernen Insel. Bis 1898 war Guam spanischer Besitz, ehe es in amerikanische Hände überging. Seit Kriegsende war Langeweile ein ständiger Gast der Transportflugzeugbesatzungen. An diesem Abend versprach die gesellige Feier ein besonderer Erfolg zu werden, denn neben ihren eigenen Frauen, die aber nicht alle zugegen sein konnten, hatten die Flieger einige Krankenschwestern aus der benachbarten Station eingeladen. Bei leichter Musik unterhielt man sich fast wie in einer zivilisierten Stadt in den Vereinigten Staaten.

Gegen Mitternacht, als der Tanzabend seinen Höhepunkt erreicht hat, erscheint aufgeregt ein Sergeant in der Tür. Er sieht sich suchend unter den tanzenden, sich unterhaltenden Menschen um und drängt sich schließlich zu dem Staffelkommandanten durch. Verlegen, weil er die Gesellschaft stört, und doch freudig erregt über die Nachricht, die er bringt, übergibt er dem Oberst einen Funkspruch von äußerster Wichtigkeit. Dieser Funkspruch lautet: »Ihre Gruppe hat sich sofort nach Hawaii zu begeben, von dort aus nach Kalifornien, Massachusetts und Wiesbaden in Deutschland, von wo sie an der Luftbrücke nach West-Berlin teilnehmen wird. Nehmen Sie Ihr Bodenpersonal, Ihre Funker und Ihr technisches Personal mit. Alle Vorkehrungen für Ihre Ankunft in Wiesbaden sind getroffen. Bestätigen Sie Erhalt dieses Funkspruchs. Wiederholen nochmals Dringlichkeit, Verlegung erfolgt sofort!«

Der Oberst erhebt sich, bittet um Ruhe und verliest dann den inhaltsschweren Befehl aus dem Luftwaffenhauptquartier in Washington. Im Saal ist es augenblicklich so still, daß man eine Stecknadel zu Boden hätte fallen hören.

Selbst ergriffen von den Nachrichten, die das weitere Leben seiner Gruppe so folgenschwer ändern, gibt der Oberst schließlich nach einigem Überlegen bekannt: »Meine Herren, wir fliegen in zwei Stunden.« Während er sich wieder setzt, raunt ein junger Flieger seinen Kameraden zu: »Ich bin froh, daß es los geht. Ich hoffe, Berlin hält durch, bis wir kommen.« — Ähnliche Szenen wiederholen sich auf Flugplätzen in der ganzen Welt. Die Amerikaner beginnen mit dem Transport von Lebensmitteln und anderen Gütern nach Berlin. Von Texas, Kanada, der Panama-Kanalzone und den übrigen bereits genannten Stationen werden die Transportgeschwader nach Westdeutschland beordert. Britische Luftwaffeneinheiten in Süd-Afrika usw. erhielten ähnliche Befehle. Die dicken Brummer, die da herankamen, alle gut für 10 Tonnen, einige auch für mehr als 20 Tonnen Nutzlast, vergrößern die Ladekapazität der Luftbrückenflotte natürlich gewaltig. Eine große Armada wird also aufgeboten, um eine Millionenstadt mit den wichtigsten Gütern zum Leben zu versorgen.

Der junge Pilot in Guam sollte bald merken, daß seine Befürchtung, Berlin werde nicht bis zu seiner Ankunft durchhalten, ungerechtfertigt war. Hier in der verdunkelten, blockierten Stadt werden ehrgeizige und genau ausgewogene Pläne ausgearbeitet, um die Stadt trotz Versorgungsminimum am Leben zu erhalten. Zunächst sind es täglich rund 4500 Tonnen Produkte aller Art, die nach Berlin eingeflogen werden. Diese Leistung wird sich, wie wir noch hören werden, im Laufe der nächsten Monate noch erheblich steigern.

Das Ladegewicht vieler Maschinen überschreitet dadurch oftmals die Grenze des Zulässigen. Jeder der Flieger hat eine große Verantwortung. Die Hilfsaktion wird von Beginn an zu einer anstrengenden Aufgabe für die alliierten Piloten, da die mehrmals an einem Tag durchzuführenden Flüge nach Berlin hohe Anforderungen an Menschen und Material stellen. Nicht nur diese Tatsache, sondern auch die bei solch einer ungewöhnlichen Aktion erforderliche Schnelligkeit machen es zur Bedingung, daß die erfahrenen Flieger das Äußerste an Konzentration aufbringen müssen. Es ist schon unter normalen Verhältnissen recht schwierig, einen reibungslosen Flugverkehr zu gewährleisten. Wieviel schwieriger wird es erst, in einem ständig überfüllten Luftraum herumzufliegen, ständig unter Zeitdruck zu stehen, genaueste Navigation einzuhalten und das alles 16 bis 20 Stunden täglich.

Doch man wird mit allen technischen Problemen auf den Plätzen in Westdeutschland und Berlin relativ gut fertig. Die Alliierten müssen einfach diesen Betrieb bewältigen, wenn sie nicht die Stadt an der Spree unweigerlich ihrem Schicksal preisgeben und alle Hilfsanstrengungen zunichte machen wollen.

Deutsche, Amerikaner, Engländer und Franzosen konferieren Tag und Nacht und organisieren den komplizierten Apparat von Versorgung und Verteilung bis Bedarf und Zuteilung.

Auf dem Flugplatz Gatow, dem im Südwesten der Stadt gelegenen Versuchsflughafen der ehemaligen Deutschen Luftwaffe, jetzt im britischen Sektor Berlins, arbeiten deutsche Arbeiter und Angestellte Tag und Nacht an der Verlängerung der Landebahn. Sie soll 1800 m lang werden, damit auch das schwerste Flugzeug sicher herunterkommt. Die Flugplatzanlagen werden verbessert, Verladerampen für Lkw's gebaut, die die Fracht aus den Flugzeugen übernehmen und in Sammellager fahren sollen.

Alle diese Einrichtungen werden in fieberhafter Eile in Angriff genommen und fertiggestellt, weil jeder der Beteiligten weiß, daß es jetzt, nicht später, darauf ankommt, das Äußerste zu geben. Alliierte und Berliner arbeiten Hand in Hand, trotz der unterschiedlichen Sprachen ergeben sich eigentlich kaum Verständigungsschwierigkeiten.

Viel, viel später wurde für diese gute Zusammenarbeit in jenen Anfangstagen der Blockade ein Ausdruck geprägt: der »Geist der Luftbrücke«. Dieser Geist, dieses Auskommen miteinander, während ununterbrochen, aber auch wirklich ohne jede Pause, die schweren Transportmaschinen über Berlin brummten, trugen dazu bei, daß schließlich, zum Teil erst nach mehrmonatigem Bemühen, aber eben doch noch rechtzeitig, sich der erste Silberstreif am Horizont zeigte, das heißt die tägliche Mindestmenge an Versorgungsgütern ausschließlich auf dem Luftwege nach West-Berlin hereinkam.

Wenn man heute den Erzählungen jener lauscht, die dabeigewesen sind, dann versteht man, daß sich gerade damals aus der engen Zusammenarbeit zwischen den Fliegern und den Deutschen auf dem Boden ein Verhältnis ganz besonderer Art entwickelte, das es wohl nur in Berlin gegeben hat. Die offenherzige Berliner Lebensart und dieser Geist der Luftbrücke, der mindestens die 11 Monate der Blockade über anhielt und auch heute noch nachwirkt, mögen sicherlich mit dazu beigetragen haben. Später, als sich der Berliner Luftverkehr wieder normalisierte, kam sicher auch das Bewußtsein hinzu, daß mit dem Luftverkehr nach West-Berlin nicht nur ein Verkehrs- und Transportmittel schlechthin angeboten wurde, sondern daß dem Berliner Luftverkehr eine Funktion zugewachsen war, die sich für die Existenz dieser Stadt, mehr denn anderswo, als lebensnotwendig erwiesen hatte.

Innerhalb von drei Tagen passierte der Operationsplan das Britische Kabinett. Die Operations-Order für den Aufbau der Luftbrücke nach Berlin wurde am 30. Juni um 19.00 Uhr unterzeichnet. Am 1. Juli bereits flogen die Dakotas von Wunstorf 311

Tonnen Lebensmittel für die Berliner Bevölkerung und 94 Tonnen für die Britischen Garnisonen nach Gatow. Der »Job«, das größte Unternehmen, das die britischen Transportfliegereinheiten je zu bewältigen hatten, war gestartet.

Man sollte hier jedoch nicht nur die »fliegenden Männer in ihren Kisten« sehen, die ohne Zweifel die Hauptlast des Unternehmens trugen, sondern auch die oft nicht erwähnten aber absolut notwendigen Männer des Bodenpersonals. Sie kamen mit ihren fliegenden Kameraden von England herüber oder aus irgendeinem anderen Land, um hier in Westdeutschland und Berlin ihre wichtige Arbeit zu verrichten: in oftmals strömendem Regen und nur wenigen Stunden zum Schlafen, nur, um die Flugzeuge flugfähig zu halten, komme was da wolle.

Auf britischer Seite kam das Unternehmen voll in Schwung, als am 2. Juli, zwei Tage nach der Unterzeichnung des Operationsplanes, die ersten viermotorigen Avro York nach Wunstorf kommen, um sogleich, voll beladen, nach Berlin-Gatow weiterzufliegen. Am 3. Juli wurde vorgeschlagen, auch die großen Sunderland-Flugboote des RAF Coastal Command im Rahmen der Berliner Luftbrücke einzusetzen. Ein Offizier des Küstenschutzes fliegt an diesem Tage nach Hamburg, um einen geeigneten Start- und Landeplatz auf der Elbe auszuwählen. Gleichzeitig wird in Berlin die Havel bei Lindwerder für den allgemeinen Bootsverkehr gesperrt, da von hier die aus Hamburg-Finkenwerder herüberkommenden Sunderlands operieren sollen. Der 4. Juli ist Ankunftstag für die ersten dieser großen Flugboote in Hamburg. Einen Tag später beginnen sie in ihren gewaltigen Laderäumen tonnenweise Salz nach Berlin zu fliegen. Es hatte sich nämlich herausgestellt, daß Salz, ein sehr schwierig zu transportierendes Medium, weil es überall herausrieselt, die empfindlichen Fluginstrumente in Landflugzeugen durch Korrosion beeinflussen kann. In Flugbooten dagegen, weil für das »nasse Element« gebaut, ist der Laderaum gegen das Cockpit, gegen die Steuerleitungen, elektrischen Kabel und Hydraulikrohre ganz anders abgeschottet als in normalen Land-Transportflugzeugen. Man hatte sich schon Gedanken gemacht, wie das Salz nach Berlin zu fliegen sei. Glücklicherweise verfügt West-Berlin über genügend große Gewässer, Havel, Wannsee und Tegeler See sind die bekanntesten von ihnen, sodaß hier ohne große Schwierigkeiten geradezu ideale Voraussetzungen für den Einsatz von Großflugbooten geschaffen werden konnten.

In Hamburg operieren die Sunderlands nicht unter so günstigen Voraussetzungen. Die Elbe bei Finkenwerder ist oftmals windig, dementsprechend herrscht hier manchmal ein Wellengang, den Flugboote, noch dazu schwer beladen, nicht so leicht »verkraften« können. Man mußte deshalb eine Startstrecke auswählen, die durch versenkte Schiffe und andere Wracks aus dem Zweiten Weltkrieg einigermaßen ruhiges Wasser bot. Die Sunderland-Flugboote halten ihren Betrieb aufrecht, bis Mitte Dezember 1948 auf der Havel Vereisungsgefahr bestand und somit die Operationen für eine gewisse Zeit eingestellt werden mußten. Am 16. Juli ist in Gatow die neue, befestigte Runway fertig und die York-Flotte beginnt ihre Berlin-Flüge mit voller Auslastungskapazität anzutreten. Mit jedem Flug werden jetzt neun Tonnen Lebensmittel in die blockierte Stadt gebracht.

Ab Ende Juli trifft die RAF Abmachungen mit zivilen Fluggesellschaften, die sich ebenfalls an der Luftbrücke nach Berlin beteiligen wollen. Diese zivilen Gesellschaften erhalten Verträge mit der britischen Regierung, wobei sich die British Airways, damals noch BEA, als Generalagent und sozusagen die Oberaufsicht führend, dazwischenschalten. Diese zivilen Chartergesellschaften hatten besondere Bedeutung im Gefüge der Luftbrücke, denn sie besaßen Spezial-Tankflugzeuge. Mit diesen war man in der Lage, größere Mengen rationeller zu überbringen. In Berlin herrschte, wie man sich denken kann, starker Bedarf an Benzin, Dieselöl, Schmieröl und anderen flüssigen Brennstoffen. Bisher und auch später noch zusätzlich wurden diese in Fässern transportiert. Durch den Einsatz der Zivil-Tankflugzeuge wurde dieser Transport effektiver. Flüssigbrennstoffe auf der Luftbrücke nach Berlin zu fliegen, war jedoch nicht die einzige Aufgabe der Zivilgesellschaften. Sie flogen genauso die allgemeine Fracht wie die RAF auch. Der erste Zivilfrachter flog am 28. Juli nach Berlin. Wir werden uns in einem späteren Kapitel noch einmal ausführlich mit diesen privaten Carrieren befassen.

In Wunstorf wurde es mittlerweile eng. Yorks, Dakotas und die zwei- und viermotorigen Typen der Zivilgesellschaften flogen von hier aus, so daß der Flughafen schnell zu klein wurde. Als der Ausbau der Wunstorfer Runway soweit abgeschlossen war, daß die viermotorigen Yorks ohne Einschränkungen ihrer Zuladung hier starten konnten, begann man konsequent die kleineren RAF-Dakotas ab Mitte Juli nach Faßberg zu verlegen. Von ihrer neuen Station begannen diese zweimotorigen Maschinen (die Bezeichnung C 47 gilt nur für die amerikanischen Dakota-Flugzeuge) mit Kohle in Säcken ab dem 19. Juli nach Berlin zu starten. Das war gleichzeitig der Beginn der »British Coal Lift«. Die nächste große Umwandlung im Bereich der RAF-Flugplätze begann am 4. August und endete am 20. August 1948. Die Amerikaner rund um Frankfurt hatten inzwischen so viele Skymaster versammelt, daß nun hier wieder Engpässe auftraten und man an eine Ausweitung ihrer Operationsbasen denken mußte. Die andere Überlegung war die, daß man sich sagte: Je kürzer die Entfernung nach Berlin, desto weniger Brennstoff brauchen die Maschinen mitzunehmen, desto mehr Ladung kann befördert werden. Also zog ein Teil der amerikanischen Skymaster-Flotte nach Faßberg um. Hier, unter britischer Operations-Kontrolle, beteiligen sich die amerikanischen C 54-Maschinen an der Kohle-Beförderung. Jetzt begann Faßberg sich zu übernehmen. Also zog man wieder einmal um. Ende August zunächst die zivilen Dakotas und Anfang September 1948 die RAF-eigenen Zweimotorer. Lübeck-Blankensee hieß der Ausweichflugplatz, den diese Flugzeuge nunmehr zugewiesen bekamen. Abgesehen von der mittelalterlichen Stadt Lübeck war der Aufenthalt hier für die Besatzung kein Vergnügen. Die Piste war klein und schwierig anzufliegen, die Unterkünfte primitiv. Aber, wie's so kommt: die Dakotas in Lübeck füllten den kleinen Platz bald derartig, daß wiederum nach einer Ausweichmöglichkeit gesucht werden mußte. Inzwischen waren nämlich auch Zivilmaschinen anderer Typen dazugestoßen, so daß der Platz bald überlastet war. Mit Beginn des Oktober 1948 entschloß man sich deshalb, alle Zivilmaschinen in Hamburg-Fuhlsbüttel zu stationieren. Nur die RAF-Dakotas blieben in Lübeck-Blankensee.

Fuhlsbüttel wurde im Herbst 1948 fast zu einem richtigen Zivilflughafen, nur daß die meisten hier stationierten Maschinen ausschließlich nach Berlin flogen. Einige Zeit sah man hier folgende Typen: Die Handley-Page Halton, die Zivilversion des Halifax-Bombers, dann natürlich die Halifax selbst, den Bristol Freighter und die Avro Lancastrian, die Transportausführung des Lancaster-Bombers aus dem Zweiten Weltkrieg. Manchmal verirrten sich auch einige Vickers Vikings, eine oder zwei Consolidated Liberator-Bomber und eine Bristol Wayfarer in Hamburg. Andere Zivilmaschinen, die aber nicht von Hamburg-Fuhlsbüttel aus operierten, waren das Hythe-Flugboot, das neben den Sunderlands von Finkenwerder aus nach Berlin-Wannsee flog und die zivilen Tank-Flugzeuge, die Lancastrian und die Avro Tudor, die von Wunstorf aus operieren. Der letzte große Umschwung im RAF-Bereich bahnte sich im November 1948 an, als 15 der neuen großen Handley-Page Hastings von England herüberkamen, um an der Berliner Luftbrücke teilzunehmen. Diese modernen Viermotorer, bei der RAF als Nachfolgemuster für die veraltete York bestimmt, beginnen ihren Einsatz von Schleswigland, dem nördlichsten aller Westdeutschen Absprunghäfen. Für die Hastings war die Luftbrücke der erste »große Job«, die erste Bewährungsprobe, die sie allerdings vorzüglich bestanden.

68

Lange bevor diese Umstrukturierungen zu wirken begannen, hatte sich im täglichen Luftbrücken-Einsatz eine andere Verbesserung ergeben, die die bis dahin höchstens überraschenden Anfangserfolge vertiefte: der 24-Stunden oder Rund-um-die-Uhr-Einsatz. Die Luftbrücke, bisher mehr eine Art von Improvisationszusammenballungen, entwickelte sich zu einem streng nach Plan abzulaufenden Unternehmen. Erste Erfahrungen begannen zu wirken. Über die Anfänge war man hinweg.

Zusätzlich Sicherheit im täglichen Luftbrücken-Betrieb erreichte man zum Beispiel, indem man Flugzeugen mit unterschiedlicher Geschwindigkeit verschiedene Einsatzhöhen zuwies. Die Yorks zum Beispiel flogen in einer bestimmten Höhe, die Dakotas in einer anderen, die Skymaster wieder in einer anderen. Diese unterschiedlichen Höhenzuweisungen galten vor allem im nördlichen Luftkorridor, im südlichen flogen fast nur bestimmte Typen. Mit anderen Worten: der südliche Luftkorridor wurde vor allem von den Amerikanern benutzt, die ausschließlich viermotorige C 54-Skymaster einsetzten, die wiederum in einer Höhe und in einer Linie aufgereiht ihren Weg nach Berlin durchführten. Höhenstaffelungen waren nicht notwendig, da alle Maschinen stur ihre 270 km/h Geschwindigkeit flogen, exakten Abstand von 13,5 km hielten und zeitlich genau drei Minuten auseinander waren. Im nördlichen Korridor dagegen war es ziemlich schwierig, die verschiedenen Flugzeugmuster verschiedener Gesellschaften und die Maschinen von RAF und USAF alle unter »einen Hut« zu bringen. Der mittlere Korridor nach Berlin wurde wiederum fast ausschließlich für den Rückflug nach Westdeutschland benutzt, »Hinflüge« fanden in ihm nicht statt. Die Maschinen von Wunstorf, Faßberg und Celle, die ihn hätten benutzen können, wurden für ihren Flug n a c h Berlin in den Hamburg-Berlin-Korridor eingegängelt, also in die nördlichste Luftstraße. Auf dem Rückflug v o n Berlin ergab sich dann folgendes Bild: Die nach Wunstorf, Celle und Faßberg bestimmten Maschinen flogen durch den mitt-

leren Korridor, ebenso die Dakotas nach Lübeck. Die Zivilflugzeuge mit Bestimmungshafen Hamburg gingen durch den nördlichen Korridor, die Hastings nach Schleswigland ebenfalls durch
die nördliche Luftstraße. Die amerikanischen C 54-Skymaster
wiederum benutzten auf ihrem Rückflug nach Wiesbaden und
Frankfurt ebenfalls den mittleren Luftkorridor. Der Leser dieser
Zeilen wird jetzt denken: dann war der Südkorridor aber relativ
schwach besetzt, wenn in ihm nur die Flüge nach Berlin, ausgehend von den Häfen Frankfurt und Wiesbaden, stattfanden.
Dem war aber nicht so. Tatsächlich hielten weder die Briten noch
die zivilen Fluggesellschaften eine solch dichte Flugfolge ein, wie
sie die amerikanischen Skymaster-Maschinen praktizierten. Man
darf auch nicht vergessen, daß die Amerikaner mit ihren 225
Skymaster-Flugzeugen von insgesamt 380 Maschinen, die an der
Luftbrücke teilnahmen, mengenmäßig den stärksten Anteil hatten
und daraus natürlich auch ein gewisses Mitspracherecht herleite-
ten. Wer im Krieg die dichten, geschlossenen Bomberpulks der
amerikanischen Luftwaffe während ihrer Tagesangriffe auf Städte
des Deutschen Reiches miterlebt hat, der kann sich denken, woher die amerikanischen Piloten und Einsatzleiter die Praxis des
Fliegens in dichten Konzentrationen hatten. Es ist nicht übertrie-
ben, daß während der Luftbrücke diese ununterbrochene Kette
von Flugzeugen so lang war, daß die ersten Maschinen schon in
Tempelhof landeten, während die letzte eines Pulkes in Wiesbaden oder Frankfurt noch nicht einmal an den Start gegangen
waren. Das ist auch rechnerisch leicht nachzuweisen. Die Entfernung Berlin-Tempelhof — Frankfurt-Rhein-Main beträgt 440 km.
Bei 13,5 km Abstand untereinander macht das auf diese Entfernung genau 32 Maschinen. Wenn man weiter bedenkt, daß von
225 Skymastern rund 150 Flugzeuge, wenig gerechnet, ständig im
Einsatz waren, dann glaubt man, wie auf Rhein-Main oder in Berlin die Bodenabfertigung »flitzen« mußte, um die gelandeten
Maschinen schnellstens wieder startfertig zu machen, damit sie

70

nicht den ununterbrochen hereinkommenden Kameraden Abstellpositionen und Luftraum wegnahmen. Wir werden in einem späteren Kapitel noch einmal die Praxis eines Luftbrückenfluges aus nächster Nähe miterleben.

Wie schwierig und zum Teil umständlich (aus mannigfaltigen Gründen) der Luftverkehr außerhalb Berlins gehandhabt werden mußte, haben wir jetzt gesehen. Wieviel fliegerische Disziplin dazugehört, kann nur der ermessen, der schon einmal Gelegenheit hatte, auf dem Tower eines großen Flughafens den Betrieb mitzuerleben. Wieviel Mehr an Arbeit, Konzentration und fliegerischem Können nötig war, diese riesigen Kolonnen von Flugzeugen über Berlin in die jeweils richtigen Anflugrichtungen zu den drei Flughäfen zu bringen, ist wahrscheinlich nur schwer vorstellbar. Man fand schnell heraus, daß Überschneidungen unbedingt vermieden werden müssen, das heißt, daß die aus dem Südkorridor herauskommenden Skymaster-Maschinen nur in Tempelhof und nicht woanders landen können, während die aus der nördlichen Anflugstraße auf die Flugplätze Tegel und Gatow verteilt werden mußten. Daß darüberhinaus immer noch Risiken eingegangen werden mußten, ist klar. Man bedenke, daß genau unter den vom Grunewaldturm auf die Runway von Gatow im Endanflug niedergehenden Maschinen sich die Havel mit der Insel Lindwerder befand, vor der sich die Sunderland-Flugboote für ihren Rückflug nach Hamburg-Finkenwerder bereitmachten.

EIN ANFLUG AUF GATOW

Da wir uns immer noch mit dem Thema Flugplätze in Berlin zu befassen haben, ist es vielleicht ganz interessant, wenn wir uns in Gedanken einmal zu den Männern im Cockpit einer York auf ihrem Flug von Westdeutschland nach Berlin-Gatow setzen. Von der geschäftigen Operationszentrale mit ihren klingelnden Telefonen in Wunstorf folgen wir der Crew zu einem kleinen Zubringer-Fahrzeug, heute wär's vielleicht ein VW-Bus, der uns mit rausnimmt zu unserem Flugzeug, einem in der langen Reihe von Maschinen, die beladen mit Mehl für Berlin auf ihre Erlaubnis zum Starten warten. Die Fluginformationen, die die Crew für heute erhalten hat, beinhalten einen wichtigen Faktor: die Zeit, zu der wir uns über Frohnau — Radio-Beacon einzufinden haben. Frohnau ist der nördlichste Berliner Bezirk, genau wie zum Beispiel Tegel zum Stadtteil Reinickendorf gehörend und, das ist wichtig, in genau definierter Anflugrichtung zum Flughafen Gatow. Vom Funkfeuer Frohnau aus hat der Anflug mit einer bestimmten Geschwindigkeit und Höhe zu erfolgen, die Ankunft über Frohnau ist uns mit einer Toleranz von plus-minus 30 Sekunden vorgeschrieben.

Das Flugzeug nimmt seinen Platz ein in der Kette von Yorks, die heute nach Gatow bestimmt sind, jedes Flugzeug drei Minuten hinter dem vorausfliegenden. Nach dem Abheben fliegt die York von Wunstorf aus nordwärts zum Einflug in den Nordkorridor nach Berlin. Am Eingang des Luftkorridors befindet sich ein ungerichtetes Funkfeuer, das wir jetzt ansteuern. Die Reise nach Berlin wird etwa 55 Minuten dauern, etwas weniger, als der Schnellzug von London nach Brighton benötigt, wie sich ein Londoner unter uns erinnert.

Das Territorium unter uns ist jetzt russisches Besatzungsgebiet. Aber unsere Crew hat mehr als 200 Mal diese Strecke nach Berlin überflogen, es kümmert sie schon kaum noch, was sich unter der York zeigt. Jeder dieser Flüge wird immer mehr zur Routine. 36 km nordwestlich von Funkfeuer Frohnau ruft unser Pilot den Tower in Gatow. Die gegenwärtige Position wird durchgegeben, Gatow will wissen, was wir heute geladen haben und erhält als Antwort: Mehl. Über dem Beacon Frohnau wird Gatow erneut angerufen und wir erhalten jetzt genaue Informationen, in eine südwestliche Richtung einzuschwenken und Höhe zu verlieren. Von nun an ist unser Pilot in ständigem Radio-Kontakt mit Gatow. Ist das Wetter schlecht, dann übernimmt ein GCA-Kontroller, der in einem kleinen Wohnwagen neben der Runway in Gatow sitzt, unseren weiteren Anflug. Aber heute kommen wir bei normaler Sicht herunter. Wir drehen wieder auf einen neuen Kurs fast über dem Bahnhof Zoo und sind nun in direktem Endanflugkurs auf die Landebahn in Gatow. Als wir über dem Grunewaldturm sind, dem markanten roten Turm auf der anderen Seite des Havelufers unmittelbar vor dem Flughafen Gatow, gibt unser Pilot eine letzte Lagemeldung ab: »Over the Christmas Tree«. Diese letzte Funkmeldung im Endanflug vor dem Aufsetzen in Gatow wurde zur Standard-Phrase für die englischen Maschinen und Piloten während der Berliner Luftbrücke. Ein anderer Pilot meldete sich mit einer Ladung Eisen, Halbzeugen für die Berliner Industrie, und wurde vom Tower Gatow mit folgenden Worten empfangen: »Come in, Sid Walker.« (Nach dem ganz in Eisen gekleideten spanischen Ritter und Freiheitskämpfer El Cid). Wieder ein anderer meldet sich an einem schönen Sonntagmorgen über Frohnau-Funkfeuer, das auf dem Boden nahe neben einer Kirche steht, mit den Worten: »Over the Church«. (Ich bin über der Kirche, mit anderen Worten: Ich bin bereit für den Kirchgang!). Diesem Luftbrückenpiloten antwortet Gatow: »O.K. Take a Pew!« (Nehmen Sie Platz im Kirchenstuhl).

Während wir über dem Grunewaldturm unsere Lagemeldung abgeben, sehen wir in dem Dunst des beginnenden Nachmittags gerade noch die vor uns fliegende York auf der Gatower Runway aufsetzen, ausrollen und in den Taxiweg einschwenken. Eine weitere York rollt zur Abstellposition auf der anderen Seite des Flughafens, auf der wir, etwas undeutlich zu erkennen, ein Gewimmel von Flugzeugen wahrnehmen: Yorks, zweimotorige Dakotas und weiter hinten in einer langen Reihe viermotorige Skymaster der Amerikaner, die vor uns in Faßberg gestartet sind.

Auf den Zufahrtsrollwegen stehen mit laufenden Motoren fünf, sechs weitere Yorks, bereit zum Rückflug nach Westdeutschland. Wir schauen uns um: In einer langen Reihe kommen hinter uns Flugzeug an Flugzeug, das erste gerade über dem im Stadtzentrum gelegenen Funkfeuer, wir sehen, wie es sich weich in die Kurve legt und dahinter, von Frohnau herunter, eine York nach der anderen. Wir sehen etwas weiter südlich, Richtung Tempelhof, den regen Start- und Landeverkehr der Skymaster aus Frankfurt und Wiesbaden. In dichten Pulks kommen sie heran, schwenken über Potsdam in eine lange Linie über den südlichen Außenbe- zirken ein, fliegen bis hinüber in den Ostsektor, haben jetzt wahr- scheinlich den Müggelsee unter ihren Flügeln, den wir von hier nicht mehr sehen können, und tauchen, Flugzeug an Flugzeug, hinab auf das große Oval des Zentralflughafens Tempelhof. Auf der anderen Seite, am Start, erhebt sich eine nicht enden wollende Kette von Skymastern zu ihrem Rückflug nach Frankfurt-Rhein- Main. Die Luftbrücke nach Berlin ist in vollem Gange.

Unsere York geht nieder auf der Rollbahn in Gatow, rollt aus und schwenkt schnell nach links in den Taxiway ein, Schnellig- keit ist Trumpf bei diesem Geschäft. Wir haben uns ein bißchen steif gesessen, als jetzt unsere Maschine einschwenkt in die lange Reihe von Flugzeugen auf ihren Entladepositionen. Mal backbord, mal steuerbord manövriert der Pilot mit den Motoren. Jetzt ist unsere Position erreicht, die Propeller drehen aus und schon lösen sich aus dem Haufen nebeneinander stehender Fahrzeuge zwei Lastwagen mit einer Gruppe deutscher Zivilisten, die jetzt begin- nen, unsere Maschine zu entladen. Als ob der Teufel hinter ihnen her wäre, so ziehen sie die Säcke mit Mehl über den Boden zum Ausgang, wo sie von einer zweiten Arbeitsgruppe in Empfang genommen und über eine Rutsche, Gott weiß, wo die so schnell herkommt, in die Lastwagen verfrachtet werden. Kaum hat un- sere Crew Zeit, heil durch dieses Durcheinander zu kommen, um im Malcolm Club schnell einen Kaffee zu trinken. Eine halbe

Stunde steht uns zur Verfügung. Der längste Aufenthalt, den eine Besatzung hier in Gatow jemals hatte, war 50 Minuten, in welcher das Flugzeug entladen, wieder mit Gütern der Westberliner Industrie beladen und startfertig gemacht wurde. Bevor die Zeit um ist, erreicht unseren Piloten schon ein Anruf, daß die Maschine wieder klar ist. Beladen mit elektrischen Lampen, Ventilen und anderen Ausrüstungsgütern der Industrie, bestimmt für den Weltmarkt, werden wir in Kürze unseren Rückflug nach Wunstorf antreten. Trotz der starken Einbußen, den die Westberliner Fabriken durch den Brennstoffmangel hinnehmen müssen: der größte Teil produziert, wenn auch unter manchmal geradezu lächerlichen Voraussetzungen, ohne Heizung, ohne ausreichende Beleuchtung. Die Erzeugnisse, die trotz allem fertiggestellt werden können, müssen auf den Markt. Wie? Natürlich mit dem Flugzeug, eine andere Verbindung nach Westdeutschland und Europa gibt es nicht.

Die Einstiegstür der York wird jetzt verschlossen. Wir nehmen unseren Platz wieder ein, die York ihre Position in der Linie der sich zum Start fertig machenden Maschinen. An kleinen, blauen Lampen vorbei, die den Taxiweg markieren, rollen wir zur Startposition. Hier wartet schon eine ganze Reihe vor uns abgerollter Flugzeuge. Eben startet ein leerer Tudor-Tanker. Eine lange Welle Dakotas aus Lübeck landet. Gleich dahinter kommen einige Skymaster von Faßberg herein und kaum, daß sie ausgerollt sind, eine weitere Welle aus Celle. Jetzt sind wir endlich dran. Die York dreht ihre Motoren hoch und startet in die beginnende Dunkelheit zu ihrem 55-Minuten-Rückflug nach Hause.

Das war ein Anflug auf Berlin-Gatow. Sicher wird der eine oder andere jetzt denken: So schlimm kann's doch nicht gewesen sein. Man darf aber nicht vergessen, daß das Radar damals noch relativ neu war, und in der ersten Zeit stand zum Beispiel überhaupt kein GCA zur Verfügung, es wurde erst nach dem »Schwarzen Freitag«, dem 13. August 1948 eingeführt.

Kurz nach dem Morgengrauen sank die Wolkendecke an diesem Tag tiefer als vorausgesagt. Nach wenigen Minuten sank sie bis auf die Höhe der Dachfirste der Wohnhäuser rund um das Tempelhofer Feld. Dann begann es so stark zu regnen, daß man das Rollfeld schon vom Tower aus nicht mehr sehen konnte.

Über zwanzig schwerbeladene C 54-Skymaster waren unterwegs. Die Radargeräte können zwar Nacht und Nebel durchdringen, aber nicht wolkenbruchartigen Regen. Die Kontroller in Tempelhof versuchten verzweifelt, die Maschinen in der Luft zu halten, denn sie waren nicht in der Lage, die Flugzeuge so schnell zu landen, wie sie ankamen.

Da platzen einer Skymaster beide Reifen auf der Landebahn. Der Pilot hatte die Bremsen zu scharf angezogen. Die folgende Maschine schoß über den Rand des Feldes hinaus, ging dabei in Trümmer und brannte zum größten Teil aus. Eine andere Maschine stieß direkt über den Hausdächern durch die Wolkendecke und mußte auf einer noch unfertigen Rollbahn notlanden.

Zufällig war gerade General Tunner, der Kommandeur der Luftbrückeneinheiten in einem Flugzeug auf dem Weg nach Berlin. Im Kopfhörer des Bordfunkgerätes, er wollte ja in einigen Minuten selber in Tempelhof landen, hörte er aufgeregte Gespräche und merkte, daß die Erregung wie ein Lauffeuer auf die lange Kette von Flugzeugen übergriff, die 400 km weit bis nach Westdeutschland zurückreichte.

»Das wirft den ganzen Zug aus den Gleisen«, sagte sich Tunner und rief den Kontrollturm in Tempelhof an. »Hören Sie da unten! Hier ist General Tunner. Bei diesem Wetter können keine Flugzeuge landen. Schicken Sie sofort alle Maschinen nach Westdeutschland zurück. Diesmal hat uns das Wetter ein Schnippchen geschlagen!«

So kam es, daß Dutzende von schwerbeladenen Maschinen, die schon hilflos über dem Flughafen Tempelhof kreisten, nach dem Westen zurückfliegen mußten. Die Piloten bedauerten es selbst, daß sie die in Berlin so dringend benötigten Lebensmittel nicht loswerden konnten, aber es gab keine andere Wahl. Der gesamte Flugverkehr nach Berlin war unterbunden, die Luftbrücke für drei Stunden völlig lahmgelegt.

Erst als das Wetter sich etwas hob, begann man wieder zu fliegen. Soviel bekannt ist, wurden an diesem Tag doch noch 1300 Tonnen Versorgungsgüter nach West-Berlin gebracht. Aber die Piloten waren derartig erschöpft, daß sie für einige Zeit »die Nase voll« hatten. Von nun an waren die kostbaren technischen Apparate des GCA-Systems zur Stelle, um die Luftbrücke trotz schlechten Wetters aufrecht zu erhalten.

Die mit dieser Kontrolle verbundenen Sprechfunkverbindungen ergaben zusammen eine unvorstellbare Summe. Als man später einmal die Unterlagen der Luftbrückenaktion durchliest, ist man sprachlos vor Erstaunen. 1 315 529 Boden-Bord-Gespräche mit Besatzungen der Blockadeflugzeuge wurden in der Zeit von 1. Juli 1948 bis 1. Mai 1949 durchgeführt. An einem einzigen Tag, am 16. April 1949, stellen die Bodenstationen 39 640 Funkverbindungen her und bewältigen 3946 Starts und Landungen. Wohlgemerkt, innerhalb von 24 Stunden. An diesem Tage meldete Tempelhof 515, Gatow 467 und Tegel 362 Landungen, der Rest sind Flugboot-Wasserungen auf der Havel. Das heißt, daß rechnerisch rund alle 60 Sekunden ein Transportflugzeug in Westberlin aufsetzte. Der 16. April ist der Tag mit der höchsten Einflugquote während des gesamten Unternehmens. Nie wieder vorher oder nachher wurde in einer Luftbrückenaktion ein solcher Rekord erreicht. Es gab und gibt bis heute keine Parallele dazu. Wir hatten vorhin schon kurz angeschnitten, daß die elektronische Ausrüstung der Flughäfen zur Zeit der Berliner Luftbrücke nicht den heute bekannten Sicherheitsstandards entsprechen konnte, einfach weil die Zeit noch nicht reif genug dazu war. ICAO-Kategorien für Schlechtwetterlandungen, die neben den Flughafen- auch die Flugzeugausrüstung festlegen, sind, soweit dem Verfasser bekannt ist, erst Anfang der fünfziger Jahre beschlossen worden. So war man im Grunde genommen für die Luftbrücke auf die aus dem Zweiten Weltkrieg stammende Ausrüstung angewiesen.

MISSGLÜCKTE LANDUNG AUF DER HAVEL

Von Gatow, dem bisherigen Thema dieses Kapitels, machen wir jetzt einen nur kleinen Schritt zum »Wasserflugplatz« auf der Havel bei Wannsee nahe der Insel Lindwerder.

Um die gleiche Zeit, als eine Familie in Berlin zu Mittag ißt, geht die Besatzung einer »Sunderland« mit eiligen Schritten über den hölzernen Landungssteg in Hamburg-Finkenwerder. Das mächtige Flugboot schaukelte sanft auf dem Wasser der Elbe, dank der in Windrichtung verankerten Wracks, die die Fahrrinne abschirmen. Die Ladetür ist fest verschlossen, die letzten Säcke voll Salz für West-Berlin verstaut.

Der Captain verschwindet durch die Einstiegluke, gefolgt von seinem Co-Piloten, der hier zugleich Funker ist. Die anderen Mitglieder der »Flying Crew« nehmen ebenfalls ihre Sitze in der Kanzel ein. Der Navigator ordnet seine Bleistifte und Tabellen, der Flugingenieur überprüft bereits seine Motoren. Der ehemalige MG-Stand im Bug, den Besatzungen deutscher U-Boote im Zweiten Weltkrieg unzweifelhaft in schlechter Erinnerung, bleibt heute frei. Für den Flug nach Berlin braucht man keinen MG-Schützen. Dafür sind einige zusätzliche Kilogramm Fracht an Bord.

»Flugleitung von 5 X-W. Erbitten Erlaubnis zum Start. Kommen«, ruft der Captain in sein Mikrofon. Im Kopfhörer knackt es ein paarmal, dann kommt die Antwort: »Achtung, 5 X-W! Fahrtrinne frei. Starterlaubnis. Achten Sie auf Windböen. Guten Flug!« Es war das Geringste, was man aus der behaglichen Sicherheit am Boden heraus tun konnte, einer startenden Maschine

»Guten Flug« zu wünschen. In dem abgeschlossenen, angenehm warmen Raum der Flugleitung mit seinen gedämpften Geräuschen konnte man sich oft nur schwer vorstellen, daß in Kürze ein Flugboot beim Start mit Wind und Wellen kämpfen würde und dann später, irgendwo draußen hoch oben in Wolken, vom Sturm geschüttelt die 280 km nach Berlin durchfliegen würde. Gerade die Strecke durch den nördlichen Luftkorridor mußte manchmal durch widrige westliche Winde geradezu erkämpft werden, oftmals war das Wetter schlecht, die Sicht mäßig.

Der Pilot unserer Sunderland gibt langsam Gas. Mit tuckernden Motoren entfernt sich das große Flugboot vom Anlegesteg. In der Mitte der Elbe angekommen, werden die vier Motoren auf 2300 Umdrehungen pro Minute »hochgejagt«, daß sich das Wasser unter den Tragflächen kräuselt. Die Sunderland erzittert. Mit zunehmender Geschwindigkeit gleitet sie über die Wellen. Es ist ein prächtiger Anblick für die am Ufer Zusehenden, als sich der riesige Flugzeugleib aus dem Wasser erhebt. Vom Rumpf tropfen glitzernde Wasserperlen zurück in die Elbe. Der Lärm der Motoren wird ruhiger und geht in ein tiefes Brummen über. Bald darauf verschwindet das Flugboot in Richtung Osten den Blicken der Zurückbleibenden.

Die Sonne scheint noch ziemlich warm für diese späte Jahreszeit. Die Berliner nutzen das aus. Der Grunewald ist übervölkert, die Ufer der Havel, des Wannsees und der vielen anderen kleineren Gewässer in West-Berlin werden regelrecht belagert. Einige sind mit ihren Fahrrädern noch unterwegs. Sie überqueren die Zufahrtsstraße vom Bahnhof Nikolassee zum Strandbad Wannsee. Vor ihnen erstreckt sich der Kronprinzessinnenweg. Rechts dazu verläuft parallel die Avus. Die zum Teil abgeholzten Kiefernwälder auf der linken Seite, die typische Landschaft der »Märkischen Heide«, säumen den Weg durch den Grunewald bis zum Wannseestrand. Daß der bevorstehende Blockadewinter 1948/49 einen weiteren beachtlichen Teil der großen Nadelwälder in und um West-Berlin fordert, wissen die meisten Ausflügler heute noch nicht.

Die Berliner zieht es an das Wasser. Das war immer so und wird ewig so bleiben, auf beiden Seiten, in Ost- und West-Berlin. Dicht am Ufer der Lindwerder Bucht an der Havel stapeln sich hohe Bretterberge und Hölzer eines Sägewerkes. Daneben hat ein Bootsverleiher seine bunt gestrichenen Ruderkähne an einem Steg verankert. Im Sommer kommt es kaum vor, daß einer der Kähne am Steg zurückbleibt. Dafür sind, wie gesagt, die Berliner zu »wasserhungrig«. Boots- und Dampferfahrten stehen noch heute an erster Stelle, wenn einmal ein Familienausflug in Berlin geplant wird.

Dieser Septembernachmittag im Blockadejahr 1948 läßt aber doch viele Bootsfahrer nachdenklich werden, trotz des warmen, sonnigen Wetters. Was wird der Winter bringen, fragen sich viele von ihnen. Wird es mit der Versorgung durch die Luft weiter »klappen«? Gedankenverloren rudern sie um die Insel Lindwerder herum und halten auf die Mitte der Havel zu. So geschieht es, daß einige Bootsfahrer nicht merken, wie ihr Kahn wenige Meter an einer im Wasser verankerten Boje mit einer Warntafel vorbeigleitet:

Achtung! Hier landen Flugboote! Für Bootsverkehr gesperrt!

Unbewußt sind sie in die Fahrtrinne der Sunderlands hineingeraten. Sie sehen auch nicht die aus Richtung Stößensee zum Wassern ansetzende große Transportmaschine der RAF, die mit gedrosselten Motoren bereits im Endanflug ausschwebt.

An Bord des Flugbootes teilt der Navigator seinem Piloten soeben über die Bordsprechanlage mit: »Wir sind jetzt über Spandau. Achtung: zum Endanflug jetzt auf Kurs eins-acht-null drehen. Geschwindigkeit neun-null Knoten. Beginnen mit Sinkflug!« Der Captain legt das Flugboot in eine Kurve. Man hätte die große Sunderland jetzt mit einem Steinwurf erreichen können, so niedrig fliegt sie.

Die Heerstraße liegt unter ihnen. Der Abstand von der Wasser-
oberfläche verringert sich. Die sanften bewaldeten Hügel des Grunewalds zu beiden Seiten der Havel werden immer höher. Auf
dem Wasser schwimmen etliche flache Boote in Richtung Stößensee, einige haben schon das »Gmünd« bei Spandau erreicht. Die
Schlepper bringen die von anderen Sunderlands eingeflogenen
Frachten zur WETAG nach Spandau oder zum Westhafen an der
Beusselstraße. Der Pilot streckt die Hand aus und zeigt in Flugrichtung. »Sehen Sie dort«, ruft er, »der Kaiser-Wilhelm-Turm
oder, wie er jetzt heißt, Grunewaldturm!«

»Jetzt aber runter mit dem Schiff« meint der Co-Pilot. Der Captain nimmt Gas zurück, bis die Motoren nur noch leise »winseln«.
Gerade will der »Co« die Klappen ausfahren, als sein Nachbar
auf einmal wie wild mit den Armen fuchtelt. »Durchstarten!
Dort unten treibt ein Boot mitten in der Rinne!« Inzwischen
haben auch die anderen den Ruderkahn ausgemacht. Er schaukelt
mitten auf der Havel, ungefähr dort, wo die Sunderland gleich
aufgesetzt hätte. Der Captain gibt sofort Vollgas auf alle vier
Motoren. Das Flugboot gewinnt unter dem Zug der vier mächti-
gen Propeller schnell an Höhe und donnert über das Hindernis
hinweg. Die Insassen des Ruderbootes, nun auf einmal hellwach,
ducken sich hilflos und beginnen dann so schnell wie möglich aus
der Fahrrinne auf die andere Seite zu pullen.

»Was fällt denn denen eigentlich ein«, entrüstet sich der Captain,
»wegen so eines blöden Kahns müssen wir unnötig Zeit vergeu-
den. Schließlich machen wir ja keine Spazierflüge nach Berlin.«
Der Co-Pilot pflichtet ihm bei: »Ich werde mal dafür sorgen, daß
die Militärpolizei da unten besser aufpaßt. Haben Sie eigentlich
Personen in dem Kahn erkannt?«

»Ja, zwei. Ich glaube, ein Mädchen war auch dabei.« »Das hätte
auch anders ausgehen können für die beiden.« Der anfängliche
Zorn der Besatzung ist verraucht. Der Captain fliegt die Sunderland, ein richtiges »Fehlanflugverfahren« gab es über der Havel

nicht, alles war Improvisation, ein gutes Stück geradeaus, ehe er eine Rechtskurve einleitet. Sie nähern sich dem Vorort Kladow. Auf der linken Seite erblickt die Besatzung das langgestreckte Strandbad Wannsee, geradeaus liegt Kälberwerder und dahinter die berühmte »Pfaueninsel«.

»Da hat der Kunkel das Rubinglas erfunden«, erinnert sich ein Mann der Besatzung. Doch jetzt ist keine Zeit für landschaftliche Betrachtungen. Die beiden Piloten müssen ihr ganzes Augenmerk auf eventuell in der Luft befindliche britische Maschinen richten. Ganz in der Nähe, gleich hinter Kladow, liegt nämlich der Flugplatz Gatow.

Zwischen den Orten Kladow und Gatow, schräg gegenüber der Halbinsel Schwanenwerder, hat man Landestege und Verladerampen speziell für die Abfertigung der Sunderland-Flugboote errichtet. Schräge Rutschen, auf denen von oben die Kohle der Gatow-Maschinen eingebracht werden kann und an die von unten Lastkähne zur Übernahme anlegen können, befinden sich ganz in der Nähe. So hat man hier an der Havel regelrechte Warenumschlaganlagen gebaut, ein richtiger »Westhafen im Kleinen«, die sich im Laufe der Luftbrücke hervorragend bewährt haben. Über den Weitertransport berichten wir noch in einem späteren Absatz.

Heute rennen auf den hölzernen Planken der Landestege die Menschen durcheinander. Sie alle sind Zeugen des Zwischenfalls geworden und atmen jetzt erleichtert auf, als die Piloten geistesgegenwärtig die schwere Sunderland hochreißen und Richtung Unterhavel davonbrummen. Vom Kladower Ufer prescht ein Motorboot mit großer Geschwindigkeit über das offene Wasser der Havel. Hinter dem Steuer ein Wachtmeister der Berliner Wasserschutzpolizei, flankiert von zwei grimmig dreinschauenden britischen Militärpolizisten. »Was habt Ihr Euch eigentlich dabei gedacht?« fragt der Deutsche die beiden Bootsfahrer. »Sind die Warnschilder denn nicht groß genug?«

»Es tut uns leid, aber wir müssen in Gedanken daran vorbei

gefahren sein. Als wir das Flugboot bemerkten, war es schon zu spät.«

Um es kurz zu machen: Das von den Bootsfahrern erwartete Donnerwetter bleibt aus. Zu viele andere, größere Sachen beschäftigen die Engländer, als daß sie sich mit solch kleinen »Mükken« abgeben können. Die Schilder zur Absperrung der Start- und Landerinne in der Havel werden nochmals vergrößert und in engeren Abständen aufgestellt bzw. mehr Bojen ausgebracht, die Bewachung verstärkt.

Das war's eigentlich, was mit dieser fiktiven kleinen Geschichte gesagt werden sollte: daß immer und überall jedes Ding noch zu verbessern ist und erst recht ein, wie die Berliner Luftbrücke, anfangs mehr als improvisierter Betrieb.

Muß eigentlich noch erwähnt werden, daß die Flugboot-Luftbrücke im großen und ganzen reibungslos funktionierte? Hauptsächlichste Ladung war, wie schon gesagt wurde, Salz in Kartons und in Säcken. Vereinzelt wurde auch Kohle mit den Flugbooten eingeflogen, da ja auf der Havel sowieso Umschlagplätze dafür bestanden, nur daß man die Kohle dann nicht von Land auf die Schleppkähne überführte, sondern direkt von den Sunderland- und Hythe-Flugbooten. Da in West-Berlin die meisten Kraftwerke an Spree, Havel oder Kanälen liegen, bot sich der Kohletransport zu Wasser geradezu an.

Im Jahre 1948 wurde der Flugboot-Verkehr nach Berlin bis 15. Dezember aufrechterhalten. Danach bestand auf der Havel Vereisungsgefahr, die eine Verletzung der Bootskörper hervorrufen könnte, so daß der Betrieb für etwa drei Monate eingestellt werden mußte.

Eines hatten alle Versorgungshäfen gemeinsam. Gatow, Tempelhof oder Tegel oder auch der Wasserflugplatz auf der Havel: Es herrschte ein dermaßen emsiges Treiben auf ihnen, daß die Luftbrückenflieger immer wieder den Kopf schüttelten.

»Wie ein aufgewühlter Ameisenhaufen«, meinten manche von

ihnen, »allerdings recht fleißige Ameisen.« Die Kohlensäcke und Lebensmittelkartons schleppenden Arbeiter auf jedem der Versorgungshäfen haben später kein Denkmal und keine Ehrennadel erhalten. Sie schwitzten nur, mühten sich ab und verschwanden nach Beendigung der Blockade lautlos in der großen Masse. Und doch haben diese Männer einen entscheidenden Anteil an dem Erfolg des Luftbrückenunternehmens. Gerade die Berliner Arbeiter leisteten Unwahrscheinliches. Zu Anfang, als alles noch nicht so hervorragend organisiert war, bedeuteten 16 tägliche Arbeitsstunden kaum etwas für sie. Sie sagten sich, wenn das fliegende Personal sich derartig stark einsetzt, dann wollen wir nicht zurückstehen.

Und es setzte sich ein. Die nach Berlin beförderte Tonnagemenge stieg beinahe sprunghaft. Zwar war diese Steigerung zum Teil auf den Einsatz größerer Maschinen im täglichen Luftbrückenbetrieb zurückzuführen, zum anderen, größeren Teil aber auf den bald erfolgenden 24 Stunden-Einsatz, bessere Organisation und Laderaumnutzung in den Flugzeugen. Nicht vergessen sollte man auch die sich bald zum Standard entwickelnde dichtere Folge im Start- und Landebetrieb: In Spitzenzeiten kamen die Flugzeuge im Abstand von nur 70 bis 90 Sekunden herein und starteten auch wieder, kaum daß das vorhergehende Flugzeug die Runway verlassen hatte.

Im Juni 1948 wurden in 500 Flügen insgesamt 1 273,6 Tonnen in die blockierte Stadt geflogen, im Juli waren es in 13 520 Flügen schon 69 645,6 Tonnen Versorgungsgüter. Dann steigerte sich die Beförderungsmenge um rund das Doppelte bei nur etwa 50 Prozent Zunahme der Flüge, zurückzuführen auf den vermehrten Einsatz der viermotorigen Skymaster-Flugzeuge. Sie betrug im August 1948 118 954,2 Tonnen bei 17 925 Flügen, im September gar 139 660,0 Tonnen bei 19 766 Flügen. Im Oktober nahm die Anzahl der Versorgungsflüge wieder leicht ab, die beförderte Tonnagemenge steigerte sich auf 147 679,1 Tonnen bei 18 235

Ähnlich wie in Tempelhof, wird es auch auf dem Flugplatz Gatow langsam eng. Die Briten beteiligen sich mit allem zur Verfügung stehenden Fluggerät an der Luftbrücke. Hier eine Reihe Yorks auf ihren Entladepositionen in Gatow.
Diese Maschinen kamen von Wunstorf nach Berlin geflogen.

Oldtimer-Fans hätten ihre Freude an den alten Wagen, die im August 1948 an der Fähre nach Lindwerder auf Fracht und Anweisungen aus dem auf der Havel ankernden Sunderland-Flugboot warten, das gerade mit einer Ladung Salz an Bord aus Hamburg-Finkenwerder herübergekommen ist.

Salz war die hauptsächlichste Ladung der Sunderlands. Wegen der Korrosion, die Salz auf die Instrumente in Landflugzeugen ausüben könnte, war es in Flugbooten mit ihren abgeschotteten Laderäumen gefahrloser zu transportieren.
Zwischen Flugboot und Lastkahn, der die Ladung zum Westhafen transportierte, pendelt ein Fährprahm.

In der Zeit vom 16. August bis 20. September 1948 führte eine C-74 Globemaster Operationstestflüge im Rahmen der Luftbrücke durch. In insgesamt 24 Flügen wurden 428,6 Tonnen nach Berlin befördert. Blick in die Einflugschneise der südlichen Start- und Landebahn auf der Neuköllner Seite des Zentralflughafens Tempelhof. Hier, über dem Thomas-Friedhof, senken sich die Maschinen besonders tief herunter. Man hat praktisch das Gefühl, »zwischen den Grabsteinen« zu fliegen.

Neben den Luftstreitkräften der USA und Großbritannien arbeiten auch zivile Fluggesellschaften beim Unternehmen Luftbrücke mit.
Im Herbst 1948 wurde durch Windböen das Steuerbord-Ladetor dieses Bristol-Freighter der Silver City Airways gegen den noch laufenden Propeller gedrückt. Hier die Maschine bei ihrer Rückkehr in Hamburg-Fuhlsbüttel.

Nach seinem Rückflug aus Berlin hat dieser Halton-Frachter der Eagle Aviation bei der Landung in Fuhlsbüttel Bruch gemacht.

Flugplatz Gatow, 28. Oktober 1948: Die Berliner Luftbrücke ist in vollem Gange. In Bildmitte und auf der linken Seite Maschinen des Typs Avro »York« der RAF, rechts amerikanische Skymaster. Dieser Typ bestritt über die Hälfte der gesamten Luftbrückenflotte und war deshalb auf alle drei Westberliner Flughäfen verteilt. Das viermotorige Transportflugzeug der USAF, im Zivilverkehr als DC 4 bekannt, wurde in Westdeutschland von Frankfurt, Wiesbaden, Celle und Faßberg eingesetzt, bei den letztgenannten Plätzen sogar mit englischem Bodenpersonal.

Gleich zu Beginn der Luftbrücke wurde in Tempelhof fieberhaft an der Erweiterung der Rollbahnen gearbeitet. Da man mit den einfach aufs Grün verlegten Lochblechplatten von Bahn 1 schlechte Erfahrungen gesammelt hatte; durch den ununterbrochen starken Start- und Landeverkehr rissen die Haken und Ösen aus und die Bleche begannen zu wandern; ging man auf Bahn 2 und 3 einen Schritt weiter und schaffte als Unterbau eine solide Lage aus Trümmerschutt, auf die dann wieder Lochbleche gelegt wurden. Übrigens hatte man auch damit, trotz der soliden Unterlage, keine Ruhe, bis im späteren Verlauf der Luftbrücke auch in Tempelhof richtige befestigte Runways angelegt wurden.

5. August 1948: Nach fieberhafter Suche hat man im Norden Berlins auf dem Gelände des ehemaligen Tegeler Schießplatzes geeignete Voraussetzungen für einen dritten Westberliner Flughafen gefunden. Unverzüglich wird mit dem Bau begonnen. Zunächst muß das leicht hügelige Gelände eingeebnet und befestigt werden.

Für die Planierungsarbeiten wurden in Tegel neben modernen Planierbaumaschinen auch Berliner Dampfwalzen aus dem Jahre 1912 eingesetzt.

Insgesamt 19 000 zivile Arbeitskräfte, davon 40% Frauen, halfen beim Bau des Flughafens Tegel. Zur Befestigung und als Untergrund für die Rollbahnen diente, wie könnte es anders sein, Trümmerschutt aus den Ruinen Berlins. Vorgesehen war, für die Start- und Landebahn eine 60 cm dicke Unterlage zu schaffen. Manchmal mußten jedoch Vertiefungen bis zu 1,20 m eingeebnet werden, weil das Gelände in Tegel zum Teil wellig und leicht sumpfig war.
Trotz der Schwierigkeiten beim Bau, dem ungünstigen Gelände und dem Zeitdruck gehören die Runways in Tegel heute noch zu den modernsten und tragfähigsten in Europa.

29. Oktober 1948: Mit einer feierlichen Zeremonie wird die erste soeben gelandete schwerbeladene C-54-Skymaster in Tegel empfangen. Der dritte Flugplatz in West-Berlin ist damit eröffnet, in der unglaublichen Bauzeit von nur 85 Tagen. Am 7. Dezember wurde in Tegel auch die zweite (südliche) Rollbahn dem Verkehr übergeben.

Schon nach kurzer Zeit entwickelte sich der Flughafen Tegel zum großen Umschlaghafen für Kohle, Benzin und Dieselöl. In nur 15 Tagen wurden vier unterirdische Tanks für 160 Kubikmeter Brennstoff mit einem verzweigten Leitungssystem zum Entladen von 10 Tankflugzeugen gleichzeitig eingebaut.

Flügen. Rechnet man die im ersten Blockadejahr (1948) erzielten Höchstleistungen in tägliche Relationen um, so ergibt sich folgendes Bild: Für September gelten 19 766 Flüge in 30 Tagen, das entspricht 659 täglichen Flügen im Durchschnitt oder 27,4 Flügen je Stunde bei 24 Stunden-Betrieb, wobei gerade dieser Rund-um-die-Uhr-Service im September 1948 noch nicht voll eingeführt war. Rund alle zwei Minuten und 12 Sekunden landete rechnerisch eine Maschine in Berlin. In Wirklichkeit war diese Folge noch erheblich dichter, weil, wie gesagt, der Betrieb im September 1948 noch nicht vollem 24 Stunden-Einsatz entsprach. In Bezug auf die Transportmenge kommt man zu folgenden Daten, gültig für den Oktober: Monatliche Leistung 147 679 Tonnen in 31 Tagen, das entspricht 4764 Tonnen täglich im Durchschnitt oder 200 Tonnen stündlich. Jede Minute kamen also drei Tonnen Lebensmittel und andere Güter in die Stadt, das heißt alle drei Minuten landete eine Maschine mit rund 10 Tonnen an Bord. Das stimmt nicht ganz, denn wenn man die Gesamtmenge durch die Anzahl der Flüge im Oktober dividiert, erhält man lediglich 7,3 Tonnen je Flugzeug. Zurückzuführen ist diese Differenz auf die verschiedenen Flugzeugtypen, die während des Oktober 1948 zum Einsatz auf der Luftbrücke kamen. Von der 2,5 Tonnen tragenden britischen Dakota (die amerikanischen C 47-Flugzeuge waren zu diesem Zeitpunkt bereits nicht mehr in Betrieb) reichte das Spektrum bis zur 24 Tonnen befördernden C 74-Globemaster der USAF.

Der November 1948 bedeutete für die Berliner Luftbrücke einen gewaltigen Rückgang sowohl in Bezug auf die Anzahl der täglichen Flüge als auch bezogen auf die Beförderungsleistung. In 13 574 Flügen wurden 113 642,2 Tonnen Versorgungsgüter eingeflogen. Das bedeutet gegenüber dem Vormonat Oktober eine Reduzierung von 23 Prozent bei den Tonnagemengen und rund 25 Prozent in Bezug auf die Anzahl der Flüge.

Wenn man heute gerade im November die vielen ausfallenden,

aufgrund des schlechten Wetters versteht sich, Passagierflüge in Frankfurt registriert, braucht man für die oben geschilderten Reduzierungen während der Zeit der Berliner Luftbrücke eigentlich keine weiteren Erklärungen.

Im Dezember 1948, als sich die herbstlichen Nebelschwaden wieder etwas verzogen und »richtigem« klarem Winterwetter Platz machten, hob sich auch die Transportleistung. In 16 405 Flügen wurden insgesamt 141 333,9 Tonnen Versorgungsgüter in die blockierte Stadt geflogen. Dann aber ging es Schlag auf Schlag: Im Januar 1949 erreichte man in 19 494 Flügen 171 994,2 Tonnen, im Februar trotz Nebel und Eis in 17 086 Flügen insgesamt 152 186,5 Tonnen. Die Monate März, April und Mai 1949 werden ganz allgemein als die Rekordmonate auf der Berliner Luftbrücke angesehen. Immer lag die Zahl der nach Berlin durchgeführten Versorgungsflüge bei über 20 000 je Monat, während die Leistung der beförderten Menge sich von 177 000 Tonnen auf über 220 000 Tonnen im Mai steigerte. Die exakten Zahlen lauten: Februar = 17 086 Flüge, März aber schon 22 163 Flüge mit zusamen 196 141,4 Tonnen Lebensmittel, im April, dem letzten »vollen« Blockademonat in 26 026 Flügen insgesamt 235 363,1 Tonnen und im Mai, trotz Aufhebung der Blockade am 12. 5. 49, in 27 718 Flügen insgesamt 227 532,0 Tonnen.

Dazwischen liegen andere Rekordleistungen, von denen der 16. April 1949 mit der höchsten Tagesleistung von fast 13 000 Tonnen zuerst genannt werden sollte. An diesem Tage wurden von den Flughäfen Gatow, Tempelhof und Tegel aus fast 40 000 Funkkontakte mit Luftbrückenflugzeugen hergestellt und 3946 Starts und Landungen abgewickelt. Das bedeutet, daß innerhalb von 24 Stunden alle vier Sekunden ein Funkgespräch durchgeführt und rechnerisch alle 22,2 Sekunden ein Start oder eine Landung in West-Berlin absolviert wurde. Nur wer den Betrieb auf großen Flughäfen wie zum Beispiel Paris-Orly oder London-Heathrow oder sogar US-Flughäfen kennengelernt hat,

90

weiß mit diesen Zahlen etwas anzufangen. Man darf auch nie vergessen, daß wir uns während der Luftbrücke im Jahre 1949 befanden, zu einer Zeit also, als die eben zitierten Flughäfen von ihrem heutigen Betrieb, nur diesen können wir mit dem Aufkommen in Berlin damals vergleichen, noch nicht einmal träumten.

Bei all diesen Angaben sollte man auch über andere Leistungen nachdenken, Beförderungsleistungen auf der Luftbrücke in den Anfangstagen, als noch nicht alles so hervorragend organisiert war. Am 7. Juli 1948 wurden erstmals mehr als 1000 Tonnen täglich erreicht. Am 1. August fiel erstmals die 2000 Tonnen-Marke. Am 7. August belief sich der Rekord schon auf 3880 Tonnen in 666 Flügen nach Berlin. Am 18. September wurde fast das Doppelte dieser Leistung erreicht, nämlich 6 987,7 Tonnen in 896 Flügen. Am 1. Oktober 1948 erreichte der erste Luftbrücken-Pilot seinen 100. Einsatz. Am 14. Oktober flog die 1000. C 54 im Rahmen des Luftbrücken-Unternehmens von Wiesbaden ab. Die 300 000. Tonne wurde am 5. November 1948 nach Berlin geflogen. Am 20. Dezember, in der Operation Santa Claus, flogen Crews der in Faßberg stationierten Einheiten Geschenke für mehr als 10 000 Berliner Kinder in die Stadt. Am 27. Dezember konnte ein weiterer Rekord gebucht werden. An diesem Tage, fast auf den Tag genau ein halbes Jahr nach Aufnahme der Luftbrücke, wurden 700 000 Tonnen überschritten, die in 96 640 Flügen nach Berlin transportiert wurden. Der 100 000. Flug im Rahmen der »Airlift« konnte am letzten Tag des alten Jahres, am 31. Dezember 1948 gefeiert werden.

Damit wollen wir es mit Rekorden hier vorerst genug sein lassen, genaue Zahlen sind darüber hinaus im Anhang enthalten, da die Gefahr besteht, durch seitenlange Anhäufung von Daten und Fakten einen an sich flüssig und leicht lesbaren Stoff zu „verbanalisieren". Das sollte hier auf keinen Fall erreicht werden. Mit dieser zwischenzeitlichen Angabe des wichtigsten Zahlenmaterials war nur die Absicht verbunden, den Leser auf die Größe und, man kann ohne Übertreibung sagen, Einmaligkeit des Luftbrücken-unternehmens hinzuweisen.

Wenden wir uns nach diesem »Ausflug« zu einigen philosophischen Gedanken wieder dem eigentlichen Ablauf der Luftbrücke zu. Nach der Schilderung der Ereignisse auf dem Flughafen Gatow und dem Situationsbericht vom »Wasserflugplatz« Havel-Lindwerder wollen wir uns nun mit dem Platz befassen, der von Anfang an die Hauptlast der Luftbrücke zu tragen hatte und diese Vorrangstellung auch über die gesamte Dauer der Berliner Blockade beibehielt — dem Zentralflughafen Tempelhof.

Der Zentralflughafen, früher auch unter dem Namen »Tempelhofer Feld« bekannt, war 1945, als Berlin zur politischen Insel geworden war, in der jede der alliierten Besatzungen Rechte für sich beanspruchte, den Amerikanern zugefallen. Die Briten erbten dafür den ehemaligen Luftwaffenstützpunkt Gatow, die Sowjets Reste von Staaken, Johannisthal und den etwas außerhalb der Stadtgrenze gelegenen ehemaligen Werkflugplatz der Henschelwerke, Schönefeld. Die Franzosen gingen bei der Verteilung leer aus, doch auch sie sollten bald über einen eigenen Flugplatz verfügen. Aber davon später.

Mit dem Beginn der Aufräumungsarbeiten und der damit verbundenen Bestandsaufnahme wurde allmählich auch das ganze Ausmaß der Beschädigungen, die die Tempelhofer Flughafenanlagen davongetragen hatten, sichtbar. Die alten Einrichtungen waren restlos in sich zusammengefallen, das Flugfeld von Einschlägen schwer zernarbt und die neuen Anlagen, die einmal von einer großen Zukunft künden sollten, hatten ihren bereits erreichten Glanz wieder eingebüßt. Es ist nie restlos geklärt worden, inwieweit die Beschädigungen im neuen Flughafengebäude auf direkte Kriegseinwirkungen zurückzuführen waren oder Sabotagefälle darstellten. Hat es nicht doch noch Sprengungen gegeben? Sind die Brände, deren Spuren überall gefunden wurden, absichtlich gelegt worden? Es ist nie eindeutig festgestellt worden, ob und

92

wieweit die russischen Truppen noch zerstörend wirkten, bevor sie abzogen — wie einige Stimmen behaupten.

Für die Amerikaner jedenfalls galt es nun, den Flughafen so schnell wie möglich für die Air Force nutzbar zu machen. Der Umfang der damit verbundenen Arbeiten ließ die Einrichtung einer zivilen Wirtschaftsstelle zweckmäßig erscheinen — einer Abteilung aus Deutschen, die in Übereinstimmung mit der amerikanischen Besatzungsmacht als Ausleger des Magistrats mit der Wiederherstellung der Baulichkeiten nach den Wünschen der USAF und mit der Koordinierung der Arbeiten betraut werden konnte. Diese Wirtschaftsstelle wurde gleichzeitig die Keimzelle für die Wiedergeburt der Berliner Flughafengesellschaft. Der mit der Leitung dieser Abteilung vom Magistrat beauftragte Werner Loebermann, der bereits seit 1939 der Flughafenverwaltung angehörte, war somit lediglich Abteilungsleiter, gleichzeitig aber schon der neue Geschäftsführer der BFG, die allerdings jetzt noch nicht als solche proklamiert werden konnte. Vorerst hieß das Kind noch »Wirtschaftsstelle« und unter diesem Namen und unter Aufsicht der USAF wurde der neue Anfang nach dem Zweiten Weltkrieg gemacht.

Bei der Berliner Bevölkerung und den Kriegsheimkehrern entsprechende Arbeitskräfte für die Instandsetzungen zu finden, war für den neuen Geschäftsführer der BFG nicht schwer, denn der Magistrat winkte mit der »Karte 1«, die nur Schwerstarbeitern zustand und die den Besitzern höhere Lebensmittelrationen garantierte als einem »Otto Normalverbraucher«. Sicherlich können sich die Älteren unter uns noch an die Einteilung der Lebensmittelbezugskarten erinnern. Es galten:

Kartengruppe I = Schwerarbeiter
                 = 2451 cal. = 0,84 DM/tägl.
Kartengruppe II = Arbeiter   = 1966 cal. = 0,66 DM/tägl.
Kartengruppe III = Normalverbraucher
                 = 1585 cal. = 0,53 DM/tägl.

Außerdem hatte sich schnell herumgesprochen, daß es bei den »Amis« täglich eine kostenlose warme Mahlzeit gab; das war damals beinahe mehr wert als bares Geld.

Mit zu den ersten größeren Aufgaben gehörte die Instandsetzung der Flugzeughallen 1 und 2, die die USAF dringend für die Wartung und Unterstellung ihrer Maschinen und Werkzeuge benötigte. Die Hallen, am Ostflügel des weiten Runds gelegen, jeder Berlin-Flieger ist bei seinem Start von der Neuköllner Seite schon einmal daran vorbei gerollt, waren 1945 verhältnismäßig wenig beschädigt worden. So konnten sie schnell in Ordnung gebracht werden. Lediglich die großen Torscheiben, die mit Motorkraft über die ganze Hallenfront zu verschieben waren und so an jeder beliebigen Stelle unterschiedlich große Ein- und Ausfahrten zuließen, machten einige Schwierigkeiten, so daß es schon geraume Zeit dauerte, bis der Wartungsdienst voll aufgenommen werden konnte.

An ihre Flugzeuge ließen die Amerikaner die auf dem Zentralflughafen arbeitenden Deutschen zunächst nicht heran. Die Wartung der Maschinen fand gewissermaßen unter Ausschluß der Öffentlichkeit statt. Lange dauerte allerdings die Zurückhaltung der Amerikaner in diesem Punkt nicht.

Unter den Leuten, die auf dem Flughafen Tempelhof beschäftigt wurden, fanden sich zunehmend auch solche ein, die aus alter Verbundenheit zur Luftfahrt gerade hier eine Arbeit suchten, darüber hinaus viele Angehörige der alten Deutschen Lufthansa — etliche ehemalige Piloten und viele technische Spezialisten. Das waren nicht nur billige Arbeitskräfte, für die Amerikaner waren sie geradezu eine Verlockung, die Arbeit zu »delegieren« und von nun an den Aufseher zu spielen. Dieser Verlockung konnte man auf die Dauer nicht widerstehen. So wurde zunächst eine kleine Wartungsgruppe gebildet, die man aber, da die Zusammenarbeit sehr gut funktionierte, schnell zu einer ansehnlichen Hilfstruppe erweiterte.

94

Mit der Leitung dieser Wartungsmannschaft wurde der ebenfalls hier aufgekreuzte Dipl.-Ing. Höltje betraut, der schon vor dem Zusammenbruch als Führungsnachwuchskraft der technischen Leitung der Deutschen Lufthansa angehörte. Jetzt, als Leiter der unter amerikanischer Aufsicht arbeitenden Wartungsgruppe, sammelte Höltje im Umgang mit modernem amerikanischen Fluggerät eine Menge technisches Know-how, — Kenntnisse, die ihm schon zu Anfang der fünfziger Jahre ein Betätigungsfeld beim Aufbau einer neuen Deutschen Lufthansa erschlossen, denn gerade aufgrund seiner in Berlin gesammelten Erfahrungen wurde er in den technischen Vorstand der Lufthansa berufen. Der Erfolg dieser uns allen bekannten Deutschen Fluggesellschaft ist heute mit dem Namen Höltje aufs engste verbunden.

Mit zu den ersten Aufgaben der schon genannten »Wirtschaftsstelle« in Tempelhof gehörte auch die Anlage einer befestigten Start- und Landebahn, die es auf dem Zentralflughafen bisher noch nicht gab. Die Anlage der neuen Runway war keine große Affäre. Es wurde lediglich ein breiter Streifen quer über das Flugfeld sauber eingeebnet, Bombentrichter und Einschlaglöcher verschwanden, und über das Ganze wurden — wie bei den sogenannten Pionierwegen — Lochbleche, die ineinander verhakt werden konnten, verlegt. In die Aufsetzzonen legte man Stahlbleche, in die Rollzonen Alu-Bleche. Für die kriegserprobten USAF-Piloten, die von ihren Fernost-Feldflugplätzen allerlei Kummer gewohnt waren, besaß so eine simpel verlegte, scheppernde Bahn fast schon einen gewissen Anflug von Komfort.

Auf dieser Bahn landete am 18. Mai 1946 auch die Maschine, die den zivilen Luftverkehr auf dem Zentralflughafen Tempelhof wieder einleitete. Es war eine DC 4 der AOA, der American Overseas Airlines, die von nun an einmal wöchentlich auf der Strecke New York — Frankfurt — Berlin verkehrte und vornehmlich den Militärs und deren allmählich nachrückenden Familienangehörigen vorbehalten sein sollte. Von den Verlierern des Krieges kamen nur ganz wenige Auserwählte — in erster Linie Politiker mit »guten Beziehungen« — in den Genuß eines Fluges von oder nach Berlin. Für weniger einflußreiche Leute war das Fliegen wegen der scharfen Devisen- und Paßbestimmungen ganz und gar unmöglich.

Es entbehrt nicht einer gewissen Ironie, wenn damals die Passagiere — in einem Flughafenkomplex, der seiner Anlage nach ohnegleichen in der Welt dastand — nach der Abfertigung in den notdürftig hergerichteten Büros im südlichen Rundbau am heutigen Platz der Luftbrücke durch ein Fenster im rückwärtigen Teil des Gebäudes aussteigen mußten, um über etliche Höfe und über improvisierte Holztreppchen — begleitet von amerikanischen Militärpolizisten — zum Vorfeld und zu ihrer Maschine zu gelangen.

Ähnlich wie in Tempelhof, nur mit anderen Mitteln und vor jeweils anderem Hintergrund, entwickelte sich 1946 auch in Gatow unter der Aufsicht der Engländer ein ebenso schmalbrüstiger ziviler Nachkriegsluftverkehr. Am 1. September 1946 landete erstmals eine »Dakota« der BEA, der Vorgängergesellschaft der British Airways, in Berlin-Gatow. Das Flugzeug verkehrte sechsmal wöchentlich von London über Hamburg in die vom Kriege zerstörte Stadt. Damit stand ein tägliches Angebot von 25 Fluggastsitzen zur Verfügung. »Regierungsbeamte haben Vorrang. Freie Sitze werden 24 Stunden vor Abflug zum Verkauf angeboten« war damals ein selbstverständlicher Hinweis in den Flugplänen auch in Gatow.

Die Amerikaner hatten mit Tempelhof allerdings den Vorteil, die größte und günstigst gelegene Flughafenanlage erwischt zu haben. Für eine künftige Ausdehnung des Zivilflugverkehrs sollte der Zentralflughafen in Zukunft die größten Möglichkeiten bieten.

Die Überflugrechte über das sowjetisch besetzte Gebiet waren den Westmächten durch ein Abkommen gesichert, das von den vier Stadtkommandanten ausgearbeitet und vom Kontrollrat am

30. November 1945 gebilligt worden war. Mit diesem Abkommen waren die drei Luftkorridore Berlin — Hamburg, Berlin — Hannover und Berlin — Frankfurt vereinbart worden, die zwar gemeinsam von den vier Alliierten kontrolliert, aber nur von den Westmächten — USA, Großbritannien und Frankreich — genutzt werden dürfen. Die Russen flogen in ihrer Zone, unter Umgehung der drei nach West-Berlin führenden Luftkorridore, den Flughafen Schönefeld an, der knapp außerhalb der südlichen Stadtgrenze von Ost-Berlin liegt.

Das Kontrollratsabkommen von 1945 war bis 1990 Grundlage für den freien Luftverkehr zwischen West-Berlin und der Bundesrepublik Deutschland sowie dem westlichen Ausland, wie es ja auch 1948 für die Luftbrücke mit die wichtigste Voraussetzung bildete. Der Luftverkehr nach West-Berlin wurde bis zur Wiedervereinigung von Linien- und Chartergesellschaften getragen, die von den drei Westmächten ausdrücklich dazu ermächtigt wurden. Neben dieser Zulassung durch die westalliierten Militärattachés unterlag der Luftverkehr innerhalb der drei 32 km breiten Luftkorridore kaum einer Einschränkung. Dies nahm man jedenfalls 1945, als die Regelung beschlossen wurde, an. Daß es dann während der Luftbrücke doch zu Behinderungen innerhalb der Luftkorridore kam, sei hier zunächst einmal vorausgeschickt. Im einzelnen kommen wir noch darauf zu sprechen.

Wir halten also fest: Der Zentralflughafen war im Juni 1948 der modernste Flughafen Europas, ja man kann sagen, die Konstruktion des Abfertigungsgebäudes war seiner Zeit um Jahrzehnte voraus. Echt in Betrieb als zivile Abfertigung war er bis dahin noch nicht, wenn man von den oben geschilderten Improvisationen einmal absieht. Die vielen Brände, die bei Kriegsende überall in den Gebäuden gewütet haben und deren Ursachen nie ganz eindeutig geklärt werden konnten, zogen auch die moderne Stahlkonstruktion der Hallen schwer in Mitleidenschaft.

Das Auswechseln der in der Hitze ausgeglühten und verzogenen Stahlteile wurde bei den nach dem Krieg vollzogenen Reparaturarbeiten ein recht kostspieliges Unternehmen. Zum Beispiel mußte die Stahlkonstruktion in Halle 5, der späteren Frachthalle, fast zur Gänze herausgeschnitten und ersetzt werden. In der großen Abfertigungshalle war fast der ganze Stahlbetonboden, wahrscheinlich durch Sprengung, geborsten und auf die darunter liegende Gepäckebene abgesunken. Auch die repräsentative Stuckdecke wurde schwer lädiert. Auf der Luftaufnahme von 1965 (siehe Bildteil), die sehr gut die günstige Stadtlage des Zentralflughafens Tempelhof deutlich macht, erkennt man genau die beiden Rollbahnen. Dahinter — in nördlicher Richtung — die Trümmer des alten Abfertigungsgebäudes aus den zwanziger Jahren, die später von Notstandsarbeitern nach und nach entfernt wurden. Ganz vorn, am südlichen Rand des Flugfeldes in Tempelhof, auf dieser Aufnahme besonders gut zu erkennen, die Plattformen, die früher für »Querbeetstarts« verwendet wurden.

Das also war Tempelhof im Juni 1948, als die Luftbrücke begann. Wir wissen, daß die ersten zweimotorigen C 47 am 25. Juni hier landeten, auf dieser einen, nur aus Lochblechen zusammengesetzten Start- und Landebahn und daß sich hier in Tempelhof die ersten »Luftbrücken-Groß-Improvisationen« abspielten. Unter der ständigen schweren Belastung, ab 30. Juni flogen bekanntlich auch viermotorige Skymaster nach Berlin-Tempelhof, bekam man schweren Ärger mit der Blechbahn. Solch eine Skymaster »plumpst« mit 35 Tonnen herunter, so daß die einfach aufs Grün verlegten Platten zu wandern begannen. Die Haken und Ösen, die den Verbund der einzelnen Blechplatten darstellten, rissen aus. Von nun an war eine ganze Kolonne von Berliner Arbeitern, meist Schweißer, tagaus-tagein damit beschäftigt, die gefährlichen Brüche wieder zu verschweißen. War eine Maschine im unmittelbaren Endanflug — bei gutem Flugwetter geschah das alle 70 bis

90 Sekunden — so ertönte als Warnung ein Hornsignal. Gellend schrillte es über das weite Flugfeld. Nun hieß es für alle Fersengeld geben: runter von der Bahn!

Das Flugzeug war noch nicht ausgerollt, da sah man schon wieder die ersten Schweißbrenner leuchten. Mit um die Wette rannten die alliierten Bewacher, Tempelhof war ja amerikanisch . . .

Beim Start erfolgte das gleiche Zeremoniell. Sobald die Motoren aufheulten, flitzten die Schweißtrupps beiseite, und kaum war die Maschine vorbeigerollt, hockten sie wieder auf der Bahn, wie treue Hunde neben ihnen die »Amis«. Der Verfasser, damals noch ein Kind, erinnert sich, nie wieder solche Menschenansammlungen mit affenartiger Geschwindigkeit hin und her rennen gesehen zu haben, Gasflaschen und Schweißbrenner mit sich schleppend.

Dringend mußten in Tempelhof zwei weitere Bahnen gebaut werden: »So« ging's einfach nicht mehr. Mangels besserer Möglichkeiten entschloß man sich wieder für Blechbahnen, aber in Anbetracht der Erfahrung, die man mit der ersten Bahn gemacht hatte, sollten die neuen einen festen Unterbau bekommen. Wochenlang karrten deshalb die großen Trucks der Amerikaner Schutt aus den Ruinen der Bezirke Kreuzberg, Neukölln und Tempelhof, auch Schotter von den Bahnkörpern der S-Bahn, auf das Flughafengelände, ständig begleitet von einer riesigen Staubwolke. In dieser Staubwolke werkelten bei Tag und Nacht 700 bis 800 Mann — gewiß nicht weniger —, um aus dem Schutt eine passable Ebene zur Aufnahme der neuen Lochblechteile zu machen. Aber die ganze Mühe mit dem Unterbau hat sich nicht gelohnt. Schon nach den ersten Belastungen begann auch auf den beiden neuen Bahnen die »große Wanderung« der Bleche. Erst eine dicke Asphaltschicht, die nach und nach aufgebracht wurde, machte aus den »Blechbahnen« einigermaßen vernünftige Start- und Landebahnen, die bis in die fünfziger Jahre hinein halten sollten. Während auf Bahn 1 zeitweise die Maschinen im 90-Sekunden-

Rhythmus starten und landen, arbeiten amerikanische Pioniere Hand in Hand mit ihren deutschen »Kollegen« fieberhaft an den Bahnen. Schon am 12. Juli 1948 konnte die recht provisorisch aussehende, aber für den Luftbrückenbetrieb zunächst ausreichende Start- und Landebahn 2 in Betrieb genommen werden.

Einige Tage zuvor, am 3. Juli, protestierten die Frauen von West-Berlin in einer Massenkundgebung lebhaft gegen die sowjetischen Methoden, die in »direktem Widerspruch zu den Grundlagen des Christentums und den fundamentalsten Menschenrechten« stehen. Zeitungen und Rundfunksender trugen diesen Protest in die fernsten Teile der Welt.

Am nächsten Tag trafen westalliierte Persönlichkeiten mit Marschall Sokolowski zusammen, um in einer letzten, von vornherein zum Scheitern verurteilten Konferenz zu versuchen, die vorhandenen Probleme durch eine Aussprache zu lösen. Die Alliierten wollten feststellen, ob die Sowjets vielleicht eine Beendigung der Blockade in Betracht ziehen würden. Marschall Sokolowski widerlegte den Westmächten jedes Argument. Die Sitzung endete und die Blockade ging weiter.

Nun war es endgültig klar, daß die Berliner Blockade kein Zufall, sondern ein politischer Schachzug war. General Clay äußerte sich später darüber: »Es war einer der erbarmungslosesten Versuche der Neuzeit, durch Massenaushungerung politischen Zwang auszuüben.« Und über seine Gedanken an Berlin fügte er hinzu: »Trotz der bedrängten Lage waren wir überzeugt, daß die Berliner bereit waren, eher schweres physisches Leid hinzunehmen, als noch einmal unter einer totalitären Regierung zu leben, und daß sie viel Schweres ertragen würden, um ihre Freiheit zu erhalten.« Unter diesen Aspekten sollte man die beschriebenen Anstrengungen, die beim Bau der neuen Startbahnen in Tempelhof besonders deutlich zu Tage traten, sehen.

In der Zwischenzeit wurde die Luftbrücke technisch so weit verbessert, daß am 1. August bereits 2000 Tonnen Versorgungs-

güter eingeflogen werden konnten. Einige Zeit vorher, am 7. Juli, war man schon stolz darauf, mit 184 amerikanischen und 107 britischen Flugzeugen 1000 Tonnen geschafft zu haben. Jetzt, drei Wochen später, hatte sich diese Leistung bereits verdoppelt. Viertausend Mann der US-Luftwaffe, Piloten und Bodenpersonal, waren in Westdeutschland versammelt, um die Luftbrücke durchzuführen. Bekenntnisse von der Ruhr und aus Kiel bekundeten, daß Westdeutschland Berlin nicht im Stich lassen werde. »Brecht die Berliner Hungerblockade« lautete ein Aufruf der Landesregierung von Schleswig-Holstein. Die »Neue Ruhr-Zeitung« schlug eine Ruhr-Nothilfe für Berlin vor und erklärte: »Berlin ist nicht allein. Berlin verpflichtet jeden von uns.«

Den Sowjets wurden die augenscheinlichen Anfangserfolge der Luftbrücke immer unangenehmer. Am 7. Juli empfahlen sie den Alliierten, »in ihren durch internationale Abkommen festgelegten Luftkorridoren zu bleiben und in einer Höhe von 1700 m zu fliegen, da die Lufttätigkeit sowjetischer Jagdflugzeuge sehr stark zugenommen hat.« Und von nun an bis zum Ende der Luftbrücke und der Blockade mußten sich die alliierten Piloten auf ihrem Flug in die belagerte Stadt mit russischen Flugzeugen auseinandersetzen, die dauernd gefährlich nahe an sie heranflogen. Das waren die Behinderungen, von denen wir weiter vorn andeutungsweise schon gehört haben.

Die Sowjets benachrichtigten die Westalliierten nicht mehr über die Mannöver ihrer Jagdflugzeuge in unmittelbarer Nähe der Luftkorridore und begannen mit intensiven Flakübungen dicht vor den Toren Berlins. Ankommende Luftbrückenpiloten berichteten, daß Flakgranaten häufig in 2500 Meter Höhe innerhalb des Korridors detonierten. Glücklicherweise flogen die Transportmaschinen außerhalb des Splitterbereichs. Dann wieder brausten sowjetische Jak-Flugzeuge ganz dicht an amerikanische Transportmaschinen heran, daß es wie ein Lauffeuer durch die lange Reihe von Flugzeugen ging, die im Reiseflug von Berlin bis Frankfurt »in der Luft hingen«.

Schon am 5. April 1948, kurz nach den Tagen der »Kleinen Luftbrücke«, hatte ein sowjetisches Yak-Jagdflugzeug über Berlin ein im Landeanflug auf den Flughafen Gatow befindliches Passagierflugzeug der British Airways gerammt. Beide Maschinen zerschellten brennend am Boden. 34 Menschen und der russische Pilot des Jägers kamen beim Unfall ums Leben.

Diese Behinderungen brachten einen unaufhörlichen Strom von Protesten von Seiten der Westalliierten an die Sowjets, die diese völlig ignorierten.

Die 2000 Tonnen Güter, Lebensmittel und Kohle, der erste Sack Kohlen war am 7. Juli eingeflogen worden, die die Luftbrücken-Flugzeuge jetzt täglich »schafften«, waren bei weitem nicht genug, um die normalen Bedürfnisse der Stadt zu befriedigen. Sie waren nicht einmal ausreichend, um nur die allernotwendigsten täglichen Bedürfnisse zu decken, die nach Berechnungen von General Clays Sachbearbeitern und den Fachleuten des Berliner Magistrats 2000 Tonnen Kohle und 1439 Tonnen Lebensmittel betrugen, — aber doch schon genug, um die bitterste Not ein wenig zu erleichtern. Was dachte der einfache Mann auf der Straße in diesen ersten Blockadewochen: »Diese Blockade! Milch- und Eipulver auf Abschnitt B 3 der Haushaltskarte abholen! Wird es schönes Wetter geben morgen? Das scheußliche Gebrumm der Flugzeuge! Am Freitag Sonderzuteilung! Eine Ration Butterkeks aus amerikanischen Heeresbeständen, außer den üblichen Trockenlebensmitteln die einzige Abwechslung auf unserem Speisezettel! So ein Mist! Morgen gibt es von zwei bis vier Strom! Morgen!«

Die Leistungen, die die alliierten Flieger jeden Tag bringen, sind für ihn kaum vorstellbar. Man hört zwar das nie endenwollende Motorengedröhn in der Luft, doch ist das schon fast zur Selbstverständlichkeit geworden. Er hat sich auch noch nie Gedanken darüber gemacht, wie sich der Luftverkehr eigentlich abspielt. Am 24. August liest er in den Abendmeldungen von dem Flugzeugunglück bei Frankfurt. Zwei Luftbrücken-»Dakotas« waren über Hanau in der Luft zusammengestoßen und abgestürzt. Alle vier Piloten waren tot. Diese Meldung nimmt der Berliner mit Bestürzung entgegen. Wie war es möglich, daß zwei Maschinen in der Luft kollidieren können? Allerdings: bei dem augenblicklichen Flugbetrieb ist ein Zusammenstoß ohne Zweifel denkbar! Der Berliner bekommt Achtung vor den Fliegern, die seiner Heimatstadt zum Weiterleben verhelfen. Nachdenklich faltet er die Zeitung zusammen. »Diese Luftbrücke wird – ganz gleich, wie sie enden mag – wahrscheinlich zu einem Meilenstein in der Geschichte der Luftfahrt werden, wie der erste Flug der Gebrüder Wright oder Lindbergh's Flug über den Ozean«, sagte er vor sich hin.

Ein anderer, Konstrukteur in einer Maschinenfabrik im Norden Berlins, wurde während der Blockade von einem seiner westdeutschen Kunden gefragt: »Sie erwarten doch nicht etwa, daß man Ihnen eines Tages dafür danken wird, daß Sie für die Freiheit kämpfen?« — »Nein«, sagt der Berliner, »wir können keinen Dank erwarten.«

»Warum kämpfen Sie dann trotzdem?«

»Darf ich Sie etwas fragen?« antwortete der Berliner. »Erwarten Sie, daß man Ihnen dafür dankt, daß Sie atmen?« Der andere lachte. »Dafür wird mir niemand danken!«

»Warum atmen Sie dann trotzdem?«

Mit solch lässigem Humor setzt sich der Berliner über die ungeheuren Schwierigkeiten hinweg und zeigt seine unerschütterliche Haltung gegenüber der drohenden Gefahr des Kommunismus. In gewisser Weise stimmte der Witz: Sich den Sowjets zu unterwerfen, würde vielleicht das gleiche bedeuten wie nicht mehr atmen zu können. Und wer Verwandte hatte, drüben im anderen Teil Deutschlands, wird zugestehen, daß an diesen Äußerungen etwas Wahres ist.

Noch ein typisches Berliner Mundwerk soll hier zitiert werden, eine Bemerkung, die man in West-Berlin während der Blockade oft hörte, war doppelt wahr:

»Bei Gott, die beste Blockade taugt nichts. Aber wenn schon Blockade, dann lieber von den Russen blockiert werden und von den »Amis« ernährt. Stellt euch vor, es wäre umgekehrt!«

EIN DRITTER FLUGPLATZ ENTSTEHT

Versetzen wir uns in Gedanken noch einmal an den Anfang unserer Geschichte zurück.

Einige Zeit vor der Landung in Tegel hören wir folgende Ansage der Air France-Stewardeß: »Wir beginnen nun mit dem Anflug auf Berlin. Die Zurücknahme der Geschwindigkeit, die Sie in wenigen Minuten wahrnehmen werden, wird durch Ausfahren des Fahrgestells und die Wirkung der Luftbremsen verursacht. Wir bitten Sie, sich jetzt zum Landen anzuschnallen und das Rauchen einzustellen. Nach der Landung bleiben Sie bitte so lange sitzen, bis die Maschine ihre endgültige Position erreicht hat und die Triebwerke abgestellt sind.

Bitte vergewissern Sie sich, daß Sie Ihr gesamtes Handgepäck bei sich haben, wenn Sie aussteigen. Wir hoffen, daß Ihnen der Flug mit unserer Gesellschaft gefallen hat, wünschen Ihnen noch schöne Tage in Berlin und würden uns sehr freuen, Sie bald wieder einmal an Bord eines Air France-Flugzeuges begrüßen zu können.«

Wir sind jetzt also in Berlin-Tegel, dem modernsten Flugplatz in West-Berlin. Das war nicht immer so. Damals, als die Berlin-Luftbrücke begann, war hier noch nichts zu sehen. Die »Rosinenbomber«, wie die Berliner die Luftbrücken-Flugzeuge nannten, flogen und flogen, pausenlos, rund um die Uhr. Es war ein zermürbender Wettlauf mit der Zeit und um das Leben und die Freiheit von zwei Millionen Menschen. Mit dem hohen Tempo, das bei den Versorgungsflügen angesetzt werden mußte, wurde die Aufnahmefähigkeit der Flugplätze Tempelhof und Gatow, wir erinnern uns des Betriebs, der dort herrschte, allerdings bald erreicht und zum Teil überschritten. Diese Aufnahmefähigkeit war aber gewissermaßen das »Nadelöhr« der ganzen Aktion. Um Abhilfe zu schaffen, suchte man dringend nach einem Ausweg. Gerade so, wie es unmöglich gewesen wäre, mit den kleineren C 47 Dakota-Maschinen die Versorgung der Stadt durchzuführen — weil sie einfach zu langsam waren und nicht genug Fracht transportieren konnten — genauso unmöglich war es, den Luftbrückenverkehr in dem erforderlichen Umfange durchzuführen und dabei auf die Dauer mit den beiden vorhandenen Flugplätzen Tempelhof und Gatow auszukommen. Denn die Luftbrücke kannte jeden Tag immer wieder nur das eine Problem: Wieviel Tonnen Versorgungsgüter können in die Stadt geflogen werden? Zu Anfang war die größte Schwierigkeit der Mangel an Flugzeugen gewesen, aber sie wurde, wie wir schon wissen, durch Zusammenziehung aller greifbaren großen Transportmaschinen aus allen Teilen der Welt beigelegt.

Es gab noch tausend andere Probleme: Instandhaltung und Beschaffung von Ersatzteilen, Tank- und Abladevorrichtungen, das oftmals schlechte Wetter über Nordeuropa, mangelnde Ausrüstung mit modernen Landehilfen, die engen Luftkorridore über der Sowjetzone. Alle diese Probleme wurden allmählich gelöst. Schließlich lag der letzte Hinderungsgrund für den vollen Erfolg der Luftbrücke nur noch darin, daß einfach nicht genug Landemöglichkeiten in West-Berlin vorhanden waren. Der Zentralflughafen Tempelhof wurde vergrößert und erhielt zwei weitere Start- und Landebahnen, wie wir schon gehört haben. Da er aber im Zentrum der Stadt lag, war eine weitere Ausdehnung unmöglich. Davon abgesehen, konnten auch die Start- und Landebahnen nicht beliebig verlängert werden, was wiederum für so schwerbeladene Flugzeuge wie die Skymaster große Risiken bei der Landung, namentlich bei schlechtem Wetter, mit sich brachte. In Gatow, der früheren Luftwaffenschule, konnten nur Erweiterungen an der Rollbahn vorgenommen werden; für eine zweite befestigte Runway war das Flugfeld zu schmal. Alle anderen Berliner Flughäfen, zum Beispiel Johannisthal, Staaken und Döberitz, lagen im sowjetischen Sektor oder außerhalb der Stadt in der Sowjetzone. Die Luftbrücke konnte aber nur ihre volle Transportkapazität ausnutzen, wenn es gelang, innerhalb kurzer Zeit ein drittes Flugfeld in West-Berlin aus dem Boden zu stampfen.

Auf der Suche nach der besten Stelle für einen neuen Flugplatz fand man eine fast ideale Gegend im Norden Berlins, in der Jungfernheide, wo einstmals die Preußen-Könige auf Hirsche und Sauen gingen und wo sich in späteren Jahren bis 1908 der Könige und Kaiser Artillerie einschoß und soviel Blei im Gelände ließ, daß die Anwohner in den mageren Jahren nach 1918 im Bleischürfen und Bleihandel ein Auskommen fanden.

Hier also, südlich des Ortes Tegel im Bezirk Reinickendorf von Berlin, fand man ein beinahe ebenes Gelände von 2500 Metern mal 1500 Metern. Es lag in der Nähe des Tegeler Waldes und hatte im Krieg als Truppenübungsplatz für Hermann Görings Flakregimenter gedient. Keine hohen Gebäude behinderten den Anflug und außerdem hatte das Gelände günstige Straßen- und Eisenbahnverbindungen. Neben seiner gewissen Bekanntheit bei den jungen Soldaten der Flak hatte Tegel aber noch eine andere Bedeutung: es war als »Tegeler Schießplatz« bekannt, nicht etwa, weil sich dort Seiner Majestät Kanonen einschossen, sondern aus einem ganz anderen Grunde.

Im August 1930, da der Johannisthaler Flugplatz mit einem mißglückten »Großflugtag« von sich reden machte, lasen die Berliner in ihren Morgenzeitungen seltsame Schlagzeilen: »Mondrakete wird gebaut. Start schon in diesem Sommer? Problem der Weltraumfahrt schon kurz vor der Lösung? Von der Erde zum Mond, von der Erde zum Mars! Wettlauf der Raketenbauer!«

Background dieser Schlagzeilen war der Film »Frau Luna«, den Fritz Lang in den UFA-Ateliers drehte — ein utopischer Film, in dem sich eine illustre Gesellschaft per Rakete auf den Weg zum Mond macht — ein Film, für den der routinierte Filmregisseur keinen geringeren als Professor Hermann Oberth, den »Vater der Raketentechnik« als technischen Berater engagiert. Wie muß der arme Hermann Oberth bei dieser Aufgabe geschwitzt haben! Die ganze Raketentechnik war bis dahin doch nur graue Theorie. Jetzt sollte im Atelier ein technisches Wunderwerk aufgebaut werden, das nicht nur den Ansprüchen der Filmleute genügen mußte, sondern auch noch den Schein technischen Fortschritts und Wirklichkeit vermitteln sollte.

In der Raketentenik hatte die experimentelle Arbeit mehr oder weniger gerade erst begonnen und zwar kurioserweise in den Filmateliers. Die Filmleute hatten nämlich — in dem Bewußtsein, mit Professor Oberth einen Wissenschaftler von hohem Rang verpflichtet zu haben — schon kräftig die Werbetrommel gerührt und dem Publikum zur Uraufführung des Films »Frau Luna« den echten Abschuß einer Rakete mit Flüssigkeitsantrieb versprochen. Oberth, der sich freute, endlich einmal in einer gut eingerichteten Werkstatt und mit entsprechender finanzieller Unterstützung experimentieren zu können, legte los. Daß sich Fritz Lang seinetwegen mit der UFA, die die Finanzierung des Starts der neuen Rakete nicht so ohne weiteres übernehmen wollte, schwer herumstreiten mußte, und daß Fritz Lang, der auf den Gag partout nicht verzichten wollte, schließlich aus eigener Tasche dazulegen mußte, das interessierte Oberth herzlich wenig. Er sah nur seine Arbeit. Der Zeitdruck, unter dem Oberth arbeiten mußte, und der Mangel an Erfahrung setzten allerdings von Anfang an ein großes Fragezeichen vor dieses Experiment. Oberth arbeitete wie ein Besessener, nach Überlieferungen »schlief er sogar neben seiner Rakete.« Aber nichts lief glatt. Manchmal zischte und donnerte es zwar ganz bedrohlich und die Arbeiter begannen bereits,

Oberths Werkstatt in respektvoller Entfernung zu umgehen und schließlich passierte das, was jeder insgeheim befürchtet hatte: Mit einem ungeheuren Knall explodierte die Rakete und warf den Professor einfach aus der Halle . . .

Schwer lädiert mußte Oberth zurückstecken und schließlich ganz aufgeben. Aus dem versprochenen Raketenstart wurde nichts, aber der Film »Frau Luna« wurde auch ohne ihn ein Erfolg.

Trotzdem: die Arbeit Oberths und nicht zuletzt auch der erfolgreiche Film bewirkten, daß das bis dahin unbenutzte Gelände bei Tegel zum Raketen-Schießplatz wurde. Dort begann nämlich ein eigenartiges Zischen, Dröhnen und Donnern die Einsamkeit zu durchdringen. Dort hatten nämlich die Jünger Hermann Oberths, die unter Rudolf Nebel schon seit einiger Zeit mit Raketen experimentierten — der junge Studiosus Wernher von Braun sammelte gerade erstes »Know how« — einen Platz ausfindig gemacht, der ihnen für die weiteren Versuche recht geeignet erschien. Man hatte lange suchen müssen. Rund ein Dutzend Gelegenheiten hatte man zuvor schon ausfindig gemacht, aber entweder gab es dort bereits andere Interessenten oder aber die Eigentümer hoben verschreckt und abwehrend die Hände, wenn sie von den geplanten Raketenversuchen hörten. So kamen die Himmelsstürmer schließlich in die Jungfernheide.

Ein Stück Grasland war es hier, genügend abseits von jeder Zivilisation und groß genug. Darauf ein paar alte Gebäude mit dicken Betonwänden, übriggeblieben aus der Artilleriezeit. Das alles war für eine symbolische Jahresmiete von 10 Mark zu haben.

Die noch sehr jungen Leute vom Raketenverein besaßen nun einen Platz und ein paar alte Betonbunker, aber sie mußten erst einmal etwas daraus machen, ehe sie mit ihren Versuchen beginnen konnten. Stolz verkündete zwar am Eingang ein handgemaltes Schild mit der Aufschrift »Verein für Raumschiffahrt«, mit wem man es hier zu tun hatte, aber der Verein, der so hoch hinauswollte, war arm — bettelarm im wahrsten Sinne des Wortes. Die

Raketenleute waren auf Spenden angewiesen. Spenden aber für Vorhaben, die kaum mehr brachten, als ohrenbetäubendes Gezische und Geknalle, waren Anfang der dreißiger Jahre nur schwer locker zu machen.

Fieberhaft, besessen von der Idee, irgendwann einmal mit Raketen in den Raum vorzustoßen, arbeiteten die Himmelsstürmer an der Verwirklichung ihrer Träume. Aber noch waren sie auf der Erde in Tegel, das einmal den modernsten Flugplatz in Berlin darstellen sollte. Noch hatten sie genug mit den Antrieben zu tun — mit den Flüssigkeitsantrieben, die mehr Probleme brachten als erwartet und die meist mehr Mittel verschlangen als aufgebracht werden konnten.

Es waren Idealisten, die damals auf dem »Tegeler Schießplatz« arbeiteten. Damit es weiterging, verwendeten sie lieber jede Mark für die Versuche als für andere Ausgaben wie zum Beispiel für das Essen. So kam es oft genug vor, daß Magenknurren ganz synchron die Werkstattgeräusche untermalte.

Ihre Prüfstandsversuche mit den laut dröhnenden und eindrucksvoll feuerstrahlenden Brennkammern zeigten natürlich eine magische Anziehungskraft. »Sehleute« kamen genug, durch das infernalische Geheul allerdings immer auf gebührende Distanz gehalten. Diese Anziehungskraft brachte Rudolf Nebel schließlich auf die Idee, zahlende Besucher zu den Brennkammer-Versuchen einzuladen. Waren es zunächst nur die Vertreter der Unternehmen, die Geld oder Material stifteten, folgten schon bald die technischen Vereine, die für einen Obulus so um 200 Mark ihren Mitgliedern einmal etwas wirklich Neues bieten konnten. Niemals verfehlten die tosend brennenden Raketen ihre Wirkung.

Eine bekannte amerikanische Journalistin, Lady Drummont-Hay, die damals auf die Raketenleute aufmerksam wurde, nach Berlin reiste und mit einiger Mühe auch den gottverlassenen Tegeler Schießplatz fand, schrieb, nachdem sie nachdenklich einigen Versuchen beigewohnt hatte:

110

»Die jungen Männer auf diesem Raketenschießplatz arbeiten wie eine eingeübte Mannschaft. Zuerst wurde eine Art Zündpatrone in Brand gesetzt. Jemand, der die Rakete aus sicherer Entfernung beobachten konnte, gab dann den Befehl: Benzin! Irgendwer hinter der hohen Schutzwehr drehte an einer Kurbel. Die Ventile knirschten und ein Strom leuchtenden Feuers fiel aus der Rakete. Sehr schnell kam dann der nächste Befehl: Sauerstoff! Wir hielten alle für einen Moment den Atem an. Es gab einen lauten Knall und die gelbe Flamme wurde unversehens bläulich-weiß. Sie donnerte nun wie ein großer Wasserfall und mit einem nervenzerrüttenden, magenverkrampfenden Getöse, vor dem ich mich, wie alle anderen auch, aus unerfindlichen Gründen entsetzlich fürchtete. Als ich den Raketenflugplatz wieder verließ, da wußte ich, daß diese jungen Enthusiasten die Waffen vorbereiteten, mit denen sie uns in Amerika eines Tages über den Atlantik hinweg treffen würden.«

Wahrhaft prophetische Worte, die die Lady da schrieb, denn außer dem Getöse war mit den Raketen noch nicht viel los. Und was ihre letzten Worte betraf: Hätte sie gewußt, daß ausgerechnet auf diesem Platz, nicht ganz zwanzig Jahre später, die amerikanischen Transportmaschinen zur Landung ansetzten, um eine Stadt voller Deutscher vor dem Verhungern zu bewahren, vielleicht hätte sie ihre Äußerungen ein wenig vorsichtiger formuliert. Allmählich wurden in Tegel die »Repulsoren« — so nannte man damals die Raketen — größer, technisch raffinierter und leistungsfähiger. So erreichte man schließlich Höhen um 20 m, dann 50, 100 und sogar 1000 m — Höhen, aus denen sie an Fallschirmen baumelnd wieder auf die Erde zurücksanken. Längst hatten die Raketenbauer in der Jungfernheide aber schon ihren Spitznamen weg, die die in dieser Hinsicht freizügigen Berliner ihnen schon gleich am Anfang verpaßt hatten: »Die Narren von Tegel« nannte man sie im gesamten Norden Berlins. Umweltbelästigung und -verschmutzung waren damals noch unbekannte Worte, so half sich jeder mit diesem Ausdruck, wenn man unfreiwilliger Zeuge der tosenden Raketenbrennversuche wurde. Bei den hohen Leistungen, die man den Triebwerken jetzt abverlangte, stellten sich immer häufiger Fehlschläge ein. Die außen um die Brennkammer herumgelegte Wasserkühlung reichte nicht mehr aus, die enorme Hitze abzuleiten. Die hochbelasteten Feuerwände im Bereich der Düse, die neben dem heißen Strahl lagen, schmolzen einfach weg. So kam man schließlich auf die Idee, Treibstoff und Kühlmittel zu mischen und gemeinsam der Brennkammer zuzuführen. Da das aber bei Benzin und Wasser nicht möglich ist, bisher war Benzin ja Raketentreibstoff, stieg man auf Alkohol um.

Ausgehend davon, daß man schon gesehen hatte, wie zur Belustigung von Restaurantgästen Liköre mit einer Mindestmenge von 40 Prozent Alkohol brennend serviert wurden, machte man zunächst einmal einen Brennkammerversuch mit 40-prozentigem Alkohol. Das Ergebnis war niederschmetternd! Ein fauchender dichter Dampfstrahl schoß aus der Düse und Uneingeweihte hätten glauben können, eine neuartige Dampfmaschine sei soeben erfunden worden. Das war also nichts! Jetzt versuchte man es mit 90-prozentigem Alkohol. Das Ergebnis war noch niederschmetternder. Wie Butter in der heißen Bratpfanne schmolz die ganze Brennkammer dahin. Also wieder nichts! Die richtige Lösung des Problems mußte irgendwo dazwischen liegen und tatsächlich fand man bald heraus, daß bei 60 bis 70 Prozent Alkohol die Brennkammern und Düsen einwandfrei funktionierten.

Die Flüssigkeitsrakete mit Brennstoffkühlung war also erfunden und ohne es zu ahnen, hatten die »Narren von Tegel« den Brennstoff für die spätere V 2 gefunden. Mit dem neuen Treibstoff und entsprechend veränderten Raketen wurden schon bald größere Höhen erreicht. 2000, 3000, 4000 m hoch stiegen jetzt die Projektile und damit hörten die Himmelsstürmer auf, die »Narren von Tegel« zu sein.

Man wurde höheren Ortes auf sie aufmerksam und es dauerte

nicht lange, da senkte sich der Mantel der Geheimhaltung über ihre Arbeit. Die Raketenforscher verließen die Jungfernheide. Heute denkt kaum noch jemand daran, daß hier in Tegel, Anfang der dreißiger Jahre, das »Nest« war, aus dem unsere heutige Raumfahrt schlüpfte. Wir aber wissen jetzt, wie der »Tegeler Schießplatz« zu seinem Namen kam.

Den Franzosen, die inzwischen in die Untersuchungen eingeschaltet wurden, war es verständlicherweise sehr recht, daß auf ihrem Territorium ein Flugplatz entstehen sollte. Einmal waren sie in der bisherigen Verteilung von Flugplätzen sowieso leer ausgegangen, die Engländer dagegen hatten Gatow, die Amerikaner Tempelhof und die Russen Schönefeld bekommen, wie wir uns erinnern. Zum anderen bekamen sie so Gelegenheit, auch aktiv in die Luftbrücke mit einzusteigen. Fliegerisch war das für die Franzosen bisher nicht möglich gewesen, da sie nicht über ausreichende Transportflugzeug-Reserven verfügten. Mit Feuereifer ging man daher in die Projektdefinitionsphase und an die Detailplanung für den neuen Flughafen Tegel. Am 5. August 1948, nur etwa zwei Wochen nach der ersten Entschlußfassung, begann der Bau. Mit Hilfe der Amerikaner und zusammen mit 19 000 zivilen Berliner Arbeitnehmern, davon etwa 40 Prozent Frauen, wurden zunächst die Planierungs- und Erdbewegungsarbeiten durchgeführt.

Der Flugplatz Tegel wurde innerhalb von 85 Tagen gebaut, gewiß das schnellste Unternehmen seiner Art in der Geschichte. Es war deshalb eine so besonders hervorragende Leistung, weil die Planer und Erbauer täglich neue Hindernisse zu überwinden hatten. Die erstaunliche Schnelligkeit, die dabei entwickelt wurde, erinnert wieder einmal an den Wahlspruch, den wir alle kennen: »Unmögliches wird sofort erledigt. Wunder dauern etwas länger!«

Einige Dutzend 8,8 Zentimeter-Flakgeschütze standen noch aus der Schlacht um Berlin auf dem großen Gelände herum. Die langen und schlanken Rohre dieser berühmtesten Kanone des Zweiten Weltkrieges ragten verloren wie Vogelscheuchen auf einem Kornfeld in den Himmel. Tausende von tiefwurzelnden Stubben mußten entfernt und Dränierungsgräben, die die niedrigen, sumpfigen Teile des Feldes durchzogen, eingeebnet werden. Aber die größte Schwierigkeit war der Mangel an schweren Baumaschinen, an Baggern, Zerkleinerern, Planierraupen, Dampfwalzen, Traktoren und Zugmaschinen und Asphaltmischern. Daher wurden sie schnell von allen möglichen amerikanischen und westdeutschen Stützpunkten herbeigeschafft. Wie das geschah, grenzte oftmals an das Unvorstellbare. Natürlich konnte man eine schwere, kantige und viel zu große Planierraupe nicht einfach in ein Flugzeug heben und nach Berlin fliegen. Und andere Verkehrsmittel gab es nicht außer den Luftbrückenflugzeugen. Im Normalfalle würden solch schwere Baumaschinen auf Tiefladern an ihren Einsatzort gefahren werden oder legen die Strecke aus eigener Kraft zurück. Nein — man mußte die Maschinen in Westdeutschland mit Hilfe von Schweißbrennern zerschneiden, in Teilen nach Berlin fliegen und hier sofort wieder zusammenschweißen. Jetzt konnten sie mit ihrer Arbeit auf dem Tegeler Feld beginnen. Neben den zum großen Teil modernen amerikanischen Pionier-Baumaschinen wurden Berliner Dampfwalzen aus dem Jahre 1912 eingesetzt.

Arbeitskräfte waren nicht so knapp, da die Westberliner Fabriken auf Grund der Blockade nur in Kurzschichten »schafften« und dadurch die Zahl der Arbeitslosen laufend stieg. In Hochdrucktagen waren fast 20 000 deutsche Zivilisten und ein paar hundert französische und amerikanische Techniker und Ingenieure beim Bau des Flugplatzes Tegel beschäftigt. Sie arbeiteten in drei Acht-Stunden-Schichten, auch an den Sonn- und Feiertagen. Als zum freiwilligen Einsatz aufgerufen wurde, waren die Bedarfsziffern innerhalb weniger Stunden erfüllt. Der Verfasser, der damals in unmittelbarer Nachbarschaft des Flughafens Tegel wohnte, erinnert sich, daß fast der ganze Wedding und Reinickendorf »auf dem Flugplatz arbeiten« ging.

114

Der standhafte Patriotismus der Berliner — der Wille, alles in ihren Kräften Liegende zu tun, um die Luftbrücke zu einem Erfolg zu machen — wurde später von Historikern besonders oft lobend erwähnt. Dem Einzelnen, der in Tegel im Schweiße seines Angesichts Erde grub oder dem Lastwagenfahrer, der zwölf Stunden täglich Trümmerschutt auf den neuen Flugplatz fuhr, war dieser Gedanke bestimmt noch nicht gekommen. Höchstens im Unterbewußtsein!

Die Aussicht auf einen Stundenlohn von 1,20 DM-West und eine warme Mahlzeit täglich waren viel lohnendere Anreizpunkte. Sie brachten Angehörige aller Stände und Schichten zu den Arbeitseinsatzstellen. Die Arbeitskräfte setzten sich zu 60 Prozent aus Männern und 40 Prozent aus Frauen zusammen. Es war eine seltsam gemischte Menge, die sich da in jenen Sommertagen in Tegel zusammenfand: neben dem mit schweren Arbeiten vertrauten Maurer stand ein schmalschultriger Büroangestellter, neben ehemaligen Wehrmachtsoffizieren, Professoren und Wissenschaftlern arbeiteten Flüchtlinge in ihrer geflickten Kleidung, Sekretärinnen oftmals in Seidenkleidern.

Obgleich nur die wenigsten von ihnen so schwere körperliche Arbeit gewohnt waren, lobten alle Organisatoren des neuerstehenden Flugplatzes einstimmig die erzielte Arbeitsleistung! Auch die Ruinen der zerbombten Stadt Berlin spielten eine wichtige Rolle beim Bau des Tegeler Flugplatzes. Nirgends in der Stadt waren genug Zement und Kies vorhanden, um die Start- und Landebahnen, Rollwege, Auffahrten und Flugzeughallen zu bauen. Daher machten sich die Ingenieure voller Verzweiflung daran, den überall in der Stadt herumliegenden Schutt auszuwerten: 800 000 Kubikmeter Erde, 420 000 Kubikmeter Steine, Ziegel und Schutt, 30 000 Tonnen Teer und Beton und 4000 Kubikmeter Mörtel wurden mit Schippen jeder Form und Lastkraftwagen und Treckern mit Anhänger jeder Größe zum Flugplatz Tegel gebracht.

Zusätzlich zu diesen ungeheuren Mengen von Material wurden auch noch 10 000 Fässer Asphalt über die Luftbrücke eingeflogen, der zum Bau der Pisten verwendet wurde.

Statistiken an sich sind langweilig. Aber wenn sie den unablässigen Einsatz von vielen tausenden zivilisierter Lebewesen – die zum ersten Male in ihrem Leben als richtiggehende Kulis arbeiten – darstellen, dann können Statistiken eindrucksvolle Spiegel menschlicher Mühen sein. Der Bau des Flugplatzes Tegel, auf dem übrigens die längste Rollbahn Europas entstand, die mit 2421 m mal 61 m heute sogar für sogenannte Schlechtwetterlandungen zugelassen ist, ist eine Episode der Berliner Blockade, die die Bewohner von West-Berlin, namentlich die aus den Bezirken Reinickendorf und Wedding, wahrscheinlich ihr ganzes Leben nicht mehr vergessen werden.

Drei Millionen Ziegelsteine gingen von Hand zu Hand, oft durch manikürte Hände oder solche, die lediglich mit Schreibmaschinen, Konstruktionszeichnungen und Akten umzugehen gewohnt waren. Dann wurden die Backsteine in die riesigen Zerkleinerer geworfen, um pulverisiert als Material für die Rollbahnen zu dienen. Für die erste Runway sahen die Pläne eine Fundierung von mindestens 60 Zentimetern Dicke vor, aber an manchen Stellen war es nötig, 150 Zentimeter Schutt und zerkleinerte Steine aufzuschütten, um das leicht wellige Gelände einzuebnen. Als die neue Rollbahn, aus diesem Ersatzmaterial und mit zusammengeschweißten Ersatzmaschinen gebaut, fertig war, kamen Fachleute aus den Vereinigten Staaten und untersuchten sie. Sie stellten fest, daß die Tegeler Rollbahn nicht nur jeden Aufprall schwerster landender Transportflugzeuge aushalten konnte, sondern sogar weitaus besser war als die üblichen Rollbahnen auf internationalen Verkehrsflughäfen in den USA.

Noch heute wird diese Rollbahn, die damals unter solch großen Schwierigkeiten und mit vielen Improvisationen entstand, uneingeschränkt für den Berliner Zivilflugverkehr genutzt. Inzwischen

116

sind auch weit schwerere Flugzeuge als die C 54-Skymaster, zum Beispiel der Boeing 747 Jumbo Jet oder die neue McDonnell-Douglas DC 10 auf dieser Improvisations-Runway gestartet und gelandet. Der bekannte »Jumbo-Jet« bringt im Gegensatz zu den 35 Tonnen der Skymaster 355 Tonnen Startgewicht auf die Waage, ohne daß es in Tegel zu Schwierigkeiten aufgrund der größeren Raddrücke kam. Ohne Übertreibung kann deshalb behauptet werden: Nicht nur von ihren Abmessungen her besaß Tegel damals die modernste Rollbahn Europas, sondern auch ihre Belastbarkeit war weitaus größer als die der meisten anderen Runways in allen Teilen der Welt.

Doch mit dem Ausbau der ersten Rollbahn, sie wurde durch die Landung des ersten schwerbeladenen Luftbrücken-Flugzeuges, einer Skymaster, am 29. Oktober 1948 in einer kleinen Zeremonie eingeweiht, war zwar der wichtigste Teil, aber noch lange nicht der ganze Flugplatz fertiggestellt. Für eventuelle Notreparaturen mußte dringend ein Flugzeugschuppen gebaut werden. In Ermangelung besseren Materials erstellte man diesen so schnell es eben ging aus Langholzbalken und Wellblech. Die Halle wurde 110 m lang, 22,5 m breit und rund 10 m hoch und notdürftig mit Werkstätten versehen. Nach einmonatiger Benutzung des neuen Tegeler Flugplatzes stellte sich heraus, daß einige hohe Sendetürme des kommunistischen »Radio Berlin« die Landeoperationen auf dem Flughafen gefährdeten. Höflich gab der französische Kommandant seinem sowjetischen Kollegen bekannt, daß die Türme verschwinden müßten. Als die Sendetürme nach einigen Tagen jedoch immer noch da waren, die Russen hatten sich überhaupt nicht gerührt, setzte General Jean Ganeval persönlich den Schlußpunkt unter den Bau des Flughafens Tegel. Er gab seinen Pionieren den Befehl, die 120 m hohen Sendetürme einfach zu sprengen. Der sowjetische Stadtkommandant war außer sich vor Zorn. Wütend protestierend forderte er von Ganeval eine Erklärung: »Wie konnten Sie das tun?« Mit typisch französischer Nonchalance gab ihm Gene-

ral Ganeval die gewünschte Stellungnahme: »Mit Dynamit, Herr
Kollege!«

Der Flugplatz wurde zum Hauptladepunkt für Benzin- und Die-
selölsendungen aus dem Westen. Um große Mengen Brennstoff
schnell aus den Maschinen herauspumpen zu können, inzwischen
hatten einige der an der Luftbrücke beteiligten Zivilgesellschaften
spezielle Tankflugzeuge eingesetzt, baute man vier große unterirdische Tanks, die zusammen mehr als 160 Kubikmeter Brennstoff fassen konnten und durch Leitungen von zehn 50 m voneinander entfernten Füllstutzen gespeist wurden, ein. Dadurch konnten gleichzeitig zehn Tankflugzeuge innerhalb einer Viertelstunde
entleert werden. Auch ein Teil des Wunders der Luftbrücke:
Dieses verzweigte Tank- und Leitungssystem entstand innerhalb
von nur 15 Tagen und Nächten.

Weil es an Brennstoff-Fachleuten fehlte, mußten die wenigen vorhandenen Spezialisten durchschnittlich 90 Stunden in der Woche,
also fast 13 Stunden täglich und selbstverständlich wieder an
allen Sonn- und Feiertagen durcharbeiten.

In eineinhalb Metern Tiefe legte man eine Doppelleitung von den
unterirdischen Tankanlagen auf dem Flughafen — unter dem
Hohenzollernkanal hindurch — zum zweieinhalb Kilometer entfernten Großtanklager Plötzensee.

Durch diese Leistung konnten die Tanks auf dem Flughafen Tegel mit einer Förderleistung von 420 l/min leergepumpt werden,
das heißt in etwa sechs bis sieben Stunden standen sie dann wieder bereit für eine neue Ladung Brennstoff aus zehn Tankflugzeugen. Als später Tanker auch auf dem Flugplatz Gatow landeten, wurden die Tegeler Anlagen durch eine weitere Leitung zwischen Gatow und der Havel erweitert.

Trotz all dieser Anstrengungen, in Tempelhof bestand darüber
hinaus ein weiteres Lager, in dem der Brennstoff in Fässern auf-
bewahrt wurde, blieb die Versorgung West-Berlins mit Benzin,
Dieselkraftstoff und Heizöl sowie Öl und Schmierstoffen ein Rie-

118

senproblem. Benzin für Privatautos zum Beispiel gab's überhaupt nicht. Der Berliner Magistrat organisierte eine besondere Binnenwasserflotte von über 50 Schiffen, um wertvolles Benzin zu sparen. Schlepper, Fähren und die berühmten Stern- und Kreisdampfer (Vergnügungsschiffe einer großen Berliner Reederei) wurden kurzerhand beschlagnahmt und transportierten die lebenswichtige Fracht vom Hafen Kladow nach Spandau und dem Westhafen im Bezirk Wedding bzw. Moabit.

Aber alle Tricks, alle Kürzungen und geizigen Sparmaßnahmen reichten nicht aus, um während der Blockade und der Luftbrücke den normalen Straßenverkehr in der Stadt aufrechtzuerhalten. Was sich in den öffentlichen Verkehrsmitteln während der wenigen Betriebsstunden abspielte, vermag nur der zu ermessen, der damals mit dabei war. Einen kleinen Eindruck gibt das in diesem Buch enthaltene Foto der überfüllten Straßenbahn.

Selbst Kraftstoff für die Dienstwagen des Berliner Magistrats und der Alliierten war streng rationiert. Auch Krankenwagen und Arzneimitteltransporte bekamen nur ein begrenztes Kontingent. Und Berlin, das vor dem Zweiten Weltkriege über 4000 Taxis besaß, sah innerhalb der blockierten Westsektoren nicht ein einziges benzingetriebenes Taxi, von Juni 1948 bis drei Monate nach Blockadeaufhebung.

Da also für Privatfahrten und Luxuszwecke kein Benzin oder Dieselöl zu haben war, reichte es für die Lastkraftwagen und Zugmaschinen der Privatfirmen und der Alliierten, mit denen die Versorgungsgüter von den drei Flugplätzen in die Lager und Verteilungsstellen transportiert wurden. Wir werden in einem späteren Kapitel sehen, welche Organisation hier erforderlich war und welche Kosten anfielen.

Noch während ein Flugzeug landete und zur Entladebühne, das heißt in die endgültige Entladeposition rollte, stand schon ein 10 Tonnen-Lastwagen zum Empfang der Fracht bereit. Man studierte und verbesserte die Abladetechnik derartig, daß das Entladen einer Skymaster mit 10 Tonnen Fracht in fünf bis sechs Minuten geschafft werden konnte; vorher hatte das gleiche 17 bis 20 Minuten gedauert.

»Wir Jungen«, so erinnert sich der Verfasser, »zogen gern hinaus zum Flughafen Tegel. Der direkteste Weg führte über den Nachtigallplatz, durch die Petersallee, die Swakopmunder Straße und die Kleingartenkolonie »Rehberge«. Während sich links die Kaserne Napoléon auftat, liefen wir schnurstracks über den Spandauer Damm, dem heutigen Kurt-Schumacher-Damm, zu einem kleinen Hügel direkt neben dem Aufsetzpunkt der südlichen Start- und Landebahn. Hier auf unserem »Berg« standen wir während des ganzen Herbstes und in den eisigen Winterstürmen des Januar und Februar 49, jeden Nachmittag nach der Schule bis zum Dunkelwerden und manchmal noch ein gutes Weilchen länger. Anfangs durfte man das Flughafengelände noch betreten, so daß wir Kinder die umfangreichen Grabearbeiten miterleben konnten. Einige von uns besuchten ihre Angehörigen auf dem Flugplatz, besonders während der Mittagspause war das manchmal sehr lohnend. Später, als der Flugplatz langsam fertig wurde, sperrte man ihn ab und wir waren auf unseren »kleinen Berg« angewiesen.
Hier war es anders als in Tempelhof. Dort stand man unter den landenden Maschinen. Wir in Tegel schauten, weil wir ja auf dem Hügel standen, direkt von der Seite in die nur etwa 50 Meter entfernten Cockpits der ausschwebenden Maschinen. Trotz der hohen Anforderungen, die der Endanflug so kurz vor dem Aufsetzen erfordert, winkten uns die meisten Luftbrückenpiloten kurz zu, die wir da frierend am Rande unseres Hügels standen. Richteten wir den Blick stadteinwärts, also Richtung Pankow, so konnten wir speziell während der Abenddämmerung die lange Reihe der anfliegenden Flugzeuge sehen, weil diese dann schon ihre Landelichter eingeschaltet hatten. Es war keine Seltenheit, daß wir da oftmals sechs bis acht Maschinen auf einen Blick sehen konnten, Flugzeug an Flugzeug. —

In Tempelhof entstehen in der Zwischenzeit andere Probleme. Die verlängerten Start- und Landebahnen verlangten es, am 12. 12. 1948 Nebellampen zwischen den Gräbern auf dem Thomasfriedhof in Neukölln aufzustellen. Dazu mußten behindernde Bäume fallen, sogar Häuser bzw. -ruinen abgerissen werden. Man schonte die Friedhofsanlagen soweit wie möglich.

Hier das Dieselaggregat für die elektrische Energie der neu installierten Nebellampen auf dem Thomasfriedhof Neukölln.

Die Energieversorgung West-Berlins blieb während der ganzen Blockade ein großes Problem, obwohl mehrere Tausend Tonnen Kohle eingeflogen wurden. Die bis zu 180 Kohlensäcke im Flugzeug mußten gegen Verlagerungen sicher und fest verankert werden.

Die Kohle kam anfangs in Seesäcken verpackt nach Berlin. Als die haltbarste Verpackung stellten sich aber später fünflagige Papiersäcke heraus, die in der Herstellung nur ein Siebentel der Seesäcke kosteten und obendrein 23 mal länger hielten.

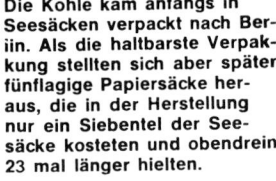

Was geschah nun mit der für die Versorgung so wichtigen Kohle? Der größte Teil ging an die Kraftwerke und zwar per Schiff, zu deren Beladung spezielle Ablaufrutschen gebaut werden mußten. Dieses Bild vom Herbst 1948 wurde an der Havel bei Gatow aufgenommen.

Neben dem von den Flugplätzen Tegel und Gatow belieferten Großtanklager Plötzensee besaß auch der Flugplatz Tempelhof ein oberirdisches Benzinlager mit Eisenbahn-Anschlußgleis.

Winterliche Morgenstimmung auf dem Flughafen Tempelhof: der Nachschub darf nicht einen Moment zum Stillstand kommen.

Ein Bild harter Arbeit vermittelt dieses Foto. Soeben mit Gütern der Luftbrückenflugzeuge vollgeladen, rollen die Lkw's vom Vorfeld herunter auf den Bereitstellungsplatz, leere Lastwagen fahren hinaus zu den Maschinen. Für jeden Flieger, der in der Luft zwischen Berlin und dem Westen hin und her pendelte, arbeiteten rund 20 Mann auf der Erde.

Trotz der fieberhaften Tätigkeit auf den Flugplätzen wurde der Winter im Blockadejahr 1948/49 für die meisten Berliner sehr hart. Es gab zum Beispiel so wenig Kohle, daß sie in Einkaufstaschen vom Händler abgeholt werden konnte, 12¹/₂ kg pro Person.

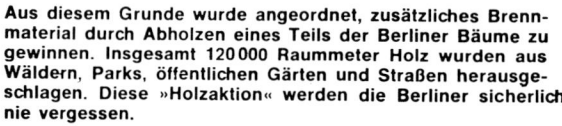

Aus diesem Grunde wurde angeordnet, zusätzliches Brenn-material durch Abholzen eines Teils der Berliner Bäume zu gewinnen. Insgesamt 120 000 Raummeter Holz wurden aus Wäldern, Parks, öffentlichen Gärten und Straßen herausge-schlagen. Diese »Holzaktion« werden die Berliner sicherlich nie vergessen.

Trotz aller Anstrengungen, über die Luftbrücke genug Brennmaterial einzufliegen, trotz der Holzaktion, trotz der Braunkohlensuche innerhalb der Stadt: für viele sah der Alltag im Winter 1948/49 so aus: Dieses Bild aus dem blockierten Berlin spricht für sich.

Stromsperre. Wegen der starken Einschränkungen auf dem Energie-sektor mußte auch der Oberflächen-verkehr in West-Berlin reduziert werden. Bei der Straßenbahn zum Beispiel war um 18.00 Uhr allge-meiner Betriebsschluß. Während der übrigen Zeit waren die Nahverkehrs-mittel in der Stadt total überfüllt.

Eine weitere Folge der Stromsperren war die man-gelnde Versorgung mit politischen und aktuellen Nachrichten. So wurden die täglichen Rundfunk-nachrichten von einem Lautsprecherwagen des RIAS, des Rundfunks im amerikanischen Sektor, auf der Straße bekanntgegeben. Hier eine Nachrichten-sendung in der Hardenbergstraße, im Hintergrund die Kaiser-Wilhelm-Gedächtniskirche.

DIE ABFLUGHÄFEN IN WEST-DEUTSCHLAND

Die Luftbrückenflugzeuge brachten alles, was zu einer Versorgung von zwei Millionen Menschen nötig ist. »Mehl«-, »Rosinen«- oder »Kohlenbomber« hießen die Maschinen bei den Berlinern. Es war die Zeit, da alles, um Frachtraum in den Flugzeugen zu sparen, trocken und konzentriert eingeflogen wurde.

Die Berliner Sachverständigen hatten 3439 Tonnen als alleräußerstes tägliches Bedarfsminimum angesetzt. Weniger knapp berechnet betrug die benötigte Versorgungsmenge rund 4500 Tonnen. Natürlich erwartete kein Statistiker oder Wirtschaftler, daß die von ihm errechnete Bedarfsquote voll erfüllt werden könnte. Er setzte sich einfach hin und berechnete, wieviel die genau 2 045 000 Westberliner zum Leben brauchten, reichte die Ergebnisse ein und wartete ab, was andere Statistiker ausrechnen würden. Die sollten erstmal feststellen, daß, wenn das Ergebnis stimmte, seine Forderungen auch erfüllt werden könnten.

Auf einer denkwürdigen Konferenz im amerikanischen Hauptquartier in Berlin-Dahlem kam es fast zum offenen Ausbruch des traditionellen Gegensatzes zwischen der Luftwaffe und den Heerestruppen. Die Heeressachverständigen, die für die Berechnung der Westberliner Lebensbedürfnisse verantwortlich waren und ihre Ergebnisse mit Hilfe der Deutschen fertig vorzuliegen hatten, erklärten den Luftwaffenleuten, die ihrerseits für den Transport der Lebensmittel nach Berlin verantwortlich zeichneten, ganz unumwunden, wieviel Tonnage gebraucht wurde.

Der Hauptsachverständige für Ernährungsfragen sagte: »Wir haben das absolute Minimum ausgerechnet. Wir brauchen täglich 1439 Tonnen Nahrungsmittel und 2000 Tonnen Kohle.«

»Vielleicht brauchen Sie soviel, aber Sie kriegen's nicht", antwortete der Luftwaffenfachmann rund heraus. »Wir können täglich 870 Tonnen fliegen und nicht ein Kilo mehr.«

»Wenn das alles ist, dann können Sie gleich einpacken und nach Hause gehen«, erwiderte der Lebensmittelfachmann scharf.

»Was denken Sie denn, was wir sind? Vielleicht Elefanten?« Der Luftwaffenmann lief vor Ärger rot an. Er war es nicht gewohnt, wie ein Droschkenkutscher behandelt zu werden. Die schlaflosen Nächte voller Arbeit taten ein übriges, ihn sofort »hochzubringen«. »Was denken Sie wohl. Wir haben nur zwei Tragflächen und vier Motoren, meinen Sie, wir können damit Wolkenkratzer durch die Luft fliegen. Ihr vom Heer stellt Euch das immer so einfach vor!«

»Wir müssen täglich 1439 Tonnen haben«, sagte der Wirtschaftler grimmig. »Es ist schon eine ganze Menge Trockennahrung dabei, von der die Berliner nicht allzu begeistert sein werden. Aber 1439 Tonnen sind das absolute Minimum.«

»Zum Donnerwetter, woher wissen Sie denn das? Diese Menge kommt mir verdächtig vor, wo haben Sie sie her?« Der Luftwaffenoffizier versuchte zu retten, was zu retten ist.

Jetzt grinste der Wirtschaftsfachmann, denn er hatte die Flieger da, wo er sie hinhaben wollte. »Sie möchten wissen, wie wir auf 1439 Tonnen gekommen sind?« fragte er, griff in seine Unterlagen und holte eine Aufstellung heraus. »Hier, schauen Sie her!«

»Wir brauchen 746 Tonnen Mehl, 180 Tonnen Kartoffeln, 144 Tonnen Gemüse, 145 Tonnen Fleisch und Fisch, 85 Tonnen Zukker, 64 Tonnen Fett, 38 Tonnen Trockenmagermilch, 19 Tonnen Salz, 10 Tonnen Käse und 5 Tonnen Trockenvollmilch. Halt, ich vergaß, 3 Tonnen Hefe zu erwähnen.«

Damit war die Sache geschafft. Die unruhigen und phantasievollen

Luftwaffenoffiziere, die sich selbst oft gern als »Artgenossen der Besonderen Spezies Humanae« bezeichnen, mögen ihre Extravaganzen und andere Erscheinungsformen ausgeprägter Individualität besitzen, aber eines haben sie alle gemeinsam: Respekt vor jedem, der sich hinsetzt und geduldig ausrechnet, daß eine Stadt mit über zwei Millionen Einwohnern zur Erhaltung ihrer Existenz täglich zehn Tonnen Käse und drei Tonnen Hefe braucht. Unter anderem ...

»Gott allein weiß, wie wir es schaffen sollen«, meinte der Luftwaffensachverständige, »Sie sollen Ihre 1439 Tonnen Lebensmittel haben.«

Aber das war leichter gesagt als getan. Um West-Berlin zu ernähren, brauchte man mehr als nur zwei Tragflächen und vier Motoren an jedem Flugzeug. Man mußte Butter aus Dänemark heranschaffen, Milch aus Holland, Kaffee aus Brasilien, Zucker aus Kuba, Weizen aus Minneapolis, Reis aus Italien, Fisch aus Norwegen und England und Rindfleisch aus Bayern und Niedersachsen. Die Europäische Wirtschaftsgemeinschaft bestand damals noch nicht, wir registrieren deshalb erstaunt andere Herkunftsländer, aber 1948 waren das eben die Einkaufsmärkte der Welt.

Jedenfalls wurden die 1439 Tonnen Lebensmittel nicht nur in den nebligsten Tagen und Nächten, die Europa innerhalb der letzten 50 Jahre erlebt hatte, erreicht und aufrechterhalten, sondern sogar verdoppelt, verdreifacht und schließlich vervierfacht! Die Lufbrücke nach Berlin wurde zu einem Wunderwerk der Transporttechnik. Schließlich war die Versorgung so ausreichend und die Luftbrücke so fabelhaft eingespielt, daß es sogar möglich war, täglich zehn Tonnen Malz nach Berlin zu fliegen. Neben den zehn Tonnen Käse und den drei Tonnen Hefe, versteht sich ...

Aus diesem Malz brauten die Berliner Brauereien dunkles Bier, das dem Magistrat über drei Millionen Mark monatlich an Steuern einbrachte. Dieses »Braunbier« wurde während der Blockade auch auf den Straßen verkauft, vom Pferdefuhrwerk ...

Die Berliner Hausfrauen kauften es eimerweise und füllten es selbst auf Flaschen ab, sozusagen als Ersatz für das oft gelobte »Original Schultheiß«, »Engelhard« oder »Berliner Kindl«. Daneben wurden zum Beispiel 24 Tonnen Fahrrad-Ersatzteile eingeflogen, als diese wichtigen Dinge plötzlich knapp wurden. Und schließlich kamen täglich 2000, 3000, 6000, je nach Flugwetter sogar einmal 10 000 Tonnen Kohle für die Fabriken und Kraftwerke über die Luftbrücke nach Berlin.

Den Transport der Nahrungsmittel, Brennstoffe, Medikamente, Rohmaterialien und aller anderen Dinge vom Ankunftshafen bis zum Flugplatz, von dem aus sie nach Berlin weitergeflogen wurden, überwachte das Armee-Transport-Corps. In den Vorratslagern dicht bei den westdeutschen Flugplätzen waren im allgemeinen genügend Vorräte für den Bedarf von drei Tagen vorhanden. Große 10-Tonnen-Lastkraftwagen mit Anhängern transportierten die für Berlin bestimmten Versorgungsgüter von der Eisenbahnstation zum Flughafen. Die Lkw's hatten ungefähr die gleiche Tragkraft wie eine Skymaster-Maschine. Dadurch wurde erreicht, daß auf dem Flugfeld vor den Beladestationen kein unentwirrbares »Knäuel« von Beladefahrzeugen entstand, die mal zu diesem, mal zu jenem Flugzeug fahren, um einen Teil ihrer Ladung abzugeben.

Nein — jedem Flugzeug war ein bestimmter Lkw zugeordnet, auf dem die Ladung so weit es ging, schon vorsortiert wurde, so daß nur aus einem Fahrzeug in die Maschine umgeladen werden mußte. Die Frachten wurden beim Verladen »verheiratet«, um den vorhandenen Laderaum im Flugzeug möglichst gut auszunutzen. Unter diesem »Verheiraten« verstand man das sinnvolle Kombinieren verschiedenartiger Lebensmittelsorten mit verschieden hohem spezifischen Gewicht. Wenn zum Beispiel ein Flugzeug nur Nudeln transportierte, so war lediglich ein Drittel seiner Tragfähigkeit ausgenutzt, obgleich der ganze Laderaum ausgefüllt war. Darum wurden Nudelfrachten mit Zucker oder Kaffee »verheiratet«, die weniger Raum einnahmen, aber viel mehr wogen. Der Transport war Sache der Luftwaffenstellen, zum Beispiel der BISCO usw., wir behandeln die ganze Organisation noch ausführlich in einem späteren Kapitel. Die Einwirkung der militärischen Stellen begann mit der Annahme der Waren in den Lägern der westdeutschen Flugplätze und endete mit der Übergabe an die deutsche Verwaltung in West-Berlin. Die Annahme und Übergabe an das westdeutsche Flugplatzlager wurde auf den amerikanischen Plätzen Wiesbaden und Frankfurt-Rhein-Main anders gehandhabt als auf den britischen im Raum Hannover und Schleswig-Holstein. Hier war zum Beispiel eine Kontrolle des Lagers durch deutsche Stellen auch nach Übergabe der Waren noch möglich, die Einwirkung endete erst mit der unmittelbaren Abgabe an den Lufttransport. Die Amerikaner waren »strenger«, hier endete die deutsche Einwirkung, also auch die Wahrnehmung der Lagerkontrollaufgaben bereits dann, wenn die Güter ans Lager übergeben waren.

Der Transport von Kohle war im allgemeinen einfacher. Güterzüge brachten die verschiedenen benötigten Brennstoffsorten zu den Lkw-Verladestellen. Dort wurde die Kohle in Seesäcke umgeladen, die aus dem Zweiten Weltkriege übriggeblieben waren und auf die Flugplätze gefahren. Später nahm man fünflagige Papiersäcke, die siebenmal weniger kosteten und 23 mal länger hielten. Das einzig wirklich schwierige Problem der Kohlentransporte lag darin, daß jeder dieser 160 bis 180 Säcke sicher und fest im Flugzeug gegen Verrutschen gesichert werden mußten. Lose Zentnersäcke voll Kohle hätten während des Fluges durch Gewichtsverlagerung, man darf nie vergessen, daß die Maschinen mit Maximalbelastung flogen, für die dreiköpfige Besatzung den Tod bedeuten oder mindestens einen unkontrollierbaren Flugzustand hervorrufen können.

Als in Tempelhof wieder einmal ein kohlebestaubter Flieger zusah, wie die Kohlensäcke aus seiner Maschine ausgeladen wurden, drehte sich einer der schwitzenden Berliner um, grinste und sagte auf englisch: »Wißt Ihr, Ihr könnt froh sein, daß Ihr diese Kohle nur nach Berlin hineinzufliegen braucht. Es wäre schrecklich, wenn Ihr auch noch die Asche wieder herausfliegen müßtet.« Der Offizier einer Instandhaltungstruppe, der während des Zweiten Weltkrieges mit der 8. amerikanischen Luftflotte in England gewesen war, sagte einmal während der Berliner Luftbrücke: »Ich sehe keinen Unterschied zwischen diesem Einsatz und Kriegszeiten. Nur hatten wir damals gegen Ende des Krieges genügend Ersatzteile aus Flugzeugen, die von der deutschen Flak angeschossen waren. Jetzt haben wir weniger.«

Die Instandhaltungsarbeiten liefen ohne Unterbrechung. Jede Staffel von neun Transportflugzeugen hatte 148 Mann Instandhaltungs- und Wartungspersonal, die in drei Acht-Stunden-Schichten Tag und Nacht arbeiteten. Sie waren nicht nur völlig überarbeitet durch den kaum zu bewältigenden Arbeitsanfall, sondern auch, weil sie oft Problemen gegenüberstanden, die in keinem Wartungshandbuch verzeichnet sind: zum Beispiel, wie man Kohle- und Mehlstaub aus Flugzeugen herausfegt, ohne daß er dabei hoch aufwirbelt.

Dieser Staub lag oft knöcheltief in den Maschinen, wurde durch die statische Aufladung leicht von Instrumenten und Geräten angezogen und bedeutete tödliche Explosionsgefahr.

Ein weiteres Beispiel: es waren nicht genug fahrbare Montageständer vorhanden, von denen aus die Luftbrückenflugzeuge gewartet werden konnten. Da fand man einige hundert Metallbettgestelle in einem ehemaligen Luftwaffendepot in Bayern. Schnell wurden sie zusammengeschweißt und erfüllten denselben Zweck, bis die richtigen Montageplattformen eintrafen.

Mehr als 200 C 54-Skymaster waren im Luftbrückeneinsatz. Das Wartungspersonal wartete täglich 828 Triebwerke im Durchschnitt und wechselte durchschnittlich vier Motoren täglich komplett aus. Die Triebwerke der »Vittle Planes«, der Luftbrücken-

130

Flugzeuge oder wörtlich übersetzt der Lebensmittel-Flugzeuge also, hielten 1050 Stunden durch, bis ihre nächste Generalüberholung fällig wurde. Auf den »Airlift Bases« waren bis zum 1. Mai 1949 1166 Triebwerke ausgetauscht. Diese Zahl beinhaltet nicht die sowieso vorgenommenen Hauptuntersuchungen und kompletten Motorenwechsel zur 1000-Stunden-Inspektion auf den Air Force-Basen in USA und England.

Am 28. Juli 1948 übernahm Major General William H. Tunner die Luftbrückenoperationen, zuvor hatte sich die »Operation Vittles« unter Brigadier General Joseph Smith konstituiert. Die Vereinigung der britischen und amerikanischen »Luftbrückenanstrengungen« unter einen gemeinsamen Oberbefehl vollzog sich am 14. Oktober 1948. Kommandierender General wurde Major Tunner, sein Stellvertreter Air Commodore J. W. F. Merer. Im Rahmen der jetzt sich nennenden »Combined Airlift Task Force« flog an diesem Tage die 1000. C-54 von Wiesbaden ab.

Der Kommandeur der Vereinigten Luftbrückeneinheiten, General Tunner, der später auf Grund seiner hier in Berlin gesammelten Erfahrungen in der Lage war, auch den Nachschubtransport für die Streitkräfte der Vereinten Nationen in Korea auf dem Luftwege zu organisieren, hatte von Anfang an eine aufregende Zeit.

Die Berliner Luftbrücke, das kann ohne jede Übertreibung behauptet werden, war ein gigantischer Plan und bisher beispiellos in der Geschichte der modernen Luftfahrt. Es war klar, daß nur durch eine bis aufs berühmte »i-Tüpfelchen« ausgeklügelte und weitgehend minutiös geplante Organisation, die mit der Exaktheit eines Uhrwerkes ablief, der Erfolg des Unternehmens gesichert werden konnte.

Findigkeit, Einfallsreichtum und Improvisation — selbst bis zum »Kannibalismus«, dem Ausschlachten einer Maschine, um Ersatzteile für eine andere zu erhalten — waren während des ganzen Unternehmens die Regel, nicht etwa die Ausnahme. Schnelligkeitswettbewerbe im Be- und Entladen, Tanken und Reparieren,

Warten und Überholen spornten das Bodenpersonal zu immer besseren Leistungen und die Piloten zu immer größeren Anstrengungen an, die die Männer oft an den Rand eines Nervenzusammenbruchs brachten. Aber die Blockade Berlins konnte nur durch äußersten Einsatz jedes einzelnen gebrochen werden.

Nach Tunners Plan wurde die Luftbrückenflotte, also die rund 380 Maschinen der britischen und amerikanischen Luftwaffen sowie die 46 Flugzeuge der am Unternehmen beteiligten Zivilgesellschaften, auf folgende Stützpunkte in Westdeutschland zusammengezogen:

Schleswigland, Lübeck-Blankensee, Hamburg-Fuhlsbüttel, Hamburg-Finkenwerder als Wasserungsplatz für die englischen Sunderland- und Hythe-Flugboote, Faßberg-Unterlüß, Celle, Wunstorf, Rhein-Main und Wiesbaden-Erbenheim.

Alle für Berlin bestimmten Versorgungsgüter mußten auf diesen Plätzen auflaufen, bereitgehalten und gelagert werden. Wir wissen, daß auf jedem der Ausgangsflugplätze Vorräte für drei Tage lagerten. Drei Tage also konnte jeder dieser Plätze noch weiter »liefern«, ehe die Versorgungsflugzeuge nicht mehr genügend Nahrung fanden. Aber so kompliziert war es gar nicht. Die zuständigen Stellen sorgten schon dafür, daß genug Vorräte vorhanden waren, auch als in den Hochdruckzeiten ständig, 24 Stunden lang, mehr als 100 Flugzeuge dauernd in der Luft waren und die Platzvorräte in drei Schichten herangeschafft werden mußten.

Waren die Maschinen eines Stützpunktes beladen, erfolgte auf die Minute genau das Startzeichen. In ganz kurzen Zeitabständen verließ Flugzeug auf Flugzeug den Stützpunkt. Waren alle Maschinen raus, folgten die des nächsten Stützpunktes und so ging's weiter, immer reihum. Kam eine Maschine aus irgendeinem Grund verspätet in Berlin an, mußte sie mit ihrer vollen Fracht wieder zurückfliegen, da sonst Stauungen die Landung der dicht folgenden nächsten Maschine schon gefährden konnten.

Die Luftbrücke war ein zermürbender Wettlauf und jedem Be-

teiligten war klar, daß er mit seinem kleinen Einsatz ein Stück-
chen am großen Unternehmen beitrug, die Luftbrücke und damit
das Leben und die Freiheit von über zwei Millionen Menschen
zu erhalten. Ende 1948 wurde schon die 100 000. Landung im
Rahmen der Luftbrücke in Berlin registriert. An manchen Tagen
wurden mehr als 1000 Flüge erreicht. Am 16. April 1949, wir
erinnern uns noch einmal, wurden es sogar 1398. Die Transportleistung dieses Tages erreichte fast 13 000 Tonnen.

Zur Verbesserung der Energieversorgung West-Berlins wurden
mit den fünf C 82-Flugzeugen Teile für ein neues Kraftwerk eingeflogen. Die in aller Welt bewunderte Leistung Westberliner
Ingenieure und Techniker stellte die Fortführung des Wiederaufbaus des Kraftwerks West während der Berliner Blockade dar, das
später auf den Namen »Kraftwerk Reuter« getauft wurde. Rund
1500 Tonnen Turbinen- und Kesselteile wurden per Luft eingeflogen, sperrige Teile mit Schneidbrennern zerlegt und auf der
Baustelle wieder zusammengeschweißt.

Das war der Einsatz, den die Luftbrücke von jedem einzelnen forderte und der, fast immer, auch bereitwillig gegeben wurde. Ein
Mann, ein unbedeutender Angestellter der amerikanischen Luftwaffe, war beispielhaft für die Findigkeit und die großen Anstrengungen, die das »Wunder Luftbrücke« ermöglichten. Er hieß
H. P. Lacomb und er besaß besondere Geschicklichkeit, große
Maschinen mit einem Schweißbrenner so auseinanderzuschneiden,
daß die einzelnen Teile in einem Flugzeug transportiert und nach
der Landung wieder zusammengeschweißt werden konnten. Mit
seinem Schneidbrenner zerlegte Lacomb die Planiermaschinen,
Walzen, Bagger und andere schwere Maschinen, die aus den Vereinigten Staaten ankamen, verpackte die Einzelteile und schickte
sie nach Tempelhof. Dort schweißte er die sorgfältig bezeichneten
Einzelteile wieder zusammen und ermöglichte damit den Bau
der neuen Start- und Landebahnen in Tempelhof und Gatow
und den Neubau des Flughafens Tegel.

Die Luftbrücke wurde zum gemeinsamen Meisterwerk von vielen hundert Männern wie Lacomb, unbekannten Männern, die mit einer besonderen Gabe die erstaunlichsten Erfolge aus dem Nichts schufen. In Berlin, aber auch auf den Flugplätzen in West-Deutschland war eine Harmonie echt demokratischer Tonart. Die schwarzen Lkw-Fahrer, die baltischen Flüchtlinge, die beim Verladen halfen und die westfälischen Nachtwächter an den Warenlagern und Benzintanks auf den Flugplätzen im Westen. Nicht zu vergessen der Berliner mit seiner schnellen »Klappe« und seinem nie endenden Humor. Sie alle waren für das Gelingen dieses gewaltigen Unternehmens genauso wichtig wie die Piloten, Funker und die Wirtschaftler, die an den Versorgungsplänen arbeiteten.

Die amerikanischen Luftbrückeneinsätze begannen von Wiesbaden und dem Rhein-Main-Flughafen Frankfurt nach Berlin-Tempelhof. Bald jedoch wurde klar, daß es nötig war, weitere Flughäfen in Westdeutschland einzurichten. Die Engländer begannen mit ihrer Basis Wunstorf in der Nähe des Steinhuder Meers und dehnten sich, als es dort zu eng wurde, bald auf Faßberg und Celle aus. Am 21. August 1948 zogen die amerikanischen Sky-master-Maschinen, die bisher in Wiesbaden stationiert waren, ebenfalls nach Faßberg um. Der Einsatz der fünf C 82-Fairchild Packet-Flugzeuge von Frankfurt aus begann am 13. September. Die Maschinen flogen Einzelteile für das neue Berliner Kraftwerk West, später Reuter. Am 30. September waren alle zweimotorigen C 47-er durch die viermotorige C 54 ersetzt. Die Flotte der C 54-Skymaster-Flugzeuge wurde später erweitert, bis zum Schluß 225 dieser viermotorigen Douglas-Transporter im Einsatz waren. Bereits am 1. Oktober 1948 flog der amerikanische Leutnant J. R. Finn seinen 100. Einsatz nach Berlin, man bedenke, zu einem Zeitpunkt, als die Luftbrücke erst 96 Tage alt war. Dieser soeben aufgestellte Rekord sprach für die gewaltige Leistung des Luftbrückenunternehmens. Finn war der erste Pilot, der diese Zahl erreichte.

134

Am 5. November wurde die 300 000. Tonne nach Berlin geflogen. Pilot dieses denkwürdigen Transportes war der Leutnant D. Bridwell aus Dayton/Ohio. Der 8. November 1948 ist wieder ein bedeutender Tag in der Geschichte der Berliner Luftbrücke. An diesem Tage stößt die erste C-54 von zwei US-Marineeinheiten zur Luftbrückenflotte, so daß neben der Luftwaffe jetzt auch die amerikanischen Marineflieger »mitmischen.« Der 15. November 1948 sieht die »317th Troop Carrier Group« mit ihren Skymastern auf dem Umzug von Wiesbaden nach Celle, womit nun ein zweiter US-Stützpunkt innerhalb der britischen Zone besteht. Von Faßberg aus fliegen die dort stationierten Besatzungen am 20. Dezember mehr als 10 000 Geschenke für Berliner Kinder in die Stadt ein. Am 26. Dezember, dem 2. Weihnachtsfeiertag, genau sechs Monate nach Beginn der Berliner Luftbrücke, sind 700 172,7 Tonnen Versorgungsgüter nach West-Berlin geflogen worden. Diese Aufzählung bedeutender Daten könnten wir hier noch ein wenig fortsetzen, wollen sie jedoch später in einem separaten Kapitel behandeln. Nur ein Punkt sei noch herausgestellt: Aufgrund katastrophal schlechten Wetters kamen am 20. Februar 1949 nur 205,5 Tonnen in 22 Flügen nach Berlin herein. Erinnern wir uns: am 16. April werden es fast 13 000 Tonnen sein. Hier haben wir endlich einmal die beiden Gegensätze, die Grenzpunkte des Unternehmens festgehalten: Auf der einen Seite der unerhörte Einsatz an Menschen und Material, auf der anderen die fast gänzliche Untätigkeit, wenn das Wetter absolut nicht »will«. Aber ganz untätig war man auch am 20. Februar nicht. Endlich bekamen die Überholungstrupps ein bißchen Luft, eine kleine Atempause. Das gleiche galt für den Ersatzteilnachschub, der von solchen Tagen natürlich profitierte. Insofern waren solche Schlechtwetterperioden wie der 20. Februar oder der 1. März 1949 doch zu etwas gut . . .
Zurückkommend auf die neun Abflughäfen in Westdeutschland läßt sich allgemein sagen, daß die Amerikaner, mit ihren größeren

Flugzeugen und ihrer größeren Anzahl von Maschinen den Hauptteil der Transportleistungen nach Berlin erbrachten. Dagegen engagierten sich die Briten, deren Plätze geografisch näher an Berlin liegen, mehr auf die Abwicklung am Boden. Zum Beispiel wurden die sechs in der britischen Zone gelegenen Flugplätze sowie die »Flying-boat-base« Hamburg-Finkenwerder erst einmal benutzungsfähig gemacht durch Fachleute der RAF. Wie schon im Falle von Berlin-Tempelhof, hier mußte nach dem Krieg zunächst eine »richtige« Runway erstellt werden, um einen einigermaßen normalen Flugverkehr überhaupt aufnehmen zu können, mußten auch auf den genannten westdeutschen Plätzen Einrichtungen geschaffen werden, die für einen Nachkriegsflugplatz dringend erforderlich wurden. In erster Linie gehörten hierzu der Bau von befestigten Start- und Landebahnen und die Ausrüstung mit elektronischen Landehilfen. Nicht alle dieser acht Flughäfen und die Wasserflugstation waren zu Beginn der Luftbrücke in Betrieb, aber mit steigendem Aufkommen und größer werdender Enge wurde einer nach dem anderen eröffnet, so daß Ende 1948 alle diese neun Absprunghäfen in Aktion waren.

Die britischen Operationen wurden geleitet von dem »Special Transport Group Headquarter«, das in einem altehrwürdigen Palast in der kleinen Stadt Bückeburg seinen Sitz hatte. Von diesem Hauptquartier aus, das später nach Lüneburg verlegt wurde, gingen alle die für den britischen Anteil am Luftbrückenunternehmen notwendigen Befehle, bis im Oktober 1948 der Oberbefehl von General Tunner, dem Kommandierenden der Vereinigten Luftbrückeneinheiten, mit Sitz in Wiesbaden übernommen wurde.

Es ist interessant zu erfahren, daß die Engländer gar nicht so groß in das Luftbrückengeschäft einstiegen, beziehungsweise einsteigen wollten, wie sie das dann später doch getan haben. Anfangs bestand das einzige Problem für sie, die britischen Besatzungsmächte in Berlin zu versorgen und nicht mehr. Bis Ende

136

Juni 48, als die russische Blockade schon beinahe komplett war, blieb das immer noch die einzige Aufgabe für die 16 Dakotas, die von Wunstorf aus operierten.

Unter dem Decknamen »Knicker« schaffte diese Mini-Version einer Luftbrücke täglich 65 Tonnen Fracht nach West-Berlin. Zu dieser Zeit kamen Spezialeinheiten aus England nach Deutschland, um die »Knicker«-Flugzeuge zu beladen. Die Hälfte von ihnen war in Gatow tätig, die andere Hälfte in Wunstorf.

Aber schon bald stellten auch die Engländer ihre Luftbrückenflotte auf viermotorige York-Maschinen um, die zu diesem Zweck zum Teil von Plätzen bei Singapur nach Deutschland gekommen waren, und versorgte mit ihren Flügen auch die Berliner Zivilbevölkerung. Nachdem die Air Force-Kommandeure in England und Deutschland innerhalb von drei Tagen ihren Plan für eine Versorgung der Berliner fertig hatten, wurde er dem britischen Kabinett vorgelegt und dort am 30. Juni 1948 um 19.00 Uhr unterzeichnet. Bereits am 1. Juli flogen die Dakotas von Wunstorf 311 Tonnen Nahrungsmittel nach Berlin-Gatow, bestimmt für die Zivilbevölkerung und zusätzlich 94 Tonnen für die britischen Besatzungstruppen in Berlin. Nur zwei Tage nach Unterzeichnung der Kabinettsorder, am 2. Juli 1948, landete die erste Viermot-York in Wunstorf. Am 4. Juli folgten ihre »nassen Schwestern«, die Sunderland-Flugboote, die an diesem Tage aus England herüberkamen und auf der Elbe bei Finkenwerder wasserten. Am 5. Juli begannen sie ihre Versorgungsflüge nach Berlin.

Als am 16. Juli die neue befestigte Landebahn in Gatow fertig war, konnten die Yorks, die bis dahin nur mit verminderter Ladungskapazität auf der alten Blechbahn landen konnten, mit voller Ausnutzung ihrer Tragfähigkeit fliegen. Der erste Flug einer Zivilmaschine im Rahmen der Berliner Luftbrücke fand am 28. Juli statt. Inzwischen hatte man nämlich mit der Fluggesellschaft British Airways als Hauptauftraggeber Kontrakte mit zivilen Fluggesellschaften geschlossen, um die Luftbrückenflotte, koste es was es wolle, zu vergrößern. In erster Linie wurde mehr Transportkapazität für flüssige Brennstoffe gesucht; da die RAF keine Tankflugzeuge besaß, charterte man zivile Tanker. Aus diesem Grunde mußte Mitte Juli eine Entscheidung in der Flugplatzfrage getroffen werden, die folgendermaßen ausfiel: Wunstorf wird ausschließlich für viermotorige Typen benutzt, alle anderen Flugzeuge haben zu verschwinden. So zogen die kleinen RAF-Dakotas am 15. Juli zunächst mal nach Faßberg um und begannen am 19. Juli mit Säcken voll Kohle nach Berlin-Gatow zu starten. Am Ende des Monats, genau am 28. Juli, begann der Einsatz von viermotorigen zivilen Tankern vom Typ Lancastrian von Wunstorf aus. Ihre kleineren Schwestern, die zivilen Dakotas, traten ihren RAF-Kameraden in Faßberg bei und flogen von dort aus fleißig ihre Kohlen nach Berlin.

Zwischen dem 4. und 20. August 1948 traten die Amerikaner auf den Plan. Sie hatten auf ihren beiden Plätzen in Wiesbaden und Frankfurt inzwischen so viele Skymaster-Maschinen versammelt, daß es von dort immer schwieriger wurde, einen reibungslosen Einsatz zu gewährleisten. Außerdem wollten die Amerikaner »näher ran« an Berlin, kürzere Distanzen fliegen, um die Maschinen noch besser ausnutzen zu können. Zum Vergleich: Frankfurt und zurück macht 880 km, Wunstorf oder Faßberg und zurück aber nur knapp 500.

Es wurde daher entschieden, einen Teil der Skymaster-Flotte von Wiesbaden abzuziehen und in Zukunft von Faßberg-Unterlüß aus einzusetzen, zwar unter britischer Kontrolle, aber eben so weit näher an Berlin, daß die Maschinen weniger Treibstoff mitnehmen mußten und daher mehr laden konnten. Ab 21. August also beteiligten sich die amerikanischen Skymaster an der Kohlen-Luftbrücke nach Berlin. Jetzt allerdings begann sich Faßberg zu übernehmen. Zivile Dakotas, RAF-Dakotas und die rund 50 Skymaster-Maschinen waren einfach zu viel für den kleinen Platz. Wieder müssen die kleineren Flugzeuge weichen. Ende August

1948 zunächst die zivilen Dakotas und Anfang September die RAF-Maschinen. Ihnen wurde ein kleiner Flugplatz außerhalb der mittelalterlichen, ehemaligen Freien und Hansestadt Lübeck zugewiesen, der eigentlich nur für Sportmaschinen geeignet war.

Lübeck ist eine wunderschöne Stadt, wenn man als Tourist hinkommt: das Holstentor, die Petrikirche, das alte Rathaus und der Hafen sind echte Sehenswürdigkeiten. Wenn man allerdings draußen in Blankensee mit schwerbeladenen zweimotorigen Transportmaschinen starten und landen muß, auf Pisten, die eigentlich viel zu schmal und zu kurz sind, um Flugzeuge von mehr als zwei Tonnen Gesamtgewicht sicher zu handhaben, so kann sich jeder leicht vorstellen, daß die englischen Besatzungen damals im Jahre 1948 von dieser Versetzung nicht allzu begeistert waren. Durch Hinzukommen von weiteren Zivilmaschinen wurde der Platz darüberhinaus immer stärker belastet, so daß Anfang Oktober nach einem Ausweg gesucht werden mußte.

Man suchte und fand im Norden noch einen Flugplatz, der einsam und verlassen vor sich hinträumte. Von dem zwar ein recht schmalbrüstiger Zivilflugverkehr ausging, die British Airways zum Beispiel unterhielten Verbindungen nach London und Berlin, der aber im übrigen noch lange nicht ausgelastet war, während die übrigen umliegenden Flughäfen anfingen, unter der ständig steigenden Belastung und der hohen Flugfrequenzen zu stöhnen. Hamburg-Fuhlsbüttel war dieser Flughafen. Was lag näher, als von ihm aus den gesamten Verkehr der an der Luftbrücke beteiligten Zivilgesellschaften abzuwickeln.

So zogen alle Zivilmaschinen nach Fuhlsbüttel, nur die RAF-Dakotas »durften« in Lübeck bleiben. Ab Anfang Oktober also bekam Hamburg den Verkehr zu spüren, den es auch heute noch abzuwickeln hat. Heute, als zweitgrößter Stützpunkt der Deutschen Lufthansa, fungiert Fuhlsbüttel aufkommensmäßig an dritter Stelle von allen Flughäfen der Bundesrepublik. Damals, 1948, erwarb man sich das Rüstzeug dafür.

Hamburg-Fuhlsbüttel wurde ab Herbst 1948 zu dem Einsatzhafen, von dem alle zivilen am Berlin-Luftbrücken-Unternehmen beteiligten Gesellschaften zu operieren hatten, mit Ausnahme allerdings einiger Tankflugzeuge wie die Lancastrian und die Avro Tudor, die weiterhin von Wunstorf aus flogen.

Weiter südlich hatte sich inzwischen wieder ein Umschwung angebahnt. Mitte September waren alle in Faßberg-Unterlüß stationierten Luftbrücken-Flugzeuge Amerikaner. Drei Monate später, als immer mehr amerikanische Skymaster-Maschinen nach Deutschland kamen, inzwischen war ihre Zahl auf über 200 angewachsen, auch war in Berlin der neue Flughafen Tegel bereits in Betrieb, suchte man dringend nach einem zweiten in der britischen Zone, also nahe bei Berlin gelegenen Flughafen. Hierfür bot sich der dicht bei Faßberg gelegene Flugplatz Celle an. Obgleich dieser Platz ebenfalls von der RAF verwaltet wurde, sah er während der Luftbrücke ausschließlich amerikanische Besatzungen und amerikanische Skymaster-Maschinen, die von nun an von Celle und Faßberg gemeinsam operierten.

In Hamburg flog ein kunterbuntes Gemisch von Flugzeugen an und ab. Zum Beispiel sah man hier die Handley Page Halifax, den berühmten Bomber aus dem Kriege, dann die Zivilversion der Halifax genannt Halton, den Bristol Freighter und die Passagierausführung davon, die Wayfarer, die Avro Lancastrian, eine zivile Ausführung des Lancaster-Bombers, von der es auch Tankflugzeuge gab, die aber von Wunstorf aus flogen, manchmal auch einige Vickers Viking und vereinzelt ein Liberator-Bomber, den die kleine Gesellschaft Scottish Airlines als Lebensmittel-Transporter auf der Berlin-Route einsetzte.

Fuhlsbüttel wurde ein vollständig ziviler Flughafen einschließlich seinem Personal, allerdings unter der General-Order der RAF in Bückeburg. Im Laufe der Zeit wurden die kleineren Zivilmaschinen von größeren, viermotorigen, für die Luftbrücke besser geeigneten Flugzeugen abgelöst. Nicht vergessen sollte man auch die beiden Hythe-Flugboote*), die durch die kleine Gesellschaft Aquila Airways ab 4. August neben den RAF-Großflugbooten vom Typ Sunderland von Finkenwerder aus operierten.

Die letzte große Umstrukturierung im britischen Bereich bahnte sich Mitte November 1948 mit der Öffnung des am weitesten nördlich gelegenen Flugplatzes Schleswigland an. Die RAF setzte von hier aus 15 der neuen großen Handley Page Hastings ein. Dieses als Nachfolgemuster für die veralteten Avro York vorgesehene schwere Transportflugzeug der RAF wurde von vier Bristol Hercules Motoren angetrieben, besaß eine max. Reisegeschwindigkeit von mehr als 500 km/h und konnte genausoviel wie die amerikanische Skymaster, nämlich 10 Tonnen, in einem Run nach Berlin fliegen.

Als die Monate dahingingen und die Luftbrücke sich immer besser einspielte, konnten der RIAS und die Westberliner Tageszeitungen immer bessere Nachrichten melden. Diese halfen dann wiederum, die Moral hochzuhalten und den dauernden Propagandarummel der Kommunisten unwirksam zu machen. Hier sind einige der ermutigenden Schlagzeilen:

Washington, 18. Oktober 1948. — Die amerikanische Luftwaffe hat 10 000 ehemalige Flieger, Funker und Flugingenieure zum aktiven Dienst für die Berliner Luftbrücke wieder einberufen.

Washington, 23. Oktober. — Präsident Truman hat General Clay beauftragt, weitere 66 Skymaster-Maschinen in der Luftbrücke einzusetzen.

Berlin, 30. Oktober. — Gestern abend landete der 10 000. Skymaster in Gatow.

München, 20. Dezember. — Der bayerische Ministerpräsident erklärte: »Möge die Berliner Bevölkerung, der sich das bayerische Volk in dieser harten Zeit eng verbunden fühlt, für ihren entschlossenen Kampf belohnt werden. Berlin führt diesen Kampf nicht nur für Berlin und für Deutschland, sondern für die Sache der gesamten westlichen christlichen Zivilisation.«

*) Zivile Ausführung der Short »Sunderland«.

Berlin, 25. Januar 1949. — Gestern mittag kam die 250 000.
Tonne Kohle über die Luftbrücke in Tegel an.

Berlin, 6. März. — Achtzehn Berliner Firmen werden bei der
New Yorker Industrie-Ausstellung vertreten sein. Ihre Ausstel-
lungsstücke werden über die Luftbrücke aus Berlin herausgeflogen.

Washington, 19. März. — Dean Acheson, der amerikanische
Außenminister, erklärte, daß ein Angriff gegen die Luftbrücken-
Flugzeuge, die über die sowjetische Zone nach Berlin einfliegen,
als ein »bewaffneter Angriff« im Sinne des Atlantikpaktes angesehen werden müsse.

Berlin, 12. April. — Gestern kam die millionste Tonne Versorgungsgüter nach Berlin.

Berlin, 21. April. — In der ersten Aprilwoche wurden über 100
Tonnen Baumaterial, einschließlich Glas, Zement und Hand-
werkszeug für den Wiederaufbau nach Berlin geflogen.

So lauteten die Nachrichten, und sie wurden von Woche zu Woche besser. Die Luftbrücke und die standhafte Solidarität der
Westberliner Bevölkerung mit den Alliierten begannen, die sowjetische Blockade zu brechen.

DAS LEBEN IN DER STADT

»Liebe Mutti!
Als wir abflogen, wurdest Du immer kleiner und kleiner und zum Schluß konnte ich Dich gar nicht mehr sehen. Wir flogen in den Wolken, ganz hoch am Himmel. Ich wünschte, wir wären ein Jahr lang in der Luft geblieben, es war so herrlich.
Jeden Morgen kriege ich Milch und Eier zum Frühstück, und die Eier darf ich selber aus dem Hühnerhaus holen. Ich kenn schon alle Kühe und Schweine, eins heißt Lottchen. Wenn ich zurückkomme, wirst Du mich gar nicht erkennen, so groß und kräftig bin ich geworden.«
Diesen rührenden Brief eines kleinen Mädchens, das über die Luftbrücke nach Westdeutschland luftevakuiert wurde, veröffentlichte während der Blockade eine große Westberliner Tageszeitung.
Man stelle sich einmal folgendes vor: Jedes Flugzeug, das über einen geeigneten Laderaum verfügt, den man mit Lebensmitteln vollstopfen kann, wird dringend gebraucht, um diese Güter von Westdeutschland nach Berlin zu fliegen und auf dem Rückweg Industrieerzeugnisse mitzunehmen, die wiederum für den Zahlungsbilanzausgleich der Stadt erforderlich sind. Eigentlich sollte da kein Quentchen Platz mehr für andere Zwecke verfügbar sein. Und doch wurden während der Blockade insgesamt mehr als 50 000 erwachsene Berliner (einschließlich 79 Weißrussen, die in Argentinien angesiedelt werden sollten) kostenlos von der RAF

143

nach Westdeutschland und in andere Länder geflogen. 15 426 Kinder flogen in westdeutsche Pflegeheime und private Quartiere, wo ihnen ein normales Leben mit frischer Milch, Licht und Wärme geboten wurde.

Außerdem flogen die Amerikaner 1500 TBC-Kranke in westdeutsche Sanatorien und einige Dutzend Universitätsstudenten im Sommer 1948 nach der Schweiz und nach Frankreich, wo sie bei der Erntearbeit helfen, ein bißchen Geld verdienen und sich gesundheitlich kräftigen konnten. Zum Wintersemester flogen sie wieder zurück in die blockierte Stadt.

Von den luftevakuierten Berliner Kindern wurden 7923 in der britischen, 6535 in der amerikanischen und 968 in der französischen Zone aufgenommen, wo sich das Berliner Hilfswerk, das Internationale Rote Kreuz und andere Hilfsorganisationen ihrer annahmen.

Die Kinder, die auf dem Flugplatz Gatow in langen Schlangen zu den Flugzeugen hinausmarschierten, Flugzeugen, die gerade mit Mehl oder Zucker angekommen und in aller Eile für den »Passagiertransport« umfrisiert wurden, waren in mancher Hinsicht ein herzerschütternder Anblick. Wenn wir auch damals, drei Jahre nach dem verlorenen Krieg, alle, ob in Berlin oder anderswo, nicht gerade »rosig« aussahen. Trotzdem war den meisten klar, daß außerhalb von Berlin, fern von den knappen und »trockenen« Rationen und dem unaufhörlichen Dröhnen der Luftbrücke, viel besser für das körperliche und geistige Wohl der Berliner Kinder gesorgt werden konnte.

Aber nicht nur Kinder, alte Leute und Fertigerzeugnisse der Industrie wurden während der Blockade über die geschlossenen Grenzen geflogen, sondern auch die gesamte Post. Eine Zeitlang kamen allein auf dem Flugplatz Wiesbaden-Erbenheim täglich 60 Tonnen Briefe und Pakete aus Westberlin an. Wer diese Zahlen mit den heutigen Aufkommen im bundesdeutschen Nachtluftpostdienst vergleicht, bemerkt mit Staunen, daß sie sich mit den rund

60 Tonnen oder etwa zwei Millionen Sendungen, die jede Nacht in Frankfurt umgeschlagen werden, durchaus messen können.

Außerdem flogen während der Blockade viele prominente Persönlichkeiten aus allen Teilen der freien Welt nach West-Berlin, um an Ort und Stelle das oft angezweifelte »Ausharren« der Menschen und die magische Bewährung der Luftbrücke zu studieren. Die Liste der »blockadebrechenden« Besucher umfaßt die bedeutendsten Politiker des freien Westens. Es kamen zum Beispiel: Premierminister Clement Attlee aus Großbritannien, Premier John Chifley aus Australien, der Engländer Anthony Eden und der amerikanische Gesandte in England William Douglas. Ferner kamen der amerikanische Vizepräsident Alben Barkley, der stellvertretende Kriegsminister, heute würde man sagen Verteidigungsminister, der Vereinigten Staaten William Draper, der Chef der Royal Air Force Luftmarschall Tedder und der Marschallplan-Beauftragte Averell Harriman.

Im Oktober 1948 flog John Foster Dulles nach Berlin, um die Lage zu studieren. Während seines Aufenthaltes traf er für einige Stunden mit Oberbürgermeister Ernst Reuter zusammen.

»Sagen Sie, Herr Oberbürgermeister«, fragte Dulles, »was halten Sie von der Lage? Werden die Berliner im kommenden Winter durchhalten? Oder werden sie sowjetische Hilfe in Anspruch nehmen, anstatt sich auf die Luftbrücke zu verlassen?« Die Antwort des Oberbürgermeisters war eindeutig: »Mr. Dulles, die Berliner Bevölkerung ist Entbehrungen und Leid gewohnt. Sie läßt sich nicht aus der Ruhe bringen. Wir sind bereit, noch mehr zu ertragen.«

Aber nicht nur Politiker kamen nach Berlin, um der eingeschlossenen Bevölkerung zu versichern, daß sie in ihrem Kampf nicht allein stand, sondern auch viele künstlerische Persönlichkeiten, die Licht und Fröhlichkeit in die lästige Dunkelheit brachten und den blockierten Menschen bessere Unterhaltung als in den vorhergegangenen Zeiten boten.

Der Teufel mochte wissen wie, aber sie schafften es, die Westberliner Theater, Konzertsäle und Kinos, während der Blockade
erstklassige und ausgesuchte Unterhaltung zu vermitteln. Eine
große Anzahl führender Künstler aus dem Ausland kam nach Berlin: die Marlowe Theater-Gruppe aus Cambridge in England, der
weltberühmte Geiger Jehudi Menuhin, dessen sich die Älteren unter uns noch als Wunderkind erinnern, bevor er in die Vereinigten
Staaten auswanderte, der französische Cellist Maurice Gendron,
der englische Cembalist Ralph Kirkpatrik und das Domington-
Quartett mit Elisabethanischer Chormusik. Aus Amerika kamen
die Geigenvirtuosin Patricia Travers, der Bariton Tom Scott und
der gefeierte Jazztrompeter Rex Stewart.
Berliner Künstler selbst brachten das gerade berühmt gewordene
Stück »Des Teufels General« von Carl Zuckmayer heraus. Von
Werner Egk wurden »Circe« und »Abraxas« gebracht. Auch »Der
Dämon«, eine choreographische Pantomime von Paul Hindemith,
wurde gegeben. Hindemith, der selbst nach 15jähriger Abwesen-
heit nach Berlin zurückkehrte, dirigierte persönlich die Berliner
Philharmoniker. Ebenso wurde der »Totentanz«, ein Oratorium
von Honegger nach dem Text von Paul Claudel, in das Programm
aufgenommen.
Das Berliner Philharmonische Orchester und das RIAS-Sympho-
nie-Orchester spielten regelmäßig unter berühmten Dirigenten wie
Wilhelm Furtwängler, Ferenc Fricsay, Sergiu Celibidache und
Otto Klemperer. Trotz der Geldknappheit in der Stadt, die Währungsreform lag gerade ein paar Monate zurück, gab es kaum
ein Konzert, das nicht schon lange im voraus ausverkauft war.
Die Kabaretts, lange Zeit schon vorher besonders beliebte Anziehungspunkte Berlins, kämpften heldenhaft gegen alle Schwierigkeiten und behielten ihren guten, künstlerischen Ruf. Günter
Neumann und Rudolf Nelson, wahre Meister des Kabaretts, kom-
mentierten die zweifelhaften Tugenden des nächtlichen Kurfürstendamms und der Bülowstraße mit brillantem Spott. Ein köst-

146

liches Stück, »Die Kleine Luftbrücke«, unterhielt Tausende von Berlinern und brachte ein wenig Abwechslung in die Eintönigkeit des Blockadelebens. Und nach Beendigung der Blockade schrieb Günter Neumann ein kabarettistisches Meisterstück. »Wir fahren wieder Eisenbahn«, das ungeheuren Erfolg hatte. Wir werden Neumann in einem späteren Abschnitt dieses Buches noch einmal zitieren.

In vielen kleinen Ausstellungen sah man Bilder und Skulpturen aus privaten und städtischen Sammlungen. Private Sammlungen deshalb, weil es unmöglich war, neben den vielen zusätzlichen Aufgaben wie zum Beispiel die Kinderluftbrücke auch noch sperrige Kunstgegenstände im Flugzeug von außerhalb hereinzubringen. Die Ausstellung »Fünf Generationen bildende Kunst« im Charlottenburger Schloß zeigte den erstaunlichen Reichtum an Kunstwerken, den West-Berlin noch besaß.

Darüberhinaus wurden in der blockierten Stadt ein »Freier Berliner Presseverband« und eine »Liga für Geistesfreiheit« gegründet. In Nikolassee fanden mehrere internationale Studententreffen statt. Die ausländischen Studenten erreichten Berlin in kohle- und mehlbefördernden Luftbrücken-Flugzeugen. Niemand nahm Anstoß an der primitiven Beförderung. Wegen der Stromsperren wurden Abendkonzerte im Olympiastadion, in der Waldbühne und im Haus am Waldsee am späten Nachmittag im Freien durchgeführt. Mit großem Erfolg brachte die in unmittelbarer Nähe des Flughafens Tegel gelegene »Freilichtbühne Rehberge« eine Neuaufführung von Shakespeares »Sommernachtstraum« heraus, unter dem unaufhörlichen Gedröhn der landenden und startenden Luftbrückenmaschinen.

Die neue »Städtische Oper« am Zoo, heute das Theater des Westens, führte der blockierten Bevölkerung so verschiedenartige Werke wie »Troubadour«, »Samson und Delila«, »Fledermaus«, »Carmen«, »Figaro« und »Freischütz« vor. Wenn die Straßenbahn nicht mehr fuhr, ging man zu Fuß in die Oper. Im Delphi-

Theater fand eine Reihe von »Jam-Sessions« statt, wo bei Kerzenbeleuchtung moderner Tanz gepflegt wurde. Der amerikanische Philosoph Sidney Hook sprach mehrmals im Amerika-Haus vor verschiedenem Publikum. Auch die sportlichen Ereignisse in West-Berlin ließen sich von der Blockade nicht stören. Es fanden Box- und Ringkämpfe, internationale Tennisturniere, Fußballspiele und Pferderennen auf der Trabrennbahn Mariendorf statt. Zwar erreichte das kulturelle Leben keineswegs das Niveau einer Weltstadt und schon gar nicht das von Berlin zu Friedenszeiten — mit seinem altbewährten Ruf als europäisches Kultur- und Kunstzentrum. Aber in Notzeiten muß die Kunst oft hinter den rein physischen Erfordernissen des Augenblicks zurückstehen, das wurde akzeptiert. Und so wie die Berliner zusammen mit den westlichen Alliierten entschlossen waren, die Blockade durch harte Arbeit, Erfindungsgabe und Entbehrungsbereitschaft zu überwinden, so waren sie auch gewillt, den sowjetischen Versuch zu vereiteln, Berlin von der westlichen Kulturwelt abzuschnüren. In dieser Hinsicht waren die Westberliner Zeitungen und der Rundfunk von lebenswichtiger Bedeutung.

Apropos Rundfunk: Was tut ein Sender, wenn er keinen Strom hat, seine Nachrichten aus der vordersten Linie der Schlacht, die um die Versorgung der Stadt auf den Flugplätzen geschlagen wird, aber »an den Mann bringen« muß? Er beschafft sich einen Lautsprecherwagen und geht damit buchstäblich »auf die Straße«. So konnte man damals in allen Stadtteilen die ockerfarbenen Lautsprecherfahrzeuge des RIAS (Rundfunk im amerikanischen Sektor) sehen. Besonders wenn sie die neuesten Nachrichten verlasen, waren sie stets von einer großen Anzahl Menschen umgeben.

Zehntausende von Tonnen Zeitungspapier — aus den Papierfabriken in Kanada, Skandinavien und Bayern — wurden während der Blockade nach Berlin geflogen. Sie füllten weder hungrige Mägen noch wärmten sie kalte Häuser oder heilten schmerzhafte Krankheiten. Dennoch wurde den großen Rollen Papier das

148

gleiche Recht auf Transportraum bewilligt wie Lebensmitteln, Brennstoff und Medikamenten. Denn West-Berlin war und blieb die einzige Insel hinter dem Eisernen Vorhang, auf der das gedruckte Wort wirklich frei und unzensiert veröffentlicht werden durfte. Und es war äußerst wichtig, daß diese Freiheit erhalten und bewahrt wurde.

In den Papierfabriken wurden besondere Zeitungspapierrollen mit einem Gewicht von 250 kg hergestellt, die man in Flugzeugen transportieren konnte. Als durchschnittliche Transportleistung für Zeitungspapier einigte man sich auf 210 Tonnen wöchentlich. Dieses Programm war so erfolgreich, daß während der ganzen Blockade nicht eine der zehn Berliner Tageszeitungen auch nur eine einzige Ausgabe ausfallen lassen mußte. Sicher wird der eine oder andere jetzt lächeln, wenn er erfährt, mit welch großer Wichtigkeit die pünktliche Herausgabe von Tageszeitungen angesehen wurde, wo es doch bei Gott genug andere Aufgaben für die Luftbrückenflugzeuge gab. Aber es ist geschichtlich überliefert, daß Übergaben oder auch nur Demoralisierung aufgrund fehlender oder nicht ausreichender Lageinformation erfolgten. Diesen Fehler hat man in Berlin erfolgreich zu vermeiden versucht. Um allerdings der Wahrheit gerecht zu werden, sei an dieser Stelle auch verraten, daß einmal, während der nebelreichen Novembertage im Jahre 1948, die Vorräte an 75 cm-Papier, das von drei großen Tageszeitungen benutzt wurde, bis auf einen kleinen Rest von sechs Tonnen aufgebraucht waren.

Später, im Frühjahr 1949, als die Luftbrücke gut eingespielt war, wurde es sogar möglich, jede Woche zusätzlich 60 Tonnen Papier für Bücher und Zeitschriften einzufliegen. Für die Berliner Verleger waren finanzielle Schwierigkeiten nach der Währungsreform (wir erinnern uns, daß Fünf-Mark-Scheine für den Durchschnittsbürger über Nacht nur noch den Wert von 50 Pfennigen hatten) das größte Problem, das selbst eineinhalb Jahre nach der Blockade noch nicht überwunden war.

Wenn also die Tageszeitungen auch erschienen, so hatte doch das gesamte Informationswesen in Berlin mit den größten Schwierigkeiten zu kämpfen. In den rund 200 Westberliner Kinos wirkten sich Geldmangel und Stromsperren verheerend aus. Der Verfasser erinnert sich, daß einige große Kinos am Wedding mit dem Argument Kunden warben, daß jetzt ein Stromaggregat vorhanden sei, der Film also selbst bei Stromsperre »weiterlaufen« konnte. Trotzdem sanken die Besucherzahlen auf 30 % des Vorblockadestandes und erreichten nur selten 50 %. Dennoch wurden die Streifen »Die Brücke« — ein Film über die Luftbrücke — und »Zwischen Ost und West« — ein Film über die Hintergründe des Kalten Krieges — uraufgeführt und überall in besonderen Vorstellungen gezeigt. Man bemühte sich auch, die besten ausländischen Filme für die unterhaltungshungrigen Berliner zu beschaffen.

Berlin war seit Kriegsende der aufregendste Nachrichtenmittelpunkt Europas. Während der Blockade wurde es zu einem der stärksten Anziehungspunkte der Weltpresse. Das Luftbrückenwunder und der tägliche Lebenskampf der Berliner wurden zu dramatischen Geschehnissen, Hunderte von Schriftstellern, Radiokommentatoren und Wochenschauleuten aus allen Ländern flogen über die Luftbrücke nach Berlin, um ihre große »Story« an Ort und Stelle zu erleben. Tausende von Radioübertragungen wurden während der Luftbrückenzeit zusammengestellt. Zeitungsleser, Radiohörer und Kinobesucher in den fernsten Teilen der Welt, in Neuseeland, Indien und auf den Pazifischen Inseln, kannten die Berliner Blockade bald so gut wie ein Ereignis in ihrem Nachbarhaus. Erfahrene Nachrichtenleute stellten fest, daß keine Friedensstory je so vollständig und andauernd ausgewertet wurde wie die Berliner Luftbrücke.

Der Sender »RIAS«, die amerikanische deutschsprachige Rundfunkstation in Berlin, den »Sender Freies Berlin« gab es damals noch· nicht, brachte täglich 24 Stunden lang Nachrichten und Unterhaltung, wenn es nicht anders ging, vom Lautsprecherwagen aus. Sein 100 000 Watt-Sender trug die neuesten Nachrichten über die Stadt weit hinaus in die Sowjetzone, nach Polen, in die Tschechoslowakei und in die baltischen Länder.

Eine der größten Kuriositäten war der kommunistische »Berliner Rundfunk«, der im »Haus des Rundfunks« in der Masurenallee im Westsektor residierte, dem Haus, das heute den SFB beherbergt. Man stelle sich vor: mitten im englischen Sektor ein russischer Rundfunksender, der noch dazu nicht gerade leise war.

Wenn der RIAS mit dem kommunistischen Berliner Rundfunk seine Rededuelle ausfocht, so waren es Kämpfe zwischen bewährten Könnern und Anfängern. Oft verließen die Kommentatoren des roten Senders, die die Angriffe des RIAS zu parieren versuchten, hinterher ihre Stellung und bewarben sich um Aufnahme beim RIAS. Der Berliner Rundfunk beschäftigte dreimal so viel Leute wie der westliche Sender, aber dieser hatte zehnmal so viel Zuhörer.

Der Sender war das besondere Ziel kommunistischer Angriffe. Dennoch zeigen verschiedene, voneinander unabhängige Übersichten, daß 80 bis 90% aller Berliner während der Blockade das RIAS-Programm hörten und dieser Prozentsatz mag in der Sowjetzone nur um ein Geringes weniger gewesen sein.

Der Berliner spielte während der Blockade keineswegs nur eine passive Rolle. Es war s e i n Kampf und er wußte, daß es um sein Leben und seine Unabhängigkeit ging. Es wäre völlig falsch, sich vorzustellen, daß der Berliner in jener Zeit niedergeschlagen und teilnahmslos auf einem Schutthaufen gesessen und mit leerem Blick den Luftbrückenflugzeugen über seinem Kopf nachgeschaut hätte. Oh nein! Dem war nicht so! Das ließe sich auch gar nicht mit der quicklebendigen und weltoffenen Mentalität des Berliners vereinbaren.

West-Berlin lebte und überlebte die Blockade, weil es seine Bewohner so wollten!

Die obersten alliierten Dienststellen haben öffentlich erklärt, daß der Erfolg der Luftbrücke ohne die Haltung der Berliner Bevölkerung unmöglich und alle technischen Leistungen und die Anstrengungen der Piloten und Angehörigen des Bodenpersonals bedeutungslos gewesen wären. Einfühlungsvermögen und Erfindungsgabe, aus der Not geboren, spielten bei dem Wunder Luftbrücke eine wesentliche Rolle. Jeder Berliner setzte seinen ganzen Witz und all seine Fähigkeiten dafür ein.

Man bescheinigt ihm darüberhinaus, aus West-Berlin in den Blokkadejahren 1948/49 eine Stadt erstklassiger Elektriker und Mechaniker gemacht zu haben. Eine Weltstadt, die einst die modernsten Errungenschaften der Technik kannte und in der, so quasi von heute auf morgen, plötzlich ein Mangel an Dingen eingetreten war, die uns Menschen des 20. Jahrhunderts selbstverständlich erscheinen, war und wird auch in Zukunft keineswegs bereit sein, sich kampflos mit den neuen Gegebenheiten abzufinden. Mag sie nun Berlin heißen oder Stuttgart, Düsseldorf oder Paris. Man sagt, daß der Londoner Cockney, der Brooklyner aus New York und der Clichyser in Paris vom gleichen unnachgiebigen Schlage sind wie der Berliner — große Städte schaffen wohl zähe Bewohner — aber soviel steht fest: obgleich Berlins Weg gefährlich dicht am Abgrund vorbeiführte, blieb die allgemeine Moral ungebrochen.

Eine weitere Folgeerscheinung der Blockade ist weniger bekannt. Bevor die Russen die Tore der Stadt zuschlugen, bildeten die Bewohner der Westsektoren und die Alliierten zwei ganz verschiedene, klar getrennte soziale Gruppen: auf der einen Seite die Besiegten, auf der anderen die Besatzungsmacht. Aber während der Blockade und der Luftbrücke wurde es anders: nach wenigen Wochen gab es nur noch Westberliner. Die 30 000 alliierten Soldaten und Zivilisten in der Stadt waren mit den »Einheimischen« zu einer untrennbaren Einheit verschmolzen. Sie saßen alle im gleichen Boot und niemand konnte dieses Boot schaukeln, ohne den anderen ernsthaft zu gefährden. Aus dieser Schicksalsgemeinschaft wuchs gegenseitiges Verständnis, eine Zusammenarbeit, wie sie — so kurz nach einem bitteren Krieg — in der Geschichte einmalig dasteht.

Um dem Mangel auf allen Gebieten des täglichen Lebens abzuhelfen, erfand der Berliner tausenderlei Dinge, Geräte und spielzeugartiges Zubehör. Die Menschen durchsuchten Keller und Böden, staubten alte Gas- und Petroleumlampen ab und setzten sie wieder instand. Andere bauten Butan- und Karbidlampen, um die vielen Stromsperren über doch ein bißchen Licht zu haben. Westberliner Firmen, die Beleuchtungsapparate herstellten, machten ein gutes Geschäft. Taschenlampenbatterien und Kerzen waren natürlich gleich nach Blockadebeginn ausverkauft. Da bastelten sich die findigen Berliner allerlei kleine Generatoren, selbst kleine Handgeneratoren, die nur eine 3-Watt-Birne zum Leuchten brachten, um die Dunkelheit zu verscheuchen. Der Verfasser kann sich erinnern, diese kleinen Taschenlampen mit Dynamo noch jahrelang nach der Blockade benutzt zu haben; so gut waren diese Dinger, daß sie selbst noch heute vereinzelt anzutreffen sind.

Ebenso akut war die Heizungsfrage, die gleichfalls große Findigkeit erforderte. Die Menschen buddelten heimlich in den Ruinen ausgebombter Häuser und fanden in den verschütteten Kellern noch Kohle aus der Kriegszeit oder nahmen wenigstens das Bauholz mit. Regelmäßig verschwanden Anzeigenbretter, Holzzäune, ja selbst Holzbänke in den U-Bahnhöfen und in den Parks. Andere wieder hatten sich auf »Buntmetall-Klau« spezialisiert. Dem Verfasser sind Fälle bekannt, in denen an Zweifamilienhäusern in Konradshöhe nachts die Zink-Dachrinnen abgebaut und auf dem schwarzen Markt »verscherbelt« wurden.

Obwohl die Lebensmittelrationen niemanden verhungern ließen, blieb doch viel zu wünschen übrig. Und auch hier zeigten die Berliner wiederum wahrhaft höchstentwickelte Erfindungsgaben. Es wurde Ehrensache jedes Einzelnen, privat den Hunger zu bekämpfen oder über den normalen Rahmen hinaus ein bißchen in zusätzlichen Genußmitteln zu schwelgen. Der Schmuggel, eine von den Großstädtern fast vergessene Betätigung, erreichte ungeahnte Ausmaße. Die Menge an verschiedensten Konterbandegütern, die durch den Eisernen Vorhang, der mitten durch Berlin ging, ausgetauscht wurden, stellte selbst die berühmten Schmuggeldschunken vor Hongkong in den Schatten.

Harmlose Einkaufstaschen am Arm von Westberlinern, die sich in den Ostsektor wagten, enthielten oft Medikamente, Arzneien oder andere Dinge, die in den Ostsektoren und in der »Zone« knapp waren. Auf dem Rückweg befanden sich in den gleichen Taschen dann frische Butter, Kartoffeln, Kohlenbriketts oder andere Dinge, die im belagerten West-Berlin Seltenheitswert hatten. Die Schmuggler trugen manchmal im August (!) langärmlige Winterunterwäsche und stopften in die Ärmel und Hosenbeine wertvolle Lebensmittel, Tabak oder Kaffee.

Zum Thema Kohlenknappheit ist in Berlin eine interessante Geschichte in Umlauf: Für die Leute, die auf dem Flughafengelände in Tempelhof arbeiteten, hatte sich aus den Kohletransporten eine ganz spezielle Möglichkeit der Heizmaterial-Versorgung ergeben — eine Möglichkeit, die nichts mit dem geflügelten Wort »An der Quelle sitzt der Knabe« zu tun hatte, wie man vermuten könnte, sondern sich als Nebeneffekt aus der Flughafenanlage selbst ergab.

Das riesige Vorfeld hatte man seinerzeit mit einem Entwässerungssystem versehen, das die bei Regenwetter auf der Fläche niedergehenden Wassermassen in ein entsprechend großes Auffangbecken ableiten konnte. Mit dem Regenwasser wurde nun der ganze Kohlenstaub, der beim Umladen der Kohlesäcke vom Transportflugzeug in die Lkw's auf das Vorfeld fiel — viele Kohlensäcke platzten auch bei der àTempo-Verladung —, in das Auffangbecken geschwemmt, wo er sich schnell in solch dicken Schichten absetzte, daß er von den Leuten abgehoben und als Brenn-

154

material verwendet werden konnte. Da dieses sich selbst regenerierende Kohlereservoir schnell in der Umgebung bekannt wurde, kam es nicht selten zu harten Auseinandersetzungen zwischen den Anwohnern des nördlichen Flughafengeländes und den Flughafenarbeitern, die ihr »Schürfrecht« gegen jeden Raubbau verteidigten.

Auch die Hinterhäuser mit ihren vielen Höfen und Gängen wurden oftmals für das Schmuggeln zwischen Ost und West benutzt. Einige Häuserkomplexe reichten von einem der Westsektoren hinüber in den Ostsektor, so daß man zum Beispiel ein Haus im amerikanischen Sektor betreten und im Ostsektor wieder verlassen konnte, ohne »offen« die Grenze überschritten zu haben. Während die Volkspolizisten also eifrig die zum Teil verbarrikadierten Straßen bewachten, schlüpften unternehmungslustige Berliner ungesehen durch die Hinterhäuser und gingen ihren blockadebrechenden Geschäften nach.

Wie es in einer Großstadt häufig ist, hatten viele Westberliner Freunde und Verwandte in den landwirtschaftlichen Gebieten der Sowjetzone um Berlin herum, die ihnen trotz aller strikt durchgeführten Kontrollen auf allen möglichen Wegen Lebensmittel zukommen ließen. Wie gesagt, man konnte als Westberliner, damals 13 Jahre vor dem Bau der Berliner Mauer, den Ostsektor betreten, der Ostberliner auch den Westsektor, man war nur den strengen Kontrollen beim Grenzübertritt ausgesetzt. Und man hatte »drüben« keine Möglichkeit, legal einzukaufen, trotzdem jeder Westberliner Ost- und Westmark besaß. In den Geschäften jedoch mußte beim Einkauf der Personalausweis vorgezeigt werden, der Westausweis wurde natürlich nicht anerkannt.

Obwohl die Westberliner Industrie unter den schwierigsten Bedingungen arbeitete, schuf sie ihr eigenes technisches Wunder und produzierte hochwertige Fertigwaren, die über die Luftbrücke in die Außenwelt gebracht wurden. Während der Blockade wurden Industriegüter im Werte von über 250 Millionen DM aus der

Stadt ausgeflogen. Jedes Pfund dieser insgesamt 13 000 Tonnen Fertigwaren war ein Beweis für das Vertrauen der Westberliner Arbeiter und Angestellten in die Luftbrücke.

Allein im Monat Januar 1949 wurden 1 479 000 elektrische Glühbirnen von Berlin aus zum Verkauf in den Westen geflogen. Einmal, im April 1949, wurden für kurze Zeit fünf Flugzeuge aus der Luftbrückenflotte herausgenommen, um Ausstellungsgüter von insgesamt 120 Berliner Firmen nach Hannover zu fliegen, die auf der Exportmesse gezeigt werden sollten. Jede Kiste mit Fertigwaren, die aus der Stadt herausgeflogen wurde, trug einen besonderen Stempel. Er zeigte den Berliner Bären, der eine um ihn herumgeschlungene Kette zerbrach, ringsum eingerahmt von den Worten: »**Hergestellt im blockierten Berlin.**«

Das Berliner Wunder war nicht ausschließlich das Ergebnis von harter Arbeit und Erfindungsgabe. Es bestand zum nicht unerheblichen Teil aus Treue zur Sache, für die sich die Stadt entschieden hatte und aus Stetigkeit und Ausdauer gegenüber den Härten. Hierzu ein Beispiel: Als die Sowjets in einem ihrer Propagandatricks allen Westberlinern ostsektorale Lebensmittelkarten anboten, da befürchtete der Westen nicht einen Augenblick, daß die Menschen desertieren würden, um mehr auf dem Tisch und einen wärmeren Ofen zu haben. Es herrschte ruhiges Vertrauen. Man glaubte zu wissen, daß jeder Berliner davon überzeugt war, sein Kampf sei nicht allein ein Kampf der Regierungen, sondern vor allen Dingen ein Kampf des einzelnen Menschen.

Und so war es auch. Statistiken des Berliner Senats zeigen, daß von den 2 045 000 Einwohnern Westberlins nicht einmal 20 000 diese günstige Gelegenheit, im Osten einzukaufen, wahrnahmen. Von diesem noch nicht ein Prozent kehrte innerhalb von vier Monaten fast die Hälfte dieser wenigen Abtrünnigen reumütig zurück und bat um Wiederaufnahme in die westliche Gemeinschaft.

Ein anderer Trick fiel ebenfalls wie ein Bumerang auf die Sowjets wieder zurück und verursachte eine Massenflucht von Studen-

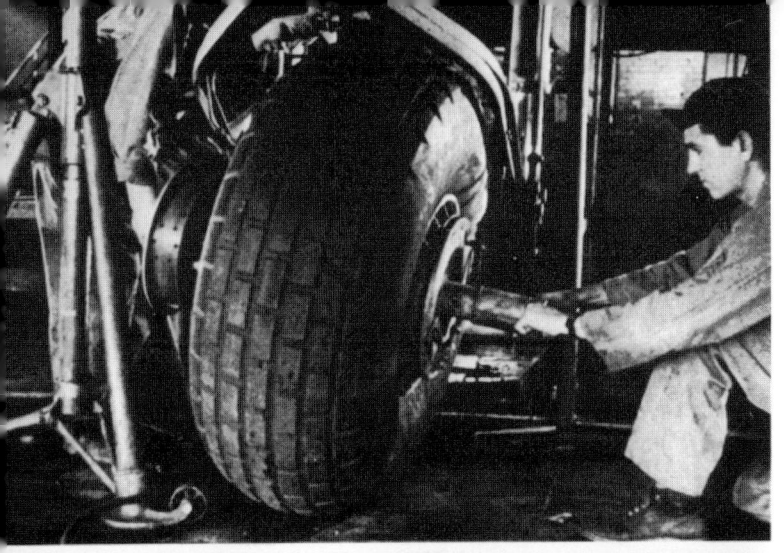

Neben den Instandhaltungsarbeiten der Luftbrückenflugzeuge in Oberpfaffenhofen und Burtonwood/England wurden kleinere Reparaturen auch in Berlin durchgeführt. Hier das Auswechseln des Fahrgestells auf dem Flugplatz Tempelhof.

Die Berliner werden nie vergessen, wie am 25. Juli 1948 eine mit Mehl beladene Dakota blind durch die Wolkendecke über Berlin stieß und in ein Wohnhaus in Friedenau stürzte.

Bei dem Absturz der C-47 in der Handjerystraße am 25. 7. 1948 kam die zweiköpfige Besatzung ums Leben.

Doch die Luftbrücke geht
weiter. Eine Gruppe
Skymaster ist gerade in
Tempelhof gelandet und
steht zur Entladung bereit.
Tag und Nacht muß der
Betrieb aufrechterhalten
werden.

Am Abend des 15. Novem-
ber 1948 versagten bei
einer in Tempelhof lan-
denden C-54 die Bremsen.
Die Maschine geriet auf
die Gleise der Mittenwal-
der Eisenbahn, dabei riß
das Bugrad ab. Nach einer
Detonation stand das Flugzeug in Flammen, es hatte
Zucker geladen. Durch den
mutigen Einsatz dreier
Berliner konnte die Besatzung gerettet werden.

Das einzige Bild, das die
Luftbrücke auch optisch
als »Brücke« erkennen
läßt. Die gestrichelten
Linien sind die Blinklichter
der Transportmaschinen
auf dem Wege nach Berlin.
Der Lichtstreifen halb
rechts stammt vom Schein-
werfer eines Luftbrücken-
flugzeuges. Die gebogenen
Linien zeigen den Lauf der
Sterne.
Die Belichtungszeit dieses
Fotos betrug sechs Stun-
den.

Bei jedem Wetter muß die Versorgung Berlins weitergehen. Blick vom Kontrollturm des Flughafens Gatow auf eine Reihe wartender Skymaster bei einem der winterlichen schweren Schneestürme.

Eine Amateur-Aufnahme aus Hamburg-Fuhlsbüttel im Herbst 1948. Drei Haltons, umgebaute Halifax-Bomber, werden auf ihren nächsten Luftbrücken-Flug vorbereitet.

Kurz vor Beendigung der Blockade kommt es am 30. April
1949 nochmals zu einem schweren Unfall der Luftbrücke.
32 km nordwestlich von Berlin stürzte eine zivile Halton-
Maschine in einen Wald in der Nähe von Nauen/DDR.
Bei dem Unfall wurden alle vier Besatzungsmitglieder getötet.

12. Mai 1949: Die Berliner
Blockade ist aufgehoben. In
den Westberliner Morgenzeitungen und der Internationalen Presse erscheint das
große Ereignis auf der ersten
Seite

Ganz Berlin ist aus dem »Häuschen«. Endlich sind die Grenzen wieder geöffnet. Die ersten Interzonenomnibusse nach
Hannover verlassen die 11 Monate lang blockierte Stadt.

ten aus dem Ostsektor. Schon lange vor Beginn der Blockade war ein objektives Studium an der Ostberliner Universität unmöglich geworden, denn jedes Buch, jedes Lehrmittel und jede vorgebrachte Idee war stark von Doktrinen des Kommunismus gefärbt.

Ein paar Wochen nach Blockadebeginn entschlossen sich leitende Professoren und einige tausend Studenten, heimlich nach West-Berlin zu gehen und dort eine neue Uni zu gründen. Anfang August 1948 saß ein vorbereitender Ausschuß in einer kahlen Villa in Berlin-Dahlem und die Studenten waren eifrig dabei, andere Gebäude in der Nähe für die Aufnahme der Universität herzurichten. Im November prüften die Ausschüsse über 3500 Studienanwärter. Schließlich wurden in den drei bestehenden Fakultäten Philosophie, Rechts- und Wirtschaftswissenschaft und Medizin 2200 Studenten zugelassen.

Die »Freie Universität Berlin«, gegründet während der Blockade und offiziell am 4. Dezember 1948 eröffnet, stellte den Wahlspruch »Veritas - Justitia - Libertas« (Wahrheit - Gerechtigkeit - Freiheit) über ihre Arbeit.

Gegen Ende des ersten Semesters besuchten 4000 Studenten die Universität, davon kam etwa ein Drittel aus der Ostzone und dem sowjetischen Sektor von Berlin. Eine ebensogroße Anzahl hatte die Zulassung für das nächste Semester beantragt. 42 ausländische Studenten studierten an der Freien Universität.

Zur gleichen Zeit schloß die Pädagogische Hochschule, ebenfalls im sowjetischen Sektor gelegen, ihre Tore und floh nach dem Westen. Von ihren 1160 Studenten kamen 771 mit nach West-Berlin, begleitet von 78 der 104 Dozenten. Noch vor Weihnachten 1948 hatten sieben Berufs- und Fachschulen mit insgesamt 5653 Studenten und 226 Lehrern in jenem ersten Blockadejahr den sowjetischen Sektor verlassen und sich im Westen niedergelassen. Bis Ostern 1949 war diese Zahl von 7 auf 15 angestiegen. Und das, obwohl in West-Berlin eine Kohlenknappheit wie noch

161

nie herrschte. 12,5 kg betrug die zugeteilte Menge pro Person. Es war so wenig, daß die Kohlen in Einkaufstaschen vom »Kohlenhändler an der Ecke« abgeholt werden konnten. Am 1. Dezember 1948 zum Beispiel bewilligte die britische Militärregierung in einem Akt besonderer Großzügigkeit im Einverständnis mit den Amerikanern und Franzosen der BEWAG, der Berliner Kraft- und Licht-Aktiengesellschaft eine Gesamt-Sonderzuteilung von 500 Tonnen Kohle, um den Stellen, die mit der Wahl am 5. Dezember beauftragt sind, die Arbeit zu erleichtern. Aus diesem Grunde wurden für den 5. 12. die Stromsperren von 16.00 bis 17.00 Uhr und von 20.00 — 24.00 Uhr und für den 6. 12. von 0.00 — 2.00 Uhr aufgehoben.

Die Abteilung für Personal und Verwaltung des Magistrats ordnete am gleichen 1. Dezember an, daß alle Dienstgebäude wegen der Kohlenknappheit nur an besonders kalten Tagen und nur bis maximal 15 Grad Celsius geheizt werden dürfen . . .

In der Zeitchronik, die wir hier der besseren Übersicht wegen vorab zitieren wollen, lesen sich die Ereignisse des Herbst und Winter 48/49 wie folgt:

6. 9. 1948 — Das Neue Stadthaus im Ostsektor wird von Kommunisten gestürmt. Die hier residierende Stadtverordnetenversammlung verlegt unter diesem kommunistischen Druck ihren Sitz in die westlichen Sektoren der Stadt.

30. 11. 1948 — Durch die »Proklamierung« eines »Magistrats« auf einer Funktionärversammlung der SED und der kommunistisch gelenkten Massenorganisationen wird Berlin gespalten.

1. 12. 1948 — Der legale Magistrat unter dem amtierenden Oberbürgermeister Dr. Ferdinand Friedensburg (CDU) ist gezwungen, seinen Dienstsitz nach West-Berlin zu verlegen, zuerst nach Charlottenburg, später in das Rathaus Schöneberg.

4. 12. 1948 — Der zunehmend geistige Terror an der Berliner Universität im Sowjetsektor führt zur Gründung der »Freien Universität« in West-Berlin.

5. 12. 1948 — Durch ein Verbot der sowjetischen Besatzungsmacht können die Wahlen zu Stadt- und Bezirksverordnetenversammlungen nur noch in den Westsektoren durchgeführt werden.
Damit ist die Spaltung der Millionenstadt vollzogen. Die West-
Berliner bekennen sich eindeutig zur demokratischen Lebensform
des Westens. Die SED stellt sich nicht zur Wahl.

14. 1. 1949 — Ernst Reuter wird zum Oberbürgermeister gewählt.

20. 3. 1949 — Die Ostmark gilt in West-Berlin nicht mehr als
gesetzliches Zahlungsmittel. —

Am 4. 12. 1948 erscheint die »Tägliche Rundschau«, das amtliche
Organ der sowjetischen Besatzungsmacht, mit folgender Schlag-
zeile: »Westmächte wollen im Januar Berlin verlassen!«
General Clay erklärt dagegen, daß er auf alle Fälle mit seinem
Hauptquartier in Berlin bleiben werde. Auch an eine eventuelle
Evakuierung der alliierten Familien sei nicht gedacht. Die ent-
sprechende sowjetische Meldung wird von Clay als reine Propa-
ganda bezeichnet.

Die Wahlen am 5. Dezember begannen übrigens mit einer Ver-
kehrsstillegung bis 10.00 Uhr, um allen Bewohnern West-Berlins,
auch den im Sowjetsektor arbeitenden, die Gelegenheit zur Wahl-
beteiligung zu geben. Die Behörden im sowjetischen Sektor
hatten nämlich an diesem Sonntag einen sogenannten »Aufbau-
tag« durchgeführt, an dem die Bevölkerung Ost-Berlins und alle
Arbeitnehmer Ostberliner Firmen, auch die im Westen wohnen-
den, »freiwillig« und ohne Bezahlung Trümmerbeseitigungsarbei-
ten vorzunehmen hatten. Mit diesem Aufruf sollte eine geringe
Beteiligung bei der Wahl in West-Berlin erreicht werden. In
Wirklichkeit sahen die Ergebnisse dann folgendermaßen aus:

Wahlbeteiligung	86,3 %	Wahlergebnisse	
Wahlberechtigte	1 586 461	SPD —	64,5 %
Abgegebene Stimmen	1 369 492	CDU —	19,4 %
Gültige Stimmen	1 331 270	LPD —	16,1 %

Die am 4. Dezember versuchte Einschüchterung der Bewohner West-Berlins wurde mit diesem Wahlergebnis klar beantwortet. Die Bevölkerung hatte sich klar für den Westen entschieden. Und am nächsten Morgen wußte Berlin, daß die Welt diesen Ruf gehört hatte. Der Sprecher der »Stimme Amerikas« erklärte über den Rundfunk: »Die Welt hat Euren Ruf gehört. So hart dieser Nervenkrieg auch werden mag, die demokratische Welt wird Berlin und seine Bevölkerung nicht vergessen.«

Jedoch, mit leerem Magen ist Heldentum weder leicht noch von Dauer. Es gab rein physische Probleme, die zum Thema dieses Kapitels einfach dazugehören.

Im August 1948 zum Beispiel genehmigte die Kommandantur eine Sonderzuteilung von Essig und Essigsäure. Die vorhandenen Vorräte waren aufgebraucht und neue Sendungen mußten vordringlich über die Luftbrücke herangeschafft werden. Ein weiterer Kommandanturbefehl des gleichen Monats besagte, daß besondere Rationen für Tiere ausgegeben werden sollten, die für Versuchszwecke und in Vorführungen gebraucht wurden, ebenso für Zootiere, Polizei- und Blindenhunde.

Im November 1948 wurde Sacharin in großen Klumpen nach Berlin geflogen und jedem Westberliner Kartenempfänger eineinviertel Gramm zugeteilt, denn die Zuckervorräte reichten nicht aus. Einen Monat später erhielt jeder West-Berliner zwölf Tabletten Vitamin »C«, den Sondersatz aus nichtverwendeten Kriegsbeständen der amerikanischen Armee.

Viele seltsam anmutende, aber hochwichtige Maßnahmen wurden von alliierten und deutschen Stellen während der Blockade angeordnet: Die Kommandantur gab bekannt, daß die »Schwundspanne« bei Büchsenfleisch und Wurst auf 3 % begrenzt sei, bei Kaffee, Tee und Kakao auf 0,5 % und bei Käse auf 5 %. Alle Hefevorräte wurden beschlagnahmt und ausschließlich den Bäckereien und Brotfabriken zur Verfügung gestellt. Die Arbeiter auf den Berliner Flugplätzen erhielten täglich eine freie Mahlzeit von

700 Kalorien Nährwert, damit sie besser und schneller den schweren Umladearbeiten gewachsen waren. Auf besonderen Befehl wurden 45 Tonnen Mischfutter für die Pferde der Trabrennbahn Mariendorf freigegeben. Und in einem Lagerspeicher der Behala im Westhafen wurden insgesamt 942 Tonnen Mehl aus ehemals sowjetischen Armeebeständen entdeckt und sofort vereinnahmt. Die Weizenmenge wurde wie eine sowjetische »Leihgabe« verbucht und der somit von den Sowjets gegebene »Kredit« später — nach der Blockade — zurückgezahlt.

Am Tage der Wahl am 5. Dezember erhielten die Beamten, die die Wahl beaufsichtigen und die Stimmen auszählten, für ihre Arbeit Extrarationen: 200 Gramm Brot, 10 Gramm Fett, 30 Gramm Fleisch, 50 Gramm Nährmittel, 150 Gramm Kartoffeln und fünf Gramm Bohnenkaffee. Man wollte vermeiden, daß Beamte an einem für die Demokratie so wichtigen Tage »vor Schwäche infolge Unterernährung ohnmächtig« wurden.

Zu Weihnachten 1948 erhielten alle Lebensmittelkarteninhaber eine Sonderzuteilung von 100 Gramm Schokolade oder Süßigkeiten und 25 Gramm Bohnenkaffee. Im folgenden Jahr 1949 zu Ostern bekamen die Kinder 100 Gramm Schokolade und die Erwachsenen konnten 75 Gramm echten Kaffee kaufen.

Die phantastisch anmutende Vielgestaltigkeit von Planung und Organisation war ein ebenso sensationeller Teil der Blockade wie die großartige Leistung der Luftbrücke selbst. In den schlechterleuchteten Büros des Magistrats und der Alliierten Kommandantur saßen die Fachleute oft bis tief in die Nacht und überdachten angestrengt die tausend verwickelten Fragen der Versorgung.

Wie ein Westberliner Normalhaushalt die Blockade überlebte: da müßte man genauso viele Betrachtungen schreiben wie Haushalte existieren. So kann nur der Lebensweg meiner eigenen Familie hier illustrierend angeführt werden. Lange vor dem Hellwerden morgens schrillte der Wecker und riß die ganze Familie aus dem Schlaf. Unser Vater grunzte, drehte sich halbwach im

Bett herum und rüttelte Mutter an der Schulter. »Es ist schon Morgen«, sagte er, »Ich mach noch mal n'Augenblick die Augen zu. Ist gestern wieder spät geworden, die Fahrerei mit den Franzosen.«

Unsere Mutter, es gibt sie in jeder Stadt, in jedem Lande der Welt, öffnet langsam die Augen und blinzelte ins graue Dämmerlicht. Sie war immer als erste aus dem Bett, die Vorhut der Familie im alltäglichen Kampf — aber sie war es gewöhnt und klagte nicht.

Sie warf sich einen Morgenrock um die Schultern und ging in die Küche. Auf dem Flur stieß sie die Tür zum Jungszimmer auf, unsere Schwester schlief im Wohnzimmer, und rief dem Ältesten zu: »Los Peter, es ist Zeit zum Aufstehen. In zehn Minuten bist Du fertig gewaschen und angezogen, ja?« Mein Bruder mußte jeden Tag früh raus, weil er in Babelsberg Gärtner lernte und mit der S-Bahn eineinhalb Stunden bis nach dort brauchte. Ich selbst, 1948 gerade zehn geworden, konnte noch eine Zeitlang im Bett bleiben.

In der Küche öffnete Mutter die Thermosflasche mit lauwarmem Kaffee, den sie am Vortag während der kurzen Stromstunden angewärmt hatte. In einem anderen Warmhaltegefäß, oftmals auch unter dem Kaffeewärmer, war ebenso lauwarme Suppe, und im Backofen standen grauweiße, alte Brötchen, die sie in feuchte Tücher gewickelt hatte, damit sie nicht hart wurden. Die winzigen Butter- und Margarinerationen sparte sie zum Sonntag auf, alltags wurden die Brötchen trocken vertilgt.

Sie ertastete sich den Weg zum Küchenschrank und nahm eine Kerze heraus. (Tropfen von Kerzenwachs — überall — waren der Schrecken der Berliner Hausfrauen während der Blockade). Es war 5.45 Uhr und Strom gab es in dieser Woche erst von 8 bis 10 Uhr. Als die Kerze ihren flackernden, schwankenden Schein gegen die ungestrichenen Wände der Küche warf, erschien die Familie.

166

Vater stolperte verschlafen ins Bad und fing an, sich mit eiskaltem Wasser, einer stumpfen Rasierklinge und einem Minimum an Rasiercreme zu rasieren. Er brummte dauernd vor sich hin und schimpfte im besten Berliner Jargon über die Schwierigkeiten des Lebens im allgemeinen und die des Rasierens im besonderen. Der Älteste, ein 17-jähriger Junge, kam gerade aus dem Bad. Er sah saubergewaschen und helläugig aus, wie Berliner nun einmal aussehen, selbst in schweren Zeiten wie jetzt. Seine Kleidung war graufarbig, abgetragen und geflickt, aber brauchbar.

Als sie bei Tisch saßen, merkte die Mutter, daß der Kaffee heute zu kalt war. Sie griff in eine Schublade und holte eine kleine Tablette heraus, die sie unter einen Kochtopf legte und anzündete. Dann goß sie den fast kalten Kaffee in den Topf und machte ihn heiß. Es war die vorletzte Tablette Trockenspiritus, die sie besaß und Gott allein wußte, wann der Kaufmann wieder welche hatte. Aber es war besser, den heutigen Tag mit heißem Kaffee anzufangen als mit kaltem.

Um 6.15 Uhr gingen Vater und der Älteste zur Arbeit. Der Vater hatte immer noch (wie lange, das stand in den Sternen) seine Arbeit als Kraftfahrer. Morgens holte er mit seinem Bus Franzosen aus Frohnau ab und brachte sie zum neuen Flugplatz Tegel, abends fuhr er die umgekehrte Tour und tagsüber brachte er mit dem Trecker Schutt und Schrott auf den Flughafen. Der älteste Sohn mußte bis zur Putlitzstraße zu Fuß gehen, um seine S-Bahn Richtung Potsdam zu erreichen, in Westkreuz hatte er umzusteigen.

Inzwischen flickte Mutter zu Hause ein zerbrochenes Fenster mit Pappstückchen. Zwischen dreiviertel sieben und sieben weckte sie Anne und mich und bereitete unser Frühstück vor. Um $^1/_2$8 Uhr machten wir uns auf den Schulweg zur Ofenerstraße am Wedding. Mutter beeilte sich mit der Hausarbeit und fing um 8.00 Uhr an zu bügeln, so lange das tägliche Stromkontingent reichte. Um 9.00 Uhr war das Haus leer, denn auch Mutter hatte sich auf den

Weg gemacht. Schnell eilte sie durch die Straßen in Richtung Saatwinkler Wald, um dort Zweige und Stubbenstücke für das abendliche, wärmende Feuer zu sammeln. An einer verkehrsreichen Straßenkreuzung, heute heißt sie Kurt-Schumacher-Platz, blieb sie einen Augenblick stehen und horchte auf den RIAS-Funkwagen, dessen Lautsprecher täglich die neuesten Nachrichten über die Straßen schrie, damit die Menschen, die entweder kein Radio hatten oder es nicht anstellen konnten oder gerade Stromsperre hatten, dennoch auf dem laufenden gehalten wurden.

Im Vorbeigehen trat sie in eine Drogerie und kaufte eine Packung Watte, damit Mann und Kinder sich des Nachts zum Schutz gegen das anhaltende, donnernde Motorengeräusch der Luftbrücke ihre Ohren zustopfen konnten. Sie kaufte eine Zeitung, die auf magere vier Seiten zusammengeschrumpft war, denn auch Zeitungspapier mußte, wie alles, über die Luftbrücke hereingeflogen werden, drehte sie um und las die Meldungen über die neuesten Lebensmittel- und Brennstoffzuteilungen. Da stand:

»Ein 475 Gramm-Weißbrot auf Abschnitt 500-W der Brotkarte, in Verbindung mit Sonderabschnitt B der Fleischkarte. Einen Berechtigungsschein für drei von der Stadt gehackte Stubben auf je einen Abschnitt der Brennstoffkarte. Ein Pfund Salzgemüse und 62,5 Gramm Trockengemüse auf Abschnitt K-2 und K-6; 62,5 Gramm Trockengemüse extra für Diabetiker und Blutspender auf Abschnitt B der zusätzlichen Lebensmittelkarte. Statt frischer Kartoffeln werden in der dritten Dekade Trockenkartoffeln im Verhältnis 1:5 ausgegeben . . .«

Nachdem die Mutter ihren Sack voller Holzstücke und Zweige heimgeschafft hatte, ging sie einkaufen und mußte zwei Stunden in einer langen Schlange klatschender und meckernder Hausfrauen stehen. Es gab kein Fleisch, aber dafür Trockenfisch. Sie kaufte auch getrocknete Bohnen, getrocknete Mohrrüben und Trockenkartoffeln. Außerdem Suppenpulver, Eipulver, getrocknete Pflaumen, eine Handvoll kanadisches Mehl, das per Schiff

168

und Luftbrücke 10 000 Kilometer weit transportiert worden war und ein paar Gramm pulverisierten Ersatzkaffee aus gerösteter Gerste, der aus dem Rheinland kam.

Eine Bekannte, die unerlaubterweise versucht hatte, im sowjetischen Sektor einzukaufen, erzählte ihr im Laden, daß ein »Vopo« (ein Volkspolizist) sie an der Sektorengrenze angehalten und vier Pfund Frischkartoffeln und einen Blumentopf, den sie verschenken wollte, beschlagnahmt habe.

Frischkartoffeln waren nämlich ein Artikel, der im Berlin der Blockadezeit äußerst selten war. »Normalnahrung« war das berühmte »POM«, jenes Kartoffelpulver, das diesen so »herrlichen« Brei ergab, der uns wochenlang den Magen verkleisterte. Glücklich war man, wenn man mit viel Geschick die Büchsen riesiger geschälter Kartoffeln aus Irland erstehen konnte. Erwähnenswert auch die neben POM und anderen Trockenmaterialien dominierenden Butterkekse aus den K-Rationen der Amerikaner, die die Berliner dann zum Sonntagnachmittagskaffee dazuaßen.

Schnell eilte Mutter noch zum Friseur. Sie mußte pünktlich sein, wenn sie ihre Anmeldung nicht verlieren wollte, denn auch Berlins Friseure hatten nur zu einer bestimmten Zeit Strom. Dort erzählte man ihr, daß der neue Leseraum, den die Franzosen in der Nähe eröffnet hatten, hell und warm sei; und außerdem hörte sie, daß das Kino an der Ecke jetzt einen eigenen Generator habe und daher auch während der Stromsperrstunden Filme zeigen könne.

Auf dem Heimweg traf Mutter noch eine Nachbarin und tauschte zwei Seifenmarken gegen eine Fettmarke. Sie dachte, daß sie einen guten Tausch gemacht habe. Als sie abends alle Rationen auf dem Küchentisch ausbreitete, um sie Vater zu zeigen, betrachtete dieser die bunte Sammlung getrockneter und pulverisierter Lebensmittel, sah nachdenklich auf ein Buch aus der Leihbücherei und meinte: »Ob dieses Buch wohl auch über die Luftbrücke gekommen ist?«

Das Buch trug den Titel »Trockener Humor.« —

Eine andere Geschichte mit wesentlich ernsterem Hintergrund erzählte uns Herr Herbert Monien aus Berlin-Wilmersdorf, der mit seinen Kameraden Klaus Mergener aus Lichtenrade und Max Schmidt aus der Kleiststraße am Abend des 15. November 1948 mit seinem Jeep bei dichtem Nebel unterwegs zur Wachablösung auf dem Flughafen Tempelhof war. Das amerikanische Marine-Transportflugzeug mit dem Piloten Captain Armand Grenadier landete gerade. »Wir konnten hören, wie die Bremsen der landenden Maschine unnatürlich laut kreischten«, erinnert sich Herbert Monien, »und dann sahen wir in der beginnenden Dunkelheit eine schwerbeladene Skymaster über die Landebahn hinausschießen. Sie geriet auf die Gleise der Mittenwalder Eisenbahn, die damals das Ende der Rollbahn kreuzte. Dabei riß das Bugrad ab. Nach einer Detonation stand der ganze Bug der Maschine in Flammen. Als wir herankamen, sahen wir, was das Flugzeug geladen hatte. Mein Gott, ich hätte nie gedacht, daß Zucker so brennen könnte.«

Wie Herbert Monien weiter berichtet, konnten zwei der Besatzungsmitglieder aus der Maschine springen. Der dritte, eben Captain Grenadier, verhakte sich mit seinem Fallschirm an der Bordtür, riß sich noch los, blieb aber unmittelbar vor dem brennenden Wrack liegen. Seine Fliegerkombination hatte Feuer gefangen, er war bewußtlos. Den Deutschen gelang, den Flieger zu bergen, die Flammen an seinem Körper zu ersticken. Wie Monien weiter erzählt, kam »die Feuerwehr, als wir längst weg waren und hat noch eine halbe Stunde nach den Leichen gesucht.« Die drei Deutschen hatten die Flieger inzwischen direkt ins Lazarett gebracht.

»Meine Kameraden und ich erhielten einige Tage später von General Clay eine Auszeichnung zur Belohnung. Viel lieber aber war uns der Scheck, der uns zum Einkauf von Lebensmitteln in einem amerikanischen Geschäft berechtigte.«

170

PRAXIS UND ORGANISATION

Außer Büchern kam in jenen kritischen Monaten aber auch wirklich alles über die Luftbrücke nach West-Berlin. Kohle war eine derartig wichtige, andererseits aber schwer zu transportierende Ware, daß man versuchte, die unter dem Boden Berlins vorhandenen Kohlenlager auszuschlachten. Es war bekannt, daß in Reinickendorf, Marienfelde und Spandau Braunkohlenlager existierten, aber die Ausbeutung war in normalen Zeiten als wirtschaftlich unrentabel angesehen worden. Jetzt aber erschien den Verantwortlichen die Sache lohnend.

Mit Zustimmung der französischen Militärregierung vom 27. 12. 1948 nahm man zunächst einige Torfstechversuche im Hermsdorfer Moor in Reinickendorf vor, die aber negativ verliefen. Daraufhin erteilte am 29. 12. 1948 der Magistrat die Erlaubnis zur Untersuchung der Braunkohlenvorkommen in West-Berlin. Kohlenschürfgeräte und Bergbauingenieure wurden aus Essen herübergeflogen und nahmen an 15 Stellen Probebohrungen vor. Man wollte feststellen, ob täglich 500 Tonnen Kohle gewonnen werden könnten, eine Menge, für deren Transport 50 Skymaster-Flugzeuge erforderlich wären. Da sich einige Wochen später jedoch herausstellte, daß täglich nur knapp 100 Tonnen unter sehr hohen Kosten gewonnen werden konnten, wurde das Projekt fallengelassen.

Kohle wurde nicht nur zum Heizen gebraucht, das merkten die Berliner sehr bald. Damals war die Atomenergie nur für militäri-

171

sche Zwecke entwickelt und Heizöl als Wärmespender hatte noch nicht die Bedeutung wie heute. So war Kohle die Grundlage der Zivilisation. Schon in den ersten Julitagen 1948 wurde der Transport harter Brennstoffe in all seinen Formen — Anthrazit, Braunkohle, Steinkohle, Nußkohle, Kohlenstaub, Koks, Briketts usw. — zum schwierigsten Problem für die Luftbrücke.

Übrigens mußten im alltäglichen »Linienbetrieb« nach Berlin die Kohlen vor dem Abflug angefeuchtet werden. Einmal beeinflußte man damit negativ die Bildung von Kohlestaub, zum anderen verminderte sich die Entzündungsgefahr während des Fluges. Aufgrund des höheren Gewichtes der angefeuchteten Ladung ergab sich zwar eine raummäßig reduzierte Zuladung, aber das Risiko war eben überschaubarer. Trotzdem kamen mit jedem Flug immer noch 160 bis 180 Kohlensäcke nach Berlin.

Zuerst wurde die Kohle in Soldaten-Seesäcken transportiert, später in Hanfsäcken, die in Westdeutschland hergestellt wurden, und schließlich — was sich als das Beste erwies — in wasserdichten Papiersäcken. Trotzdem bereitete der Kohlenstaub dem Bodenpersonal, das die Flugzeuge instand halten mußte, erhebliches Kopfzerbrechen.

Eine schnelle und gründliche Inventur erfaßte alle Kohlevorräte in West-Berlin in Fabriken, Gaswerken, Elektrizitätswerken, Kaufläden, Krankenhäusern, Schulen und öffentlichen Gebäuden. Man hätte das Ergebnis voraussagen können, wenn auch nicht mit solcher Genauigkeit: bei normalem Verbrauch reichten die Kohlen nur für 10 Tage, in den Haushalten für etwa 45 Tage. Die alliierte Kommandantur und der Magistrat entschieden, daß Elektrizität für das Leben in der Stadt wichtiger sei als Gas. Sofort wurden insgesamt 11 150 Tonnen Kohle aus den Vorratslagern der Gaswerke Tegel, Charlottenburg, Neukölln und Mariendorf in die E-Werke Moabit, Spandau, Schöneberg, Steglitz und Wilmersdorf geschafft. Gas gab es natürlich jetzt viel weniger, wie die Westberliner Hausfrauen bald merkten. Dem Verfasser ist ein Fall bekannt, in dem einem Verbraucher morgens ohne Vorankündigung einfach das Gas abgestellt wurde, weil er sein Kontingent schon zum zweiten Male überschritten hatte. Zur Strafe bekam er vier Wochen überhaupt kein Gas.

Aber die Stromversorgung, obgleich auch keineswegs ausreichend, war wichtiger und hatte Vorrang. Am 19. Juli 1948 wurden in Schulen, Krankenhäusern, Fabriken, Theatern und bei anderen Verbrauchern, außer natürlich in den Gas-, Elektrizitätswerken und den Wasserversorgungsanlagen, alle Kohlenvorräte, »die einen Normalbedarf von 10 Tagen überschritten«, beschlagnahmt. Kohlenbestände von mehr als fünf Tonnen mußten der Aufsichtsbehörde gemeldet werden.

Durch diese Maßnahmen und durch Ankünfte der ersten über die Luftbrücke hereingeflogenen Tonnen Kohle wurde im August 48 die Freigabe von 12 617 Tonnen festen Brennmaterials, zusätzlich zu der »Eisernen Reserve« von 30 000 Tonnen für Gas-, Wasser- und Elektrizitätswerke, ermöglicht. Verglichen mit den Verbraucherzahlen vom Juli 1938 — allerdings bezogen auf die gleiche Einwohnerzahl von 2 045 000 in den Westsektoren — in Höhe von 325 000 Tonnen waren diese rund 43 000 Tonnen 1948 natürlich nur ein »Tropfen auf dem heißen Stein«.

Die Kohlenverteilung an die Verbraucher, damals eine äußerst ernste Angelgenheit, vermag uns heute nur ein müdes Lächeln abzulocken, die wir uns so lange schon wieder an normale Zeiten gewöhnt haben. Bäckereien und Brotfabriken verbrauchten am meisten, abgesehen von dem riesigen Konsum der Versorgungsbetriebe. Sie erhielten insgesamt 6000 Tonnen Braunkohlenbriketts im Monat. Der Post- und Telegrafendienst benötigte am wenigsten und erhielt dementsprechend nur drei Tonnen Steinkohle und 22 Tonnen Briketts. Dazwischen lagen alle möglichen Verbraucher: Krankenhäuser zum Beispiel erhielten 5000 Tonnen, Gefängnisse (!) 50 Tonnen, Wäschereien 875 Tonnen, Restaurants und Kantinen zusammen 300 Tonnen. Privathaushalte erhielten im Juli 1948 zunächst keine Kohlen. Aber das war nicht so schlimm, denn Berlin briet in der sommerlichen Hitze.

Erst als Ende September 1948 kalte Winde an den kommenden Winter erinnerten, waren die zuständigen Stellen in der Lage, einen (in Ziffern: 1!) Zentner Kohlen an Familien mit zwei und mehr Kindern unter zehn Jahren abzugeben. Ebenfalls im September wurde angeordnet, daß jegliche Zentralheizung in Fabriken, Anstalten, Krankenhäusern und öffentlichen Gebäuden zu unterlassen sei. Im Oktober wurde den Krankenhäusern allerdings eine geringe Beheizung zugestanden, wie hoch, entzieht sich der Kenntnis des Verfassers, aber es mögen 12 bis 14 Grad Wärme maximal gewesen sein. Alle anderen Betriebe und die Schulen blieben während des ganzen Winters ungeheizt. Erst gegen Mitte November reichten die Vorräte zu einer geringfügigen Kohlezuteilung für Familien ohne Kinder. Und auch dann standen nur 22 000 Tonnen zur Verfügung — 22 000 Tonnen für über zwei Millionen Menschen —, so daß rechnerisch etwa 21 Pfund pro Kopf herauskamen. Aber aufgrund besonderer Bevorzugung von Alten und Kranken, Kindern und Krüppeln erhielt schließlich jede kinderlose Familie nur 12,5 kg.

Dann kam der für die Berliner vielleicht härteste Schlag der ganzen Blockade. Die Beamten der Alliierten Kommandantur zerbrachen sich den Kopf, womit man denn um Himmelswillen im kommenden Winter die Wohnungen heizen sollte. Die Luftbrücke konnte einfach nicht genug Kohle herbeischaffen, um auch noch die privaten Haushalte ausreichend zu versorgen.

»Es gibt keinen anderen Ausweg«, sagten sie sich, »wir müssen den Berlinern befehlen, ihre Bäume abzuhacken!« Der deutsche Berater wies darauf hin, daß die Berliner, wie alle Deutschen, eine besondere und traditionelle Vorliebe, ja beinahe eine Verehrung, für ihre Stadtbäume haben. »Würden die Berliner aber lieber frieren, als sich mit ihren Bäumen die Zimmer zu heizen?« Diese Frage wurde lange hin und her abgewogen, aber die Ge-

174

sundheit der Bevölkerung stand auf dem Spiel und man wußte um die Gefahr von Epidemien in einer ungeheizten Stadt, der lange Winter 1946/47 lag noch nicht lange zurück. Schließlich erhielt Oberbürgermeister Ernst Reuter am 7. Oktober 1948 folgenden Kommandanturbefehl: »Die augenblickliche Situation macht es notwendig . . . in den Westsektoren zusätzliches Brennmaterial zu gewinnen. Stellen Sie einen Plan auf zur Beschaffung von 350 000 Raummetern Holz aus den Wäldern, Parks, öffentlichen Gärten, Straßen und Privatgärten Berlins . . . bis zum 31. Januar 1949.«

Ein Aufschrei, nicht der Entrüstung, sondern der Trauer, ging durch West-Berlin. Der Berater in der Kommandantur hatte doch Recht gehabt: Die Berliner wollten lieber frieren, als ihre Bäume zu zerkleinern. Man machte den Alliierten einen Gegenvorschlag: es sollten »nur« 120 000 Raummeter, also ein Drittel der geforderten Menge, geschlagen werden. Die Alliierten waren zu einem Kompromiß bereit: »Wir teilen mit Ihnen den Wunsch, die Bäume Berlins zu erhalten und die Schönheiten der Stadt und der Parks zu bewahren. Wir sind mit 120 000 Raummetern einverstanden, bestehen aber darauf, daß weitere 150 000 Raummeter geschlagen werden, falls der Winter sehr kalt oder die Luftbrücke nicht in der Lage sein sollte, ihre geplanten Kohlelieferungen auch durchzuführen.«

Ein milder Winter machte dann die Abholzung der zusätzlichen Menge doch unnötig. Trotzdem: an den Wunden dieser 120 000 Raummeter Holz hat Berlin noch heute zu tragen.

Leider hatten die Berliner, das sei noch hinzugefügt, an der wohlgemeinten Abschlachtung ihrer Bäume nur wenig Freude.

Kurz vor Weihnachten erhielt jede Familie ihr Brennholz, übelriechend, feucht und qualmend. Diese zusätzliche Wärme dauerte nur wenige Tage, die Narben in den Parks, Straßen und im Tiergarten zum Beispiel sind heute noch nicht ganz verheilt.

Die Bilder jener Herbsttage 1948 gehören für einen Berliner zu den unvergeßlichsten Eindrücken. Man sah alte Männer, Frauen und Kinder am Straßenrand an den widerspenstigen »Stubben« herumhacken, so bezeichnet man in Berlin die Baumwurzeln, alte Leute zogen Kinderwagen mit Holz und Reisig, wir Kinder hingen an Kohlenwagen und »klauten«, wenn der Kutscher nicht aufpaßte, die Briketts vom Wagen runter oder liefen hinterher, um die heruntergefallenen Kohlebrocken einzusammeln. Manchmal halfen wir auch mit einem Stock nach, Kohlen auf der Straße zu »finden«, war ja nicht verboten.

Hatte man einen »Leseschein« zur Erlaubnis, einen Stubben zu holen, ergattert, vorher mußte man zehn leere Stubbenlöcher dafür zuschütten, so brauchte man, laut Auskunft eines Sachverständigen, »fünf Stunden, um einen 30-Kilo-Stubben auszugraben, weitere sechs Stunden, um ihn zu zerhacken und in brauchbare Stücke zu zersägen. Gute 72 Stunden brauchte das Holz zum Trocknen, um schließlich acht Stunden Wärme zu geben«.

Die gesamte Organisation der Luftbrücke gliederte sich in folgende Komponenten:

1. Alliierte Stellen

   Die Verwaltung der Westzonen und Berlins lag 1948/49 unter der Kontrolle der Besatzungsmächte, die sich in folgenden Abteilungen aufgliederten:

   a) Bipartite Control Office (BICO)

      Die BICO (Food, Agriculture and Foresty Group) hatte die Verantwortung für die Sicherstellung der Ernährung West-Berlins und übte Weisungsrechte gegenüber eingeschalteten westdeutschen Stellen aus. Gegenüber dem Magistrat von Berlin war die Alliierte Kommandantur zwischengeschaltet.

      Die BICO teilte im Einvernehmen mit militärischen Dienststellen den auf den einzelnen Flugplätzen zur Verfügung stehenden Lufttransportraum zu und stellte die Anforderungen aufgrund des Berliner Beschaffungsplanes.

      Am Ende der Blockade wurden die alliierten Kontrollen gelockert, jedoch erst am 15. 8. 1949 die Alleinverantwortung für den Transport dem Magistrat übergeben.

b) Joint Foreign Exchange Agency (JEIA)

Die wesentliche Tätigkeit der JEIA beschränkte sich auf die Importe von Ernährungsgütern unter Einschaltung der Behörden der westdeutschen Ernährungsverwaltung.

In Sonderfällen zum Beispiel bei Trockengemüse und Trockenkartoffeln trat jedoch die JEIA unter Umgehung deutscher Stellen auch als Direkteinkäufer auf und lieferte die Ware über die Luftbrücke nach Berlin.

c) Office du Commerce Extérieur (OFICOMEX)

Die Lebensmittellieferungen über die französische Besatzungszone, soweit sie aus Importen stammten, wurden von dieser Stelle durchgeführt.

Erst am 18. 10. 1949, lange nach Beendigung der Luftbrücke und der Blockade, erfolgte die Verschmelzung mit der JEIA.

d) Alliierte Kommandantur Berlin

Wie schon ausgeführt, war die Alliierte Kommandantur zwischen Magistrat und BICO eingeschaltet, zum Beispiel bei Weiterleitung des Beschaffungsplanes. Fragen der Versorgung wurden vom sogenannten Ernährungsausschuß der Alliierten Kommandantur bearbeitet, der der Abteilung Ernährung des Magistrats Weisungen gab und im Auftrage der BICO den zur Verfügung stehenden Frachtraum mitteilte.

e) Militärische Stellen

Lufttransportraum wurde fast ausschließlich von den Luftwaffen der USA und Großbritannien zur Verfügung gestellt, die Beteiligung der französischen Luftwaffe war unbedeutend. Die Luftwaffeneinheiten waren zur sogenannten »Combined Airlift Task Force« unter einheitlichen Oberbefehl gestellt.

Der Transport selbst war Sache der Luftwaffenstellen, der BICO usw. Die Einwirkung der militärischen Stellen bei Annahme der Waren in den Lägern wurde bei USAF und RAF unterschiedlich gehandhabt (Kontrollmöglichkeiten usw., wir erinnern uns).

2. Deutsche Stellen

I) Westdeutsch

a) Verwaltung für Ernährung, Landwirtschaft und Forsten (VELF)

Die VELF hatte die Aufgabe, in den Westzonen bewirtschaftete Waren für Berlin freizustellen, insbesondere Bulk-Artikel wie Mehl, Zucker usw. Es gab oftmals Schwierigkeiten, weil diese Artikel in den Westzonen nicht genügend vorhanden und daher importiert werden mußten. Durch die VELF wurden zum Beispiel etwa 140 westdeutsche Betriebe für die Herstellung von Trockenkartoffeln eingesetzt. Ein Sonderstab für die Transportlenkung auf den Abflughäfen stellte eine Erweiterung des bisherigen Referats Versorgung Berlin dar.

b) Geschäftsabteilung verschiedene Waren (GVW)

Die GVW wurde von der VELF als Verkäufer von Waren eingesetzt, die aus anderen Programmen zurückbehalten worden waren beziehungsweise für Berlin abgezweigt wurden. Die GVW trat hierbei als selbständiger Geschäftspartner auf, der Warengegenwert wurde in voller Höhe vom Magistrat ersetzt. Daneben war die GVW im Raume Hamburg — Lübeck als Außenstelle des Berliner Magistrats tätig.

II) Berlin

a) Magistrat von Berlin

Diese deutsche Verwaltung übte ihre Tätigkeit nach Beginn der Blockade zunächst ohne wesentliche Veränderungen aus, obwohl die Versorgung der Lebensmittel für den Ost- und die Westsektoren von nun an unterschiedlich gehandhabt wurde. Nachdem Anfang September durch Störung von Kommunisten die im »Roten Rathaus« stattfindende Stadtverordneten-Versammlung unmöglich gemacht wurde, fand am 6. 9. 1948 erstmals eine Tagung im Haus am Steinplatz statt. Am

30. November wurde im Ostsektor ein sogenannter provisorischer Magistrat gebildet und Friedrich Ebert zum Oberbürgermeister gewählt. Dieser wurde vom sowjetischen Stadtkommandanten am 2. 12. 1948 anerkannt. Der bisherige Magistrat nahm seine Tätigkeit daraufhin im Rathaus Schöneberg in West-Berlin auf. Am 5. 12. 1948 erfolgten die Wahlen in West-Berlin zu einem neuen Stadtparlament. Ernst Reuter wurde am 8. 12. 1948 als Oberbürgermeister von der Stadtverordneten-Versammlung wiedergewählt.

b) Unterabteilungen des Magistrats von Berlin

    Abteilung Ernährung gliederte sich in:

        Haupternährungsamt

        Hauptamt für Verbrauchsregelung.

Das Bodenpersonal auf den Flugplätzen hatte inzwischen ganz andere Sorgen. Nach 50 Stunden Flugzeit wurde jedes Flugzeug zur genaueren Überprüfung einige Stunden aus dem Verkehr genommen und nach 200 Stunden zu einer viertägigen, gründlichen Überholung nach Oberpfaffenhofen in Bayern oder Burtonwood in Lancaster/England geflogen. Nach einer 1000-stündigen Flugzeit schickte man die Flugzeuge über den Atlantik, damit sie in Fabriken in Long Island, Texas oder Kalifornien, Werksniederlassungen der Douglas-Werke, mindestens zwei Wochen lang grundüberholt und überprüft werden konnten.

Trotz aller Findigkeit, über den Kohlenstaub in den Flugzeugen und die Montagebühnen aus Bettgestellen sprachen wir schon, reichten die Depots in Europa und den USA nicht aus, um den dauernden Bedarf an Ersatzteilen für die Luftbrückenflugzeuge zu decken. Vorratslager in Japan, Alaska und auf den Karibischen Inseln wurden geplündert und das benötigte Material mit C 74-Globemaster-Maschinen rund um den halben Erdball nach Deutschland geflogen. Schlechtwetterperioden verlangsamten das Unternehmen. Dann war es leichter, Ersatzteile für die Flugzeuge zu beschaffen und die Reparaturen konnten mit mehr Ruhe durchgeführt werden, weil das Bodenpersonal mehr Zeit für seine Arbeit hatte. Kaum war der Himmel wieder klar, so wurden alle Flugzeuge sofort eingesetzt — mit dem erschreckenden Ergebnis, daß viele von ihnen nach wenigen Tagen schon wieder reparatur-bedürftig waren.

Den Erfolg der Instandhaltungsarbeiten auf den Basen kann man daraus ermessen, daß von 6569 Flugzeugen, die in einem Monat in Tempelhof landeten, nur 92 an Ort und Stelle repariert wer-den mußten. Bei den anderen konnte man mit den Reparaturen warten, bis das Flugzeug zur nächsten Inspektion flog. —

Oberpfaffenhofen im Herbst 1948: Es regnet wie aus Gieß-kannen. Ringsum auf dem Platz herrscht ohrenbetäubender Lärm. Hier werden Motoren zum Probelauf angelassen, dort singen Bohrmaschinen und einige Schritte weiter dröhnen Hammer-schläge auf blankes Metall. Ein Luftwaffenmechaniker kommt vorbei. Sein Overall ist ölverschmiert. Die ehemals olivgrüne Farbe kann man nur noch ahnen. Was er nun schildert, können die Piloten nur zum Teil erfassen. Von dem, was sich hier ab-wickelt, werden die Luftbrücken-Flieger immer wieder in Erstau-nen versetzt: »Wir haben täglich über 800 Motoren zu überholen und vier davon müssen ganz ausgewechselt werden. Man rechnet für die durchschnittliche Laufzeit eines Triebwerkes mit 1050 Stunden. Danach wird es durch ein neues ersetzt.

Zu Anfang sah es mit den Ersatzteilen schlimm aus, doch jetzt kommen laufend Teile aus den Staaten. Die Skymaster, die wir hier haben, sind ja alles umgebaute C-54 E, die neue Bezeich-nung lautet C-54 M. Sie sind für den speziellen Gebrauch der Luftbrücke. Einzelteile haben wir jetzt reichlich auf Lager.«

Was weder der Mechaniker noch die Piloten wissen, ist die enorme Zahl von verbrauchten Einzelteilen und anderen Baugruppen im Verlauf der Luftbrücke. Die Nachschubziffern verdeutlichen den gewaltigen Verbrauch an Zubehör, ohne den die ganze Aktion un-denkbar gewesen wäre. Rund 1200 neue Motoren und 10000

Reifen werden geliefert. Andere wichtige Ersatzteile kommen ununterbrochen aus den USA. Darunter sind 50000 Bremstrommeln
und über 3500 Meter an Schläuchen für Benzin-, Öl- und Hydrau-
likleitungen.
In der Zeit von 1. Dezember 1948 bis 30. April 1949 werden insgesamt 874 200-Stunden-Inspektionen vom Bodenpersonal ausgeführt.
Eine andere eindrucksvolle Zahl: Vom Beginn der Luftbrücke bis
1. Mai 1949 werden 85205 GCA-Landungen abgewickelt. Diese
Zahl beinhaltet Landungen auf den Flugplätzen Frankfurt-Rhein-
Main, Wiesbaden, Faßberg, Celle und in Berlin Tegel und Tempelhof, also ausschließlich USAF-Landeplätzen. Von diesen sind
nur 1103 Fehlanflüge, bei jeder Art von schlechtem Wetter. Allein
im Februar 1949, dem »Big month of GCA activity«, wurden 9705
Landungen im Blindlandeverfahren abgewickelt.
Besondere Flugschulungslehrgänge wurden in den Vereinigten
Staaten durchgeführt, um den Flugzeugbesatzungen die schwierigen Einzelheiten des Verbandfluges und des schnellsten Startens
und Landens beizubringen. In Montana wurde ein Versuchs-Luft-
korridor mit Anflugwegen eingerichtet und Hunderte von Fliegern
erhielten dort ihre Ausbildung, bevor sie nach Deutschland geschickt wurden. Bei den Schulungslehrgängen herrschten die gleichen Navigationsverhältnisse wie bei der Luftbrücke in Deutschland.
Der praktische Flugbetrieb nach Berlin wurde erschwert durch
die schmalen Luftkorridore, die jedes Manövrieren unmöglich
machen. Wenn ein schwerbeladenes Flugzeug beim ersten Anflug
den Landeplatz verpaßte, mußte es nach dem Westen zurückfliegen und konnte erst von dort aus wieder in die große Kette ein-
schwingen. Die Flugdisziplin war ungemein streng, wie man an
dem Kurs sehen kann, den ein Flugzeug vom Rhein-Main-Flughafen nach Berlin nahm.
Nach dem Start stieg die Maschine über Darmstadt auf eine Höhe

von 1000 Metern, erreichte über Aschaffenburg ihre vorgeschriebene Höhe, die je nach Flugeinteilung und Wetter zwischen 1000 und 2000 Metern lag, drehte dann um 45 Grad in Richtung Nordosten, hart an der Grenze zwischen der amerikanischen und der sowjetischen Besatzungszone. Über Fulda meldete der Pilot seine Ankunftszeit, natürlich waren alle Uhren genau synchronisiert. Das ihm folgende Flugzeug konnte daran den Zwischenraum überprüfen und dafür sorgen, daß es genau drei Minuten, nicht mehr und nicht weniger, zurücklag. Hinter Fulda verschwanden die Bodenlichter und Scheinwerfer und der Pilot flog im Blindflug über die Sowjet-Zone — immer mit der festgesetzten Fluggeschwindigkeit von 270 Kilometern pro Stunde. Der Korridor war nur 32 Kilometer breit und bei dieser Geschwindigkeit überflog man nur zu leicht in wenigen Minuten seine Grenzen.

Genau 40 Minuten nach Verlassen des Funkfeuers Fulda stellte der Pilot sein Funkgerät auf die Frequenz 118,7 Tempelhofer Feld ein, die genaue Höhen- und Zeitangaben durchgab. Jetzt hatten die Tempelhofer Controller das Flugzeug übernommen und führten es im großen Bogen über die südlichen Außenbezirke zum Flughafen. Die Maschine verringerte ihre Geschwindigkeit auf 225 Kilometer je Stunde und ging auf eine Höhe von 700 Metern hinab. 500 Meter über Berlin waren Position, Höhe und Flugrichtung der Maschine ganz klar im Radargerät auf dem Flugplatz erkennbar. Bei klarem Wetter leitete ein Funkspruch den Piloten in die richtige Landeposition und dann lag die Landung in der Hand des Piloten und war Gewohnheit.

Aber bei schlechter Witterung — das Wetter über Berlin ist meist unbeständig und war öfter schlecht als gut — mußte der Controller im Radarturm das Flugzeug über Funk »heruntersprechen«. Er benutzte dazu ein kompliziertes GCA-Verfahren (Ground Controlled Approach). Auf diesem GCA-System beruhte ein großer Teil des sensationellen Erfolges der Luftbrücke. Es arbeitet mit zwei getrennten Geräten, die über eigene Antennen Strahlen aussenden. Die ankommenden Flugzeuge werden in einer Entfernung von rund 50 km vom Flugplatz durch ein Rundsichtradar (mit rotierender Antenne) erfaßt und im Kontrollturm auf einem Bildschirm mit eingezeichneten Entfernungskreisen abgebildet. Durch Sprechfunkanweisung wird das Flugzeug über einen bestimmten Kurs — um die Maschine auf dem Bildschirm identifizieren zu können — zum Anflugsektor geleitet. Hier überwachen den eigentlichen Landeanflug zwei Präzisions-Radargeräte, die die Höhen- und Seitenlage des Flugzeuges auf den Bildschirmen festhalten. Die Abweichungen von der eingezeichneten Sollflugbahn werden dem Piloten durch Sprechfunk in Abständen von wenigen Sekunden übermittelt, der so seine Steuerkorrekturen ausführen kann. Der große Vorteil der GCA-Anlage besteht darin, daß als Bordausrüstung der Flugzeuge außer den sowieso vorhandenen Blindfluginstrumenten ein ebenfalls vorhandenes Zweiwege-Sprechfunkgerät genügt.

Das GCA-Gerät auf dem Tempelhofer Feld — natürlich auch über die Luftbrücke eingeflogen — war damals das modernste der Welt. Es war Berlins Glück, daß die Anlage existierte, denn das Wetter hat oft versucht, die Luftbrücke lahmzulegen. Matsch, Eis, Nebel und Regen waren die apokalyptischen Reiter des feindlich gesinnten Wetters. Einmal, mitten im Winter, brauste ein wilder Schneesturm mit einer Geschwindigkeit von 140 Kilometern pro Stunde über Berlin hinweg und die schweren Lastenflugzeuge mußten mit starken Kabeln festgebunden werden, weil sie sonst vom Flugplatz weggefegt worden wären. Der 1. März 1949 war dieser Tag, der alles auf einmal brachte. Die heftigsten Schneefälle jenes Winters hatte die Nacht gebracht. Sturmböen jagten über das Gelände, tief hingen die Wolken. Die Sichtbedingungen waren unmöglich und die Start- und Landebahnen völlig vereist. An diesem Tage war fast die gesamte Versorgungsflotte lahmgelegt.

Das Wetter ist immer und überall, auch heute noch, der Feind aller Flugunternehmen. Aber in Nordeuropa ist es grundsätzlich launisch und unbeständig. Da es keine andere Möglichkeit gab, konnte man während der Luftbrücke nichts besseres tun, als so viel wie möglich vorher über seine Pläne zu erfahren. Für diesen »Suchdienst« richteten die »Erbauer« der Luftbrücke den ausgedehntesten Wetterbeobachtungsdienst ein, der jemals in der Geschichte bestanden hat. Jede Informationsquelle wurde genutzt. Auf jedem Flugplatz wurde ein Wolkenhöhenmesser aufgestellt, außerdem installierte man Luftfeuchtigkeitsmesser und ließ Ballone mit Apparaten zur Untersuchung der oberen Luftschichten hoch. Wetterstationen in den USA und in der Arktis — außerdem viele Schiffe auf hoher See — lieferten wertvolle Wetterbeobachtungen. Englische und amerikanische Wetterflugzeuge flogen in ferne atlantische und arktische Gebiete und berichteten jede halbe Stunde über die Großwetterlage. Jedes siebente Luftbrückenflugzeug hatte einen besonders ausgebildeten Funker, der die wechselnden örtlichen Wetterbedingungen meldete.

148 084 Wettermeldungen wurden von Offizieren der 18th Weather Squadron Headquarter ausgewertet, aufbereitet und weitergegeben. In Tempelhof richtete man eine fahrbare Wetterstation ein, weil es für die Piloten bei den kurzen Bodenzeiten unpraktisch gewesen wäre, den weiten Weg zur Zentrale zurückzulegen. Unmittelbar vor dem Start konnten darüberhinaus die neuesten Wettermeldungen über Jeep an Bord gegeben werden.

Das technische Wunder der Luftbrücke ist wohl allgemein am besten bekannt. Aber nur wenige wissen, daß hinter der fast maschinellen Präzision, Zeiteinteilung und Zusammenarbeit schwere körperliche Arbeit und unendliche Stunden gründlicher Planung standen. Den Höhepunkt präziser Zeiteinteilung während der Luftbrücke brachte der Tag, an dem 24 Stunden lang ständig über 100 Lastenflugzeuge in der Luft waren — wahrhaft endlose Ketten in den drei Korridoren zwischen Berlin und dem Westen.

MIT ZIVILFLUGGESELLSCHAFTEN WIRD DIE
VERSORGUNG AUSGEBAUT

Die amerikanische Luftwaffe setzte für die Versorgung West-Berlins insgesamt 225 C 54-Skymaster ein, die, nachdem die Flotte einmal aufgebaut war, auch dauernd an den Luftbrückenoperationen beteiligt waren. Im Gegensatz dazu nahmen die anderen, in den meisten Fällen Spezialflugzeuge, nur für einen gewissen Zeitraum an der Luftbrücke teil: die zweimotorige C-47 zum Beispiel von Beginn bis 30. September 1948, die fünf C-82 Fairchild Packet erst ab 13. September 1948, die C-74-Globemaster nur von 17. August bis 20. September und der schwere C-97-Stratofreighter erst ab 4. Mai 1949 . . . auf der amerikanischen Seite.
Im britischen Bereich ist die Chronologie nicht derart präzis zu verfolgen. Insgesamt nahmen an der Luftbrücke 110 Flugzeuge der englischen Luftwaffe teil, die sich aus Avro York, Handley Page Hastings, Avro Tudor, Douglas Dakota und Short Sunderland zusammensetzten. Die Dakotas waren auf britischer Seite die ersten »im Rennen«, das heißt ab 28. Juni 1948. Die Sunderland-Flugboote traten am 5. Juli den Operationen bei. Mit voller Beladung flog die erste York-Maschine erst ab 16. Juli nach Berlin und die 15 Hastings nahmen von Mitte November 1948 daran teil. Auf die beförderte Tonnage bezogen heißt das, daß die amerikanische Luftwaffe 77 % der Fracht nach Berlin flog, die britische Luftwaffe 23 %. Bei der Anzahl der Flüge ist der Unterschied nicht so kraß: die Amerikaner führten 68 % der Flüge,

die Briten 32 % nach Berlin aus. In Wirklichkeit war allerdings der Beitrag der britischen Luftwaffe höher, weil englisches Bodenpersonal die amerikanischen Flugzeuge in Faßberg und Celle wartete. Der Unterschied zwischen der Anzahl der nach Berlin durchgeführten Flüge und der beförderten Tonnagemenge wird durch die anzahlmäßig größeren Flugzeuge der Amerikaner erklärt.

Zu diesen rund 340 Luftwaffenmaschinen kamen insgesamt 103 von britischen Zivilfluggesellschaften eingesetzte Flugzeuge, im Durchschnitt waren es aber nur 46 oder genauer gesagt: 31 bis 47 zwischen Oktober 1948 und Juli 1949. Total gesehen haben rund 450 Flugzeuge an der Luftbrücke teilgenommen, in den meisten Unterlagen spricht man allerdings »nur« von 380 Maschinen, eben weil eine ganze Anzahl nur über einen bestimmten Zeitraum daran teilnahm.

Die britische Zivilluftbrücke »Operation Plainfare« vom 4. 8. 1948 bis 15. 8. 1949 nahm Lufttransporte zwischen den Flugplätzen Hamburg, Schleswigland, Lübeck, Faßberg, Wunstorf und Berlin-Gatow und Tegel wahr. Der Tegeler Flughafen wurde von den »Zivilen« erst ab Januar 1949 benutzt.

Die staatliche britische Fluggesellschaft British Airways wurde vom englischen »Foreign Office« als Generalagent, das heißt die Oberaufsicht führend, unter der Kontrolle der RAF, autorisiert, Verträge zwischen 23 Charter-Gesellschaften plus BOAC und British South African und der Royal Air Force zu schließen. Die britische Zivilluftbrücke operierte anfangs mit fünf bis zehn Flügen täglich. Diese Zahlen steigerten sich bis zum Rekord im Juni 1949, wo an einem Tage 133 Flüge mit 586 Tonnen Versorgungsgütern durchgeführt wurden. 586 Tonnen nur von zivilen Gesellschaften, das muß man sich einmal vorstellen, wenn man an die 60 Tonnen vom 2. April 1948 denkt, dem ersten Tag der sogenannten »Kleinen Luftbrücke«. Immerhin entspricht die im Juni 1949 allein von Fluggesellschaften nach West-Berlin transpor-

186

tierte Frachtmenge dem Fassungsvermögen von 23 vollbeladenen Eisenbahnwaggons. Von Zivilgesellschaften beförderte Frachten waren in erster Linie flüssige Brennstoffe, dann aber auch leicht verderbliche Nahrungsmittel wie Eier und Milch zum Beispiel . . . Die von den 23 Chartergesellschaften eingesetzten Flugzeugtypen geben ein buntes Mosaik der damals »gängigen« Lufttransporter. Auf den Berlin-Routen flogen zum Beispiel Avro Tudors als Tanker für Benzin und Dieselöl, die kleine Gesellschaft Airflight LTD. setzte sie ein; eine ihrer Maschinen erlitt am 8. 12. 1948 einen »Ground Accident« in Gatow, bei dem Capt. C. Utting ums Leben kam. Dakota-Maschinen, damals das meist verbreitetste Flugzeug der Welt, wurden von einer ganzen Reihe von Fluggesellschaften zum Einsatz gebracht, unter denen so fremdartige Namen wie: Hornton Airways, Kearsley Airways, Trent Valley Aviation und Westminster Airways vertreten waren. Der Bristol Freighter und seine Passagierausführung, der Wayfarer, wurden durch Silver City Airways und Airwork vorgestellt, die Halton- und Halifax-Maschinen zum Beispiel durch Bond Air Services, Eagle Aviation, Skyflight und World Air Freight. Das erfolgreichste und man kann ohne Übertreibung sagen, das für die Luftbrücke wichtigste Flugzeug war der Tudor-Tanker. Dieses viermotorige Flugzeug wurde während des Krieges gebaut und absolvierte im Juni 1945 seinen Jungfernflug. Es war, neben seiner erfolgreichen Tätigkeit als Frachter und Tanker, ursprünglich als spezielles Luxus-Flugzeug für 32 Passagiere für Nordatlantikstrecken ausgelegt. Im März 1946 machte die Tudor II bei Avro ihren Erstflug, eine »gestreckte« Version der älteren Tudor, die mehr für mittlere Strecken bestimmt war. In Berlin kam fast ausschließlich die Tudor I zur Anwendung, die wie gesagt während der Luftbrücke hauptsächlich als Tankflugzeug flog.
146 980 Tonnen wurden insgesamt während der Luftbrücke von zivilen Fluggesellschaften nach Berlin geflogen, das ist fast das Doppelte des Gewichtes an Post und Fracht, das während des

23-jährigen Dienstes von 1924 bis 1947 von zivilen Flugzeugen in Europa befördert wurde. Ein Total von 20 921 Flügen wurde erflogen.

Damit wollen wir die Betrachtungen über den Einsatz ziviler Fluggesellschaften während der Luftbrücke hier abschließen; die genauen Daten sind darüberhinaus im Anhang aufgeführt. Die Flugzeuge, egal ob Luftwaffen- oder Zivilmaschine, wurden während des Beladens in Westdeutschland auf dem Flugplatz betankt. So angewachsen war die Luftbrücke inzwischen, daß monatlich allein auf Rhein-Main über 20 Millionen Liter in die Tanks flossen, 20 Millionen Liter gutes Flugbenzin, denn Strahlverkehrsflugzeuge gab es damals noch nicht. Kaltes Wetter während des Winters 1948/49 war kein Hindernis, denn die Motoren standen nie so lange still, daß sie kalt wurden. 20 riesige Esso-Tankwagen waren auf dem Rhein-Main-Flughafen stationiert und besorgten das Auftanken. Zu Anfang benötigten die Tankwagenleute etwa 33 Minuten, um eine C-54 mit 3000 Litern Benzin und 48 Litern Öl zu füllen. Innerhalb weniger Wochen schafften sie es durch Übung in 12 Minuten, noch etwas später in 8 Minuten und weniger, indem sie zum Auftanken für jedes Flugzeug gleichzeitig zwei Tankwagen mit je zwei Leitungen benutzten.

Um die von Luftbrückenflugzeugen verbrauchte Menge Brennstoff zu verdeutlichen, denke man sich ein gefülltes Gefäß von 100 m Durchmesser und 157 m Höhe, also genau so hoch wie der Kölner Dom, bis zum Rand mit Benzin gefüllt. Außer diesem Meer von Benzin, das allein für die Aufrechterhaltung des Flugbetriebes gebraucht wurde, brachten britische Luftwaffentransportmaschinen und zivile Tanker auch noch über 75 Millionen Liter Benzin zur Versorgung der Wirtschaft nach West-Berlin. Diese Menge wiederum entspricht einem Faß von 28 m Durchmesser und der Höhe des Berliner Funkturms, nämlich 148 m.

Vereisungen an Tragflächen und Steuerungen der Maschinen verursachten insofern Schwierigkeiten, als durch manuelle Enteisung

188

wertvolle Zeit verlorenging, Zeit, die man aber nicht hatte. Der Flugbetrieb mußte ununterbrochen rollen. Also montierte man Düsentriebwerke aus Jägern heraus, setzte sie auf Lkw's und fuhr damit rückwärts an die Transportmaschinen heran. Unter dem heißen Luftstrom des Düsentriebwerks schmolz selbst die stärkste Eisschicht und die Maschine war innerhalb weniger Minuten wieder startbereit.

Als Deutschlands Flughäfen während des Blockadewinters von Matsch und Schnee bedeckt waren, wurden auf dem schnellsten Wege 20 moderne Schneepflüge und 36 Straßenkehrmaschinen aus den USA herbeigeschafft. Die fünf C 82 Fairchild Packet mußten die Transporte der Turbinenteile für das neue Westberliner Kraftwerk unterbrechen und ein Teil dieser für die Reinigung der Rollbahn und Anfahrten unbedingt notwendigen Maschinen allerschnellstens nach Berlin fliegen. An einzelnen Stellen hatte man Sandstreumaschinen eingesetzt, um das Landen und Starten auf den vereisten Rollbahnen Berlins ungefährlicher zu machen.

Die technischen Einrichtungen des Kraftwerks »Reuter« wurden 1945 von den Sowjets bis zu den Fundamenten demontiert. Trostlos leere Hallen, die teilweise erheblich beschädigt waren, blieben zurück. Bereits 1946 hatte die Bewag, die Berliner Kraft- und Licht-Aktiengesellschaft bei der Alliierten Kommandantur darauf hingewiesen, daß der Wiederaufbau dieses Kraftwerkes eine Lebensnotwendigkeit für West-Berlin sei. Nach langen schwierigen Verhandlungen wurde am 12. April 1948 eine Verfügung der britischen Militärregierung erlassen, die den sofortigen Wiederaufbau des Kraftwerkes anordnete. Bereits am 19. April arbeiteten 90 Mann auf der Baustelle.

Die Schwierigkeiten beim Wiederaufbau waren jedoch so groß, daß zeitweise an dem Gelingen überhaupt gezweifelt werden mußte. Nahezu unlösbar schien die Materialbeschaffung. Alte Bestände waren kaum greifbar, die neue Produktion kam nach dem totalen Zusammenbruch und den ungeklärten Währungsverhältnissen nur langsam in Gang. Hunger und Kälte sowie der Mangel an hochwertigen Werkzeugen behinderten die Arbeiter auf der Baustelle. Hinzu kam, daß fast die ganze Einrichtung des Werkes aus Westdeutschland geliefert werden mußte, da die Berliner Großindustrie durch Krieg und Demontage fast vernichtet war.

Die Blockade vom 24. Juni 1948, von den Sowjets über West-Berlin verhängt, erschwerte infolgedessen den Wiederaufbau noch fühlbarer und verteuerte ihn obendrein. Berlin m u ß t e aber einfach dieses Kraftwerk haben, jetzt in der Blockade erst recht. Über die Luftbrücke, der einzigen Transportverbindung Berlins mit dem Westen wurden fast 1500 Tonnen Anlageteile nach Berlin geflogen. Die fünf »Fliegenden Güterwagen« vom Typ C-82 flogen in ihren geräumigen Laderäumen Turbinen- und Kesselteile Tag und Nacht nach Berlin. Besondere Schwierigkeiten bereitete hierbei das Verladen großer, sperriger Stücke, vor allem der Kesselteile. Sie mußten für den Lufttransport zerschnitten und auf der Baustelle wieder zusammengeschweißt werden.

Nach Beendigung der Blockade findet übrigens ein besonderes flugtechnisches Experiment statt: eine der Doppelrumpf-Transportmaschinen befördert bei mehreren Flügen eine elf Meter lange Trägerstütze für das Kraftwerk, wobei einige Meter (!) aus der großen Heckladeluke in die Lüfte ragen. Wie ein Lastwagen mit überlanger Ladung, schön mit rotem Warntuch am Ende, so legt die Maschine die 440 km lange Strecke nach Berlin zurück, ohne Schaden zu nehmen.

Nach 20 Monaten Bauzeit, während der zeitweise 2000 Mann in Tag- und Nachtschichten auf der Baustelle arbeiteten, konnte am 1. Dezember 1949 Prof. Dr. Ernst Reuter als Regierender Bürgermeister von Berlin die ersten Maschinen im wiederaufgebauten Kraftwerk in Betrieb setzen.

Für die Planung des Wiederaufbaus hat sich als nowendig erwiesen, in dem neuen Kraftwerk die Aufgaben, die früher das Kraft-

190

werk Klingenberg im Osten als Grundlastkraftwerk und das Kraftwerk West als Spitzenlastkraftwerk wahrnahmen, zu vereinen. Das Kraftwerk Reuter ist daher heute zu einem Teil als Grundlastkraftwerk, in einem anderen als Spitzenlastkraftwerk ausgelegt. Die Planungsarbeiten zu dieser bis dahin einmaligen Konzeption waren vor der Währungsreform abgeschlossen, die Hauptbauarbeiten wurden während der Berliner Blockade ausgeführt. Der Ausbau des Grundlastteiles, für den ein neues Kesselhaus errichtet wurde und der über eine Leistung von 208 000 kW verfügt, war Ende 1951 beendet. Der Spitzenlastteil, der in den folgenden Jahren unter Benutzung des alten Kesselhauses ausgebaut wurde, besitzt eine Leistung von 100 000 kW. Seine Anlagen ermöglichen es, einen anfallenden Spitzenbedarf in der Stromversorgung West-Berlins schnell zu befriedigen. Im Gegensatz zum Grundlastkraftwerk, dessen Anlagen im Jahr über 8000 Stunden in Betrieb sind, hat das Spitzenlastwerk jährlich nur rund 2000 Betriebsstunden. Nach Beendigung des Ausbaues im Jahre 1954 verfügte das Kraftwerk Reuter somit über eine Gesamtleistung von 308 000 kW und trägt damit die Hauptlast der Westberliner Stromversorgung, mit zusammengeschweißten Turbinen und Kesseln, die einstmals über die Luftbrücke nach Berlin gekommen sind.

Ein anderer Punkt war der öffentliche Nahverkehr. Im Mai 1945 konnte in Tegel, wo 1,5 km Strecke für die Straßenbahn befahrbar geblieben waren, der Betrieb wieder aufgenommen werden. Zwei Jahre danach, am 8. Juni 1947, war unter unvorstellbaren Schwierigkeiten, besonders durch die nahezu totale Zerstörung der Berliner Innenstadt, ein Netz von 50 Straßenbahnlinien wieder aufgebaut, und am 1. Mai 1948, knapp zwei Monate vor Blockadebeginn, konnte sogar der Nachtverkehr wieder aufgenommen werden. Bei der U-Bahn war es ähnlich. Ende des Jahres 1945 waren 72 km von 80,2 km Länge des gesamten U-Bahnnetzes wieder in Betrieb. Der Betriebsablauf war jedoch zum Teil durch eingleisigen Betrieb eingeschränkt. Die Wiederherstellung zog sich noch lange Zeit hin. Der Hochbahnhof Osthafen (früher Stralauer Tor) wurde während der Blockade wegen seiner starken Zerstörung völlig aufgegeben. Erst mit dem Wiederaufbau der Eingangshalle des U-Bahnhofes Wittenbergplatz 1951 fand die endgültige Beseitigung der Kriegsschäden ihren Abschluß.

Die Blockade West-Berlins unterbrach diese Aufwärtsentwicklung. Der Betriebsschluß der Verkehrsmittel mußte durch Stromsperren auf 18.00 Uhr festgelegt werden. Auch in den übrigen Zeiten, in denen gefahren werden konnte, war man gezwungen, energiesparende Maßnahmen zu ergreifen, das heißt, die Fahrpläne zu strecken. Daß in diesen schon reduzierten Betriebsstunden alle öffentlichen Nahverkehrsmittel in West-Berlin chronisch überfüllt waren, versteht sich von selbst.

Mit der Währungsreform 1948 war Berlin auch in einen Westmark- und einen Ostmark-Bereich aufgeteilt worden, der zum Beispiel einen Wechsel der Schaffner bei der Straßenbahn beim Grenzübertritt erforderte. Im Oktober 1950, ein Jahr nach der Luftbrücke, wurden die über die Grenzen der West-Sektoren in das Stadtrandgebiet führenden Straßenbahnlinien unterbrochen, im Januar 1953 endete auch der durchgehende Straßenbahnverkehr zwischen West-Berlin und dem Ostteil der Stadt.

12. Mai 1949, Aufhebung der Blockade: Dichtgedrängt warten weitere Interzonenomnibusse auf dem Stuttgarter Platz in Charlottenburg auf ihre Abfahrt in den Westen.

Am 17. Juli 1951 wurde zum Gedenken an die 76 Opfer der Luftbrücke in Tempelhof das »Luftbrükkendenkmal« eingeweiht: ein aufwärts strebender Betonbogen, der die drei Luftkorridore symbolisiert. Auf dem Sockel sind die Namen der Opfer eingemeißelt.
Der Berliner, der schnell und gern für alles einen Namen findet, nennt dieses Denkmal schlicht und einfach »Hungerharke«.

Die C-54-Skymaster trug während der Luftbrücke die Hauptlast der Versorgung. Im Auftrag der British Airways war eine Maschine noch bis 1971 als Nurfrachter auf den Berlin-Strecken eingesetzt.
Nacht auf dem Flughafen Tempelhof: Wie zur Zeit der Luftbrücke fliegt die Frachtmaschine in Kürze nach Frankfurt ab.

Jahre später wurde der »Stratofreighter«, in der Luftbrücke ab 4. 5. 49 eingesetzt, anläßlich des einmal jährlich stattfindenden »Tags der offenen Tür« den Berlinern vorgestellt.

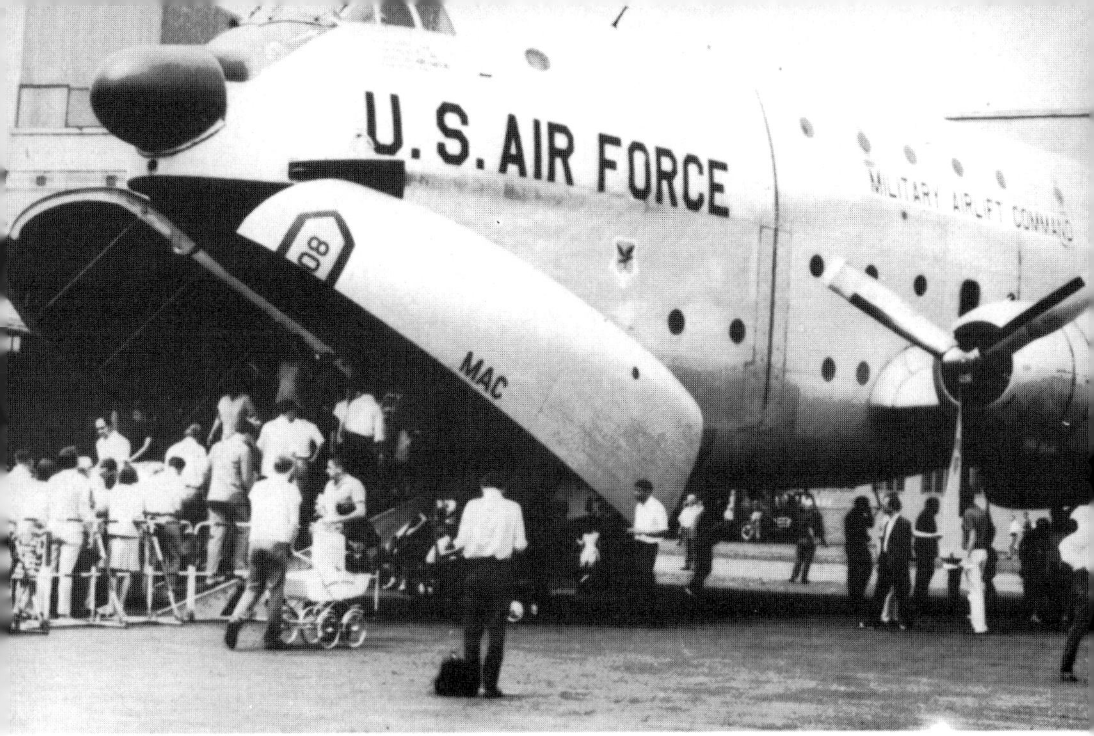
U.S. AIR FORCE
MILITARY AIRLIFT COMMAND
08
MAC

Auch das Globemaster-Flugzeug, dessen Vorläufer im August/September 1948 im Rahmen der Luftbrücke eingesetzt war, konnte später von den Berlinern ausführlich besichtigt werden.

Ebenfalls Anfang der siebziger Jahre kommt ein Veteran nach Berlin zurück: eine C-54, die während der Blockade 1948/49 zur Luftbrückenflotte gehörte. Sie wurde am 29. 6. 1972 in einer kleinen Feierstunde am Rande des Flughafens Tempelhof aufgestellt, als »Denkmal für eine Zeit in Berlin, die heute noch zum Nachdenken anregen sollte«.

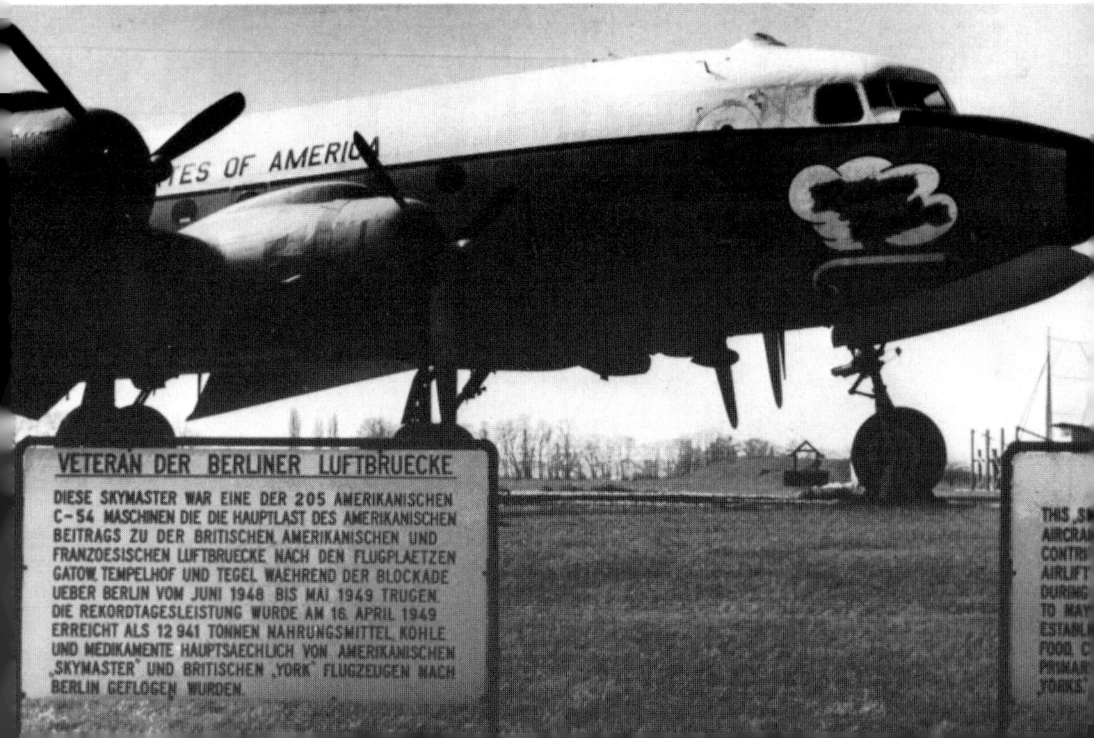
VETERAN DER BERLINER LUFTBRUECKE
DIESE SKYMASTER WAR EINE DER 205 AMERIKANISCHEN C-54 MASCHINEN DIE DIE HAUPTLAST DES AMERIKANISCHEN BEITRAGS ZU DER BRITISCHEN, AMERIKANISCHEN UND FRANZOESISCHEN LUFTBRUECKE NACH DEN FLUGPLAETZEN GATOW, TEMPELHOF UND TEGEL WAEHREND DER BLOCKADE UEBER BERLIN VOM JUNI 1948 BIS MAI 1949 TRUGEN. DIE REKORDTAGESLEISTUNG WURDE AM 16. APRIL 1949 ERREICHT ALS 12 941 TONNEN NAHRUNGSMITTEL, KOHLE UND MEDIKAMENTE HAUPTSAECHLICH VON AMERIKANISCHEN „SKYMASTER" UND BRITISCHEN „YORK" FLUGZEUGEN NACH BERLIN GEFLOGEN WURDEN.

In der Stadt sind mittlerweile viele Wunden, die Krieg und Blockade Berlin zufügten, wieder am »Verheilen«. Nur wenigen ist z. B. bekannt, daß diese hohen Bäume in der Otawistraße im Norden Berlins einstmals über die Luftbrücke, und zwar im Sommer 1949, eingeflogen wurden. Die Anpflanzung dieser damals nur 1 m hohen Bäumchen vollzog sich s. Zt. im Rahmen der »Notstandsarbeiten«.

Montag-Morgen in Tempelhof Ende der sechziger Jahre: Die 727-Flotte der PanAm spiegelt deutlich das Engagement der Gesellschaft im Berlin-Verkehr wider. Am 18. Mai 1946 landete die American-Overseas-Airlines, die 1950 mit PanAm fusionierte, zum ersten Male mit einer DC-4 in Tempelhof.
Seit 1. September 1975 wird der gesamte Zivilflugverkehr über Tegel abgewickelt. Tempelhof ist damit wieder in die »Ruhe« eines reinen Militärflugplatzes zurückgefallen, hoffentlich aber niemals wieder in die Rolle als Hauptflughafen einer Berliner Luftbrücke...

WEIHNACHTEN 1948:
UNTERNEHMEN »LITTLE VITTLES«

Das Defizit im Berliner Haushaltsplan vergrößerte sich von Monat zu Monat um rund 100 Millionen DM. Da die Berliner Industrie nur auf halben oder Vierteltouren arbeitete, waren die Steuereinnahmen erschreckend gesunken. Die Liste der Arbeitslosen war jetzt, da es langsam auf Weihnachten zuging, gefährlich lang geworden und Einkommensteuer, Umsatz- und Vergnügungssteuer verringerten sich ständig. Schließlich trafen Berlin, die Bundesrepublik und die Alliierten ein Übereinkommen und teilten untereinander die Verantwortung für die katastrophale Finanzlage der Stadt.

Die westdeutschen Länder stellten monatlich 40 Millionen DM bereit, um das Berliner Defizit auszugleichen. General Clay erklärte sich bereit, aus den Washingtoner GARIOA-Geldern, das sind Abgaben amerikanischer Steuerzahler, weitere 60 Millionen DM monatlich zu beschaffen. Während der Blockadezeit leisteten die Steuerzahler in Westdeutschland und den USA einen Beitrag von insgesamt nicht weniger als 1,2 Milliarden DM und bewahrten West-Berlin damit vor dem finanziellen Zusammenbruch.

In ganz Westdeutschland wurde eine 2-Pfennig-Briefmarke ausgegeben, das sogenannte Berlin-Notopfer. Die Einkünfte aus diesem Markenverkauf kamen dem Budget der heimgesuchten Stadt zugute. Aber diese offizielle Hilfe war nur ein Bruchteil der gesamten Unterstützung, die der kämpfenden Stadt zuteil wurde.

Persönliche Gaben kamen in so großen Mengen, daß die Alliierten dem Magistrat schließlich mitteilen mußten, die Luftbrücke könne keine Privatpakete mehr transportieren. Aller Frachtraum wurde ja für den Transport lebenswichtiger Güter für die gesamte Bevölkerung gebraucht.

Nur ein Kurzauszug aus der Geschenkliste:

Die Stanford-Universität in Kalifornien spendete 10 Tonnen Winterkleidung für die Studenten der Freien Universität. Westdeutsche Fabrikanten stifteten Bereifung für 60 Berliner Omnibusse. Die Bewohner von Nordrhein-Westfalen stellten freiwillig eine Tagesration Lebensmittel und 100 000 Tonnen Kohle für West-Berlin zur Verfügung. Niedersachsen stiftete ebenfalls eine Tagesration Nahrungsmittel.

Die Hansestadt Bremen spendete 20 Millionen Zigaretten.

Hamburg schickte unentgeltlich wichtige Medikamente nach Berlin. Das Bayerische Rote Kreuz sandte eine freiwillige Spende von über einer Tonne Medikamenten.

Amerikaner der hessischen Militärregierung sammelten eine Tonne Lebensmittel für das Berliner Sommerferienlager am Glienicker See.

Die Piloten der Luftbrücke selbst warfen über 100 »Shmoos« ab, jene lustigen Fabeltiere in Ballonform. Wer die daran hängende Karte fand, konnte sich in Berlin ein Care-Paket abholen.

Privat-Personen in den USA stifteten während der Dauer der Blockade täglich etwa 600 Care-Pakete, insgesamt rund 200 000 wertvolle Geschenke.

Schleswig-Holstein schickte zwei Millionen Kiefern-Setzlinge.

Die französische Zone stiftete drei Tonnen ausgesuchter junger Obstbäumchen und 400 Pfund Gemüsesaat. Als Gabe für die Bevölkerung im verdunkelten Berlin sammelten die Bewohner von Nordrhein-Westfalen 10 000 Kerzen.

Einige Monate vor Beendigung der Blockade, mitten im Winter, ging ein Notruf um einige Dosen des damals neuen Mittels Thiomedon in die Welt, mit dem das Leben einer an einer gefährlichen Leberkrankheit leidenden Berlinerin gerettet werden sollte.

Frankfurter Apotheker hörten davon, stellten in Eile eine Sendung des Medikaments zusammen und innerhalb von drei Stunden war es in Berlin.

Kurz vor Weihnachten 1948 wurde die Hilfe vervielfacht. Auf dem Flugplatz Faßberg zum Beispiel startete eine Gruppe von Luftbrückenpiloten ein Programm, das sie »Unternehmen Weihnachtsmann« nannten. Ihre Freunde und Verwandten in den USA hatten 53 000 Pakete für Berliner Kinder gesammelt, die nun nach Berlin geflogen wurden. Die Männer eines anderen Flugplatzes ahmten den Plan nach, nannten ihn »Unternehmen Schlittenglokken« und sammelten 1400 Pakete für Kinder in den Krankenhäusern der blockierten Stadt. Eine Transporteinheit in Gießen sammelte sage und schreibe 24 Tonnen Süßigkeiten und ließ sie nach Berlin fliegen. General Pierre Koenig, der Kommandeur der französischen Besatzungsarmee in Deutschland, stellte dafür sein eigenes Privatflugzeug zur Verfügung.

Ein Pilot, Hauptmann Eugene Williams, verteilte Schokolade an 1600 Zehlendorfer Schulkinder anläßlich einer vorweihnachtlichen Feier. Später besuchte er 300 kranke Jugendliche im Oskar-Helene-Heim in Berlin-Dahlem und brachte ähnliche Geschenke.

Diese Liste wäre jedoch unvollständig, würden wir nicht auch eines Mannes gedenken, der zu den bekanntesten, gerade um Weihnachten herum, gehörte: Pilot Leutnant Gail Halvorsen, der Begründer der »Operation Little Vittles«.

Halvorsen flog regelmäßig mit Mehl-, Kohle- und Rohstoffladungen nach Berlin. Er war der Ansicht, daß kein enges Band zwischen den Piloten und der Bevölkerung unten auf der Erde bestehen konnte, weil die Operation Vittles ein unpersönliches, maschinelles Unternehmen sei.

So fabrizierte er in seiner Freizeit zunächst allein, später zusammen mit seiner Besatzung, winzige Fallschirme aus Taschentü-

chern und unbenutzten Putzlappen, hängte an jeden Fallschirm
ein kleines Bündel Schokolade und Süßigkeiten und warf sie bei
seinem nächsten Anflug auf Tempelhof aus dem Fenster seiner
Maschine. Unten reckten sich neugierige Köpfe, streckten sich
wartende Hände glücklicher Kinder.

Bald sprach es sich herum, welch herrliche Sachen da vom Himmel fielen. Viele tausend Kinder drängten sich am Flughafen
Tempelhof, wenn Halvorsen — sie nannten ihn bald den »Scho-
koladenflieger« — seine Ladungen aus dem Fenster stieß. Die
zum Boden pendelnden Fallschirmchen, unten die Kinderschar,
wurden natürlich fotografiert und gingen auch in die Vereinigten
Staaten. Zeitungsartikel über die private Luftbrücke des Fliegers
bewegten drüben die Gemüter. Schnell entstanden Klubs, in denen Zehntausende von kleinen Fallschirmen hergestellt wurden.
Man sammelte tonnenweise Süßigkeiten, Schokolade und Spiel-
zeug und schickte alles nach Frankfurt.

Bald wurde das Unternehmen zu groß für eine Maschine und
einen Piloten. Halvorsens Flugzeug war auf jedem Flug vollbela-
den mit wichtigeren Dingen und konnte die täglich wachsende
»Little Vittles«-Aktion nicht mehr allein bewältigen. So wurden
andere Piloten um ihre Unterstützung gebeten und bald schwebten
zu Weihnachten 1948 fast aus jedem Flugzeug so zwanzig bis dreißig kleine Fallschirme herab. Viele hundert Pfund Süßigkeiten
kamen durch die private Aktion eines Mannes in die Hände Berliner Kinder. Zu Weihnachten erhielt Halvorsen allein 4000 Briefe.
Alle Berliner verstanden die Bedeutung der spontanen und warm-
herzigen Geste der Piloten. Es existieren Fotos von Kindern, die
den Piloten aus Dankbarkeit geschnitzte kleine Flugzeuge über-
reichten. Hans Frost schenkte acht Luftbrückenfliegern mehrere
hundertjährige Skizzen. In einer Anzeige der »Task Force Times«,
der Tageszeitung der Vereinigten Luftbrückenorganisationen, bot
ein Berliner »freie Massagen für alle Flieger, die mit müden und
steifen Rücken in Berlin ankommen« an.

Nach offiziellen Statistiken wurden während der Luftbrücke insgesamt eine halbe Million Lebensmittelpakete und 30 000 Kleiderpakete im Werte von 20 Millionen DM nach Berlin gebracht. Gleichzeitig wurden etwa 10 000 Tonnen Sammelsendungen von Liebesgaben im Werte von 30 Millionen DM in die blockierte Stadt geflogen.

Am 1. Weihnachtsfeiertag 1948 ging zum ersten Male ein Lied von Günter Neumann durch die Stadt, das zum Symbol für Berlin wurde und es immer bleiben wird:

»Der Insulaner verliert die Ruhe nicht,
der Insulaner liebt keen Jetue nicht,
der Insulaner hofft unbeirrt,
daß seine Insel wieder'n schönes Festland wird.«

FRÜHJAHR 1949: HÖHEPUNKTE DER LUFTBRÜCKE

Mit Beginn des Neuen Jahres änderte sich die Lage. Die Luftbrücke bewährte sich, die Berliner zeigten der Welt, auf wessen Seite sie standen und schließlich hielt der Westen, nach langen Monaten des unentschiedenen Spielstandes, allmählich die Trümpfe in der Hand. In steigendem Maße erhielten sowjetische Wirtschaftsbeobachter beunruhigende Nachrichten, zum Beispiel über die Nichterfüllung des Plansolls in der Ostzone, weil der Zustrom von Rohmaterial und Fertigprodukten aus dem westlichen Ausland, auf das die DDR damals angewiesen war, immer mehr versiegte.

Diese westdeutsche und alliierte Gegenblockade machte den Sowjets mehr Kopfzerbrechen, als sie damals offiziell zugaben. Alle Lieferungen vom Westen in die sozialistischen Länder unterlagen einer strengen Kontrolle. Nicht ein Gramm »strategisches Material« durfte offen an die Sowjets verkauft werden. Das schloß viel mehr Waren ein, als man zunächst drüben annahm, Waren die sowohl für reine Friedensartikel als auch für die hochentwickelte Waffenproduktion des Ostblocks gebraucht wurden. Eine ganze Menge des gefragten Materials schlüpfte zwar »schwarz« über die Grenze. Wo? Natürlich über Berlin! Wie die Sowjets seitdem aber nur selten zugeben, war die Gegenblockade des Westens äußerst wirksam!

Vor der alliierten Gegenblockade hatte die Ostzone jährlich allein 320 000 Tonnen Stahl, 400 000 Tonnen Chemikalien, 110 000

Autoreifen sowie landwirtschaftliche Erzeugnisse im Werte von 11 Millionen Mark aus der heutigen Bundesrepublik eingeführt. Der Verlust dieser zweifellos wichtigen Güter war ein schwerer Schlag für die Sowjetzone. Später, als die Sowjets verzweifelt nach legierten Stählen zum Beispiel Chromstahl suchten oder gestehen mußten, daß keine westdeutsche Firma ihnen mehr Gummi oder synthetische Stoffe verkaufte, änderte sich auch ihre Einstellung gegenüber der Blockade, die sie über West-Berlin verhängt hatten. Zuerst war es doch eine feine Idee gewesen: man sperrte eine Stadt wie West-Berlin einfach zu, ließ die 2 045 000 friedlichen Menschen darin eine Weile hungern, bis sie sich dem Kommunismus anschlossen und ihre westlichen Alliierten von allein hinauswarfen. Aber jetzt, da sich die Luftbrücke von Tag zu Tag mehr bewährte, sah die Sache nicht mehr so rosig aus. Sie kostete mehr, als sie wert war.

Nachdem die Sowjets ihrer Meinung nach den Fehler begangen hatten, die Westmächte an der Besetzung Berlins teilnehmen zu lassen, sich diese Besatzung aber jetzt so unangenehm für sie auszuwirken begann, wollten sie nun den Westen wenigstens zu dem Zugeständnis überreden, daß West-Berlin ein Teil der Sowjetzone sei. Die westdeutsche DM sollte zurückgezogen, der im Schöneberger Rathaus regierende West-Magistrat abgesetzt und die ganze Stadt von den Sowjets kontrolliert werden.

Bis zur allerletzten Minute gab es weder Anzeichen noch Flüstergerüchte darüber, daß die Blockade eventuell bald zu Ende gehen könnte. Die Luftbrücke erreichte, vielleicht gerade deshalb, in diesen Vorfrühlingstagen 1949 ihre höchsten Erfolge. Der Flugbetrieb hatte sich hervorragend eingespielt, alle technischen und wirtschaftlichen Probleme hatte es irgendwann schon einmal gegeben und man war auf alle Schwierigkeiten aufs Beste vorbereitet. Sicherlich kam zu diesem Optimismus auch das Gefühl des »Sieges«, wenn es auch nicht offen zutage trat.

Zur Freude der Berliner und auch der Alliierten, oder sollte man besser sagen zum Glück, war der Winter 1948/49 kein ausgesprochen strenger Vertreter seiner Gattung. Von einigen Ausnahmen abgesehen, wie der 20. Februar zum Beispiel oder der 1. März 1949, hatte der Winter eigentlich mehr Nebel und Regen als Eis und Schnee gebracht. Die von den Alliierten zusätzlich geforderte Menge Holz als Brennmaterial für die Westberliner Wohnungen brauchte schließlich doch nicht geschlagen zu werden. Die sozusagen proforma abgeholzten rund 120 000 Kubikmeter reichten auch so aus, das Gesicht der Stadt zu verändern.

Wie gesagt, der Winter war nicht hart, so daß die tägliche Flugpraxis, die sich in den langen Monaten des Aufbaus als die erfolgreichste erwiesen hatte, nicht allzu stark beeinträchtigt wurde. Wie lief denn nun, jetzt in der zweiten Hälfte der Luftbrücke, der Alltagsflugbetrieb ab?

Die Flugzeuge von Frankfurt und Wiesbaden benutzten nach wie vor für den Hinflug nach Berlin ausschließlich den südlichen Luftkorridor, zurück gingen sie durch den mittleren. Alle anderen Luftbrückenmaschinen flogen nach Berlin durch den nördlichen Korridor und zurück wieder durch den mittleren, außer den von Hamburg-Fuhlsbüttel und Schleswigland operierenden Flugzeugen (also den Zivilmaschinen und den Hastings), die auch zurück wieder durch den nördlichen Korridor gingen. Für sie wäre der Rückflug durch die zentrale Luftstraße über Hannover zu lang geworden, weshalb sie sich durch den allernördlichsten engen Bereich des Nordkorridors, außerhalb der entgegenkommenden Maschinen, wieder zurück zu ihren Basen »quetschten«. Wie schon gesagt, mußte innerhalb der Luftkorridore sehr genau navigiert werden, wozu eine Reihe ungerichteter Mittelwellenfunkfeuer zur Verfügung stand. Außerdem benutzten die RAF-Flugzeuge das noch aus dem Zweiten Weltkrieg stammende Gee-Radar-Verfahren, mit dem seinerzeit erfolgreiche Mosquito-Angriffe auf das Ruhrgebiet durchgeführt wurden.

Die Steuerung dieser riesigen Ketten von Flugzeugen, an manchen

Tagen jetzt im Frühjahr waren ständig 100 Maschinen in der Luft und das über 24 Stunden lang, verursachte eine große »Kunst« im richtigen Einfädeln. Ständig stießen ja aus den beiden Korridoren (Nord- und Südkorridor) neue Maschinen dazu und mußten in richtiger Reihenfolge trotz unterschiedlicher Geschwindigkeit heruntergeholt werden. Zudem kreuzten sich die Anflugwege von zwei Routen, das heißt der in Gatow einlandenden und der auf der Havel wassernden Sunderland-Maschinen. Die schweren Flugzeuge flogen mit verschiedenen Geschwindigkeiten und außerdem mußten die sich im Nordkorridor »drängelnden« Maschinen von sechs verschiedenen Flugplätzen in Westdeutschland herangeführt werden, nämlich von Wunstorf, Celle, Faßberg, Hamburg, Lübeck und Schleswigland, wenn man die Flugboote hier mal vergißt. Die Sicherheit erforderte es, die stetigen Ströme von Flugzeugen in Gruppen von 12 bis 20 Maschinen mit gleichen Geschwindigkeiten zusammenzufassen und jeder Gruppe eine bestimmte Höhe zuzuweisen. Der horizontale Abstand zwischen den Maschinen betrug 12,5 km bei »langsamen« Flugzeugen wie etwa der Dakota und 15 km bei den schnelleren Typen wie die Tudor. Zu jeder Stunde des Tages flogen so im Nordkorridor fünf verschiedene Ströme von Flugzeugen der Typen Hastings, Skymaster, York, Lancastrian, Tudor und Dakota, die in Höhen zwischen 500 Metern und 2800 Metern dahinzogen. Die Maschinen aus Schleswigland und Faßberg gingen nach Tegel, wohingegen die Flugzeuge aus Wunstorf, Celle und Lübeck nach Berlin-Gatow bestimmt waren. Ganz unten, im »untersten Stockwerk« bei rund 300 Meter Höhe, fliegen zur selben Zeit Halton-Maschinen zurück von Tegel nach Schleswigland. Die schnelleren Maschinen konnten bei dieser Regelung »unterwegs« langsamere Typen überholen und taten es auch manchmal, was dann jedoch beim Eintreffen in den Warteräumen über dem Berliner Stadtgebiet zu Komplikationen führen konnte. Aber das hatte auch wieder eine gute Seite: Erstmals bestand hier die Möglichkeit zu wirklichkeitsnahen Tests unter idealen Bedingungen, große Flugzeugströme zu entwirren und zielgenau weiterzuleiten.

Abgesehen von den zum Teil schweren Unfällen während der Luftbrücke, die wir noch behandeln, kam es auch zu vielen Beinah-Unfällen. Flugoffizier Cooke zum Beispiel startete mit seiner Dakota in Wunstorf einmal mit einer Ladung von fünf Tonnen Fracht, die eigentlich für eine York bestimmt war und kam gut vom Boden weg, man bedenke, mit einem Flugzeug, das eigentlich nur für maximal 3,1 Tonnen Ladung zugelassen war.

Von Monat zu Monat steigerte sich die Menge der beförderten Güter an Nahrungsmitteln und Industriebedarfsartikeln. Der 100 000. Flug im Rahmen der Luftbrücke wurde am 31. Dezember 1948 registriert. Während der ersten Januarwoche wurden 41 287 Tonnen in die blockierte Stadt geflogen. Am 13. Januar wurde der erste Tageshöchstrekord des neuen Jahres mit 6 678,9 Tonnen erreicht, wozu 755 Flüge erforderlich waren. Der Organisator der »Little Vittles-Aktion«, Leutnant Halvorsen, fliegt am 14. Januar zurück in die Staaten. Der Januar-Rekord stellte alle anderen Beförderungsleistungen in den Schatten: 171 994 Tonnen zählte man am 31. 1. 1949. Am 18. Februar wurde die Einmillionste Tonne, die über die Luftbrücke nach Berlin kam, registriert. Der 22. Februar brachte einen neuen Tagesrekord: 7513 Tonnen in 876 Flügen, am nächsten Tag werden sogar 7897 Tonnen in 905 Flügen, erreicht, am 26. Februar gar 8025 Tonnen in 902 Flügen. Die Wochenleistung lag jetzt bei 44 612 Tonnen. Am 12. März wurde diese mit dem neuen Wochenhöchstrekord von 45 664 Tonnen schon wieder überboten. Der 31. März 1949 brachte einen neuen Monatsrekord: 196 141,4 Tonnen Fracht wurden nach Berlin gebracht. Wartungsteams der 61. Squadron wechselten im Laufe des März auf Rhein-Main 154 Triebwerke komplett aus.

Am 7. April 1949, einem Tag mit schlechtem Wetter, werden in Tempelhof 102 Flugzeuge in 6¹/₂ Stunden nach totalem Blindanflug sicher heruntergebracht. Eine C-54 aus Faßberg stellte am 7. April einen neuen »Round Trip«-Rekord auf: In einer Stunde und 57 Minuten war sie nach einer Bodenzeit von nur 15 Minuten und 30 Sekunden in Berlin-Tegel schon wieder in Faßberg gelandet. Dann kommt der sagenhafte absolute Spitzentagesleistungsbestrekordtag, der 16. April 1949, an dem 12 940 Tonnen in 1398 Flügen nach Berlin gebracht wurden. Diese Menge entspricht, das sollte hier einmal festgehalten werden, der Beförderungsleistung von 22 Güterzügen zu je 50 Waggons. General Clay sagte, als ihm diese Zahlen bekanntgegeben wurden: »Wenn wir dieses Tempo beibehalten, werden wir per Luft mehr Nahrungsmittel nach Berlin bringen können, als wir vor der Blockade durch Straßen und Eisenbahn nach Berlin gebracht haben.« An diesem Tage flogen die Luftbrückenmaschinen zusammen die riesige Distanz von 130 274 925 Kilometern, wickelten fast 40 000 Funkgespräche ab und absolvierten 3946 Starts und Landungen in Berlin, wohlgemerkt, innerhalb von 24 Stunden.

Der Tag mit der zweithöchsten Beförderungsquote ist übrigens der 27. April 1949, an dem immerhin 9 119,9 Tonnen in 1022 Flügen nach Berlin kamen. Die Monatsleistung für den April lag bei 235 363,1 Tonnen, das entspricht einem täglichen Durchschnitt von 7845 Tonnen. Der Monat April ist somit der Zeitraum mit den höchsten Beförderungsziffern überhaupt, im Mai 1949 wurden dagegen 227 532,0 Tonnen in 27 718 Flügen nach Berlin gebracht.

Immerhin verursachte die Luftbrücke auch Kosten, die nicht zu knapp waren. Allein die amerikanische Luftwaffe hat insgesamt 252,5 Millionen Dollar für die Luftbrücke ausgegeben. Nach W. Krumholz (Berlin ABC) sind in dieser Summe auch die Ausgaben für 36 Flugzeuge enthalten, die bei dem Unternehmen in Verlust gerieten, sowie natürlich die Gelder für Treibstoffe, Öl, Sold, Verpflegung, Kleidung und Reparaturen.

Die Kosten für die übrigen Ausgaben waren gemäß einer Untersuchung des Senats von Berlin allerdings überhöht, da finanzielle Interessen aufgrund der Notwendigkeit, die Bevölkerung »auf alle Fälle« zu versorgen, naturgemäß zurücktreten mußten. Die hohen Lagerkosten auf den Flugplätzen verteuerten das Unternehmen. Hohe Transportverluste wurden rechnungsmäßig gedeckt. Die Kosten der Luftbrücke liegen mit DM 17,114 Millionen bei der Stadt Berlin und mit DM 7,485 Millionen außerhalb; zuzüglich der Verpackungskosten von DM 7,893 Millionen ergeben sich somit DM 32,492 Millionen. Dieser Wert schließt nicht den Warenwert der Lebensmittel und anderer Güter in sich ein. Auch die Flugplatzkosten, die von den Ländern, in denen die Flugplätze liegen, selbst aufgebracht werden mußten, sind in diesen Kosten nicht enthalten. Niedersachsen zum Beispiel mußte hierfür allein DM 50 Millionen aufbringen.

Die Beteiligung der Länder an den sonstigen Kosten und die wichtige Tatsache, daß von den Militärregierungen für den Lufttransport selbst keine Zahlung verlangt wurde, erklärt den sonst geringen Betrag der Luftbrückenkosten.

Insgesamt verursachte nämlich die Luftbrücke Unkosten im Werte von DM 552,2 Millionen. Der Senat von Berlin kommt zu dem Ergebnis, daß — unter Verrechnung der DM-Ost-Erlöse — von den gesamten zur Verfügung gestellten Mitteln nur DM 194,2 Millionen, das sind 35 %, in den Haushalt zurückgeflossen sind. Gleichzeitig bedeutet dies, daß 65 % finanziert werden mußten. Das geschah zum Beispiel aus Mitteln des Defered Import Accounts, die gleichzusetzen sind mit den schon früher erwähnten GARIOA-Geldern bzw. ERP-Gegenwertfonds aus Einfuhrerlösen.

Ermöglicht wurde der große Erfolg der Berliner Luftbrücke durch den hohen Grad an Wirksamkeit, Kooperation und Zusammenarbeit zwischen den insgesamt 57 000 direkt am Unternehmen Beteiligten. Diese Zahl setzt sich aus 17 000 US-Soldaten der Air Force, Navy und Army zusammen sowie Angehörigen der Royal

Air Force und Royal Navy, der französischen Streitkräfte und Berliner und Westdeutschen Zivilmitarbeitern. Das militärische Personal bestand aus Fliegern, Wartungs- und Überholungspersonal, den Männern der Flugsicherung und den Operationszentralen sowie den Wetterdiensten in allen Teilen der Welt.

12. MAI 1949: DIE BLOCKADE WIRD AUFGEHOBEN, DIE LUFTBRÜCKE GEHT WEITER

Gegen Ende des Jahres 1948, als nebliger Regen und Mangel an Ausrüstungsgegenständen die Luftbrücke immer noch stark gefährdeten, unternahm man eine genaue Umfrage über die öffentliche Meinung. Die Interviewer stellten folgende zwei Fragen: »Glauben Sie, daß die Luftbrücke Berlin über den Winter bringen wird?« und »Würden Sie lieber in einer blockierten Stadt mit Versorgung durch die Luftbrücke leben oder sich dem Osten anschließen?« Die Antwort war ein historisches Beispiel für unbedingtes Vertrauen in die Luftbrücke.

87 von 100 Berlinern antworteten auf die erste Frage: »Ja ich glaube an die Luftbrücke. Ich glaube, daß sie uns durch den Winter bringen wird.« Und auf die zweite Frage, nach der Entscheidung: hier Luftbrücke, dort Sowjets antworteten sogar 96 von 100 Berlinern: »Nein, ich bin gegen einen Anschluß an den Osten!«

Man bedenke, daß diese Umfrage zu einer Jahreszeit durchgeführt wurde, als die Luftbrücke in ihrer schwersten Zeit stand, als das Dezember-Wetter im Kampf gegen den Westen und mit dem Osten im Bunde zu sein schien. Man bedenke weiter, daß ein Viertel aller Westberliner arbeitslos war und fast ein Drittel aller Menschen in West-Berlin von Arbeitslosenunterstützung lebte.

Kein wortreiches Buch, keine Statistiken und Tabellen können die volle Bedeutung der Luftbrücke erschöpfend wiedergeben.

210

Kein Fotograf, kein Maler und kein Dichter kann das Gesamt-
bild jener Monate im Leben von Berlin festhalten. Denn alle
Menschen, die das tun wollten, sind den gleichen Schwächen, der
gleichen Müdigkeit und den gleichen Irrtümern unterworfen wie
jene Menschen in Berlin, die vom Schicksal dazu ausersehen waren, standhaft, mutig und stark zu bleiben.

Die Luftbrücke war Größe, denn die Menschen, die sie geschaffen
hatten und durchführten, waren vom gleichen Schlage wie die
Berliner selbst. Doch den höchsten Preis zahlten 76 Menschen,
die ihr Leben für die Luftbrücke gaben — 31 Amerikaner, 40
Engländer und 5 Deutsche.

Noch bevor die Blockade zu Ende ging, überstieg die Versorgung
Berlins über die Luftbrücke täglich durchschnittlich 8000 Tonnen
— die ungeheure Menge von über einer Viertelmillion Tonnen im
Monat! Fast vergessen waren die Voranschläge von 2000 Tonnen
Kohle und 1439 Tonnen Lebensmitteln täglich, von den Fachleuten nur zögernd vorgebracht und von den Fliegern zuerst
ärgerlich abgelehnt. Fast vergessen war auch der 20. Juli 1948,
an dem man gejubelt hatte über die ersten 54 Skymaster-Maschinen, die zusammen mit 105 Dakotas »schon« 1500 Tonnen täglich in die Stadt brachten. Oder des Eröffnungstermins des Flughafens Tegel am 7. Dezember 1948, nachdem bereits am 29. Oktober die erste Skymaster auf Berlins drittem Flughafen gelandet
war.

Vor Blockade-Ende brachten die endlosen Flugzeug-Geleitzüge
pro Tag durchschnittlich 5300 Tonnen Kohle, 1850 Tonnen Lebensmittel und über 1000 Tonnen Rohmaterial. Wenn die Sunderland-Flugboote wegen des schlechten Wetters nicht auf der
Havel landen konnten, wurden die Salz-Lieferungen nicht etwa
unterbrochen. Man »erfand« besondere korbähnliche Behälter,
die an Landflugzeugen befestigt werden konnten. Als für Heiz-
und Kochzwecke dringend Petroleum benötigt wurde, stellten die
Briten kurzfristig 18 ihrer Tudor- und Lancastrian-Tanker auf

diesen Brennstoff um und flogen Woche für Woche nur Petroleum herein, Hunderte von Tonnen. Jedes Problem fand seine Lösung. Anläßlich einer Presse-Konferenz im Frühjahr 1949 erklärte General William Tunner, der Chef der Combined Airlift Task Force, einmal in wenigen Worten, warum die Luftbrücke zu solcher Präzisionsmaschine wurde: »Die Hauptsache war, die Luftbrücke so auszubauen, daß sie in ruhigem, gleichmäßigem Rhythmus arbeitete. Hunderte von Flugzeugen mußten jede Stunde, jeden Tag und jede Nacht immer das gleiche tun, wie ein gleichmäßiger, ununterbrochener Hammerschlag.«

Trotz des tragischen Todes von 76 Menschen ereigneten sich keineswegs »immer mehr Unfälle«. Wenn man die Gesamtzahl der Luftbrückenflüge bedenkt, war die Unfallrate in Wirklichkeit erstaunlich niedrig: bei fast 300 000 Flügen nach Berlin und zurück, das entspricht der Entfernung von 3960 Erdumkreisungen, ereigneten sich insgesamt nur 126 größere Unfälle, davon 22 mit tödlichem Ausgang. Die Berliner werden nie den Tag vergessen, den 25. Juli 1948, an dem eine mit Mehl beladene Dakota blind durch die Wolkendecke über Berlin stieß und in ein Haus der Handjerystraße in Friedenau stürzte. Die beiden Piloten waren sofort tot, da das zertrümmerte Flugzeug explodierte und lichterloh brannte. Die eine Hälfte des Kastanienbaumes vor dem Haus verbrannte in den lodernden Flammen und die Leute meinten, der Baum werde vertrocknen und eingehen. Aber siehe da — noch während später am Wiederaufbau des Wohnhauses gearbeitet wurde, fing der tote Kastanienbaum an zu blühen, als wollte die Natur den Männern Dank sagen, die ihr Leben für Berlin eingesetzt hatten.

Zu diesem Einsatz, nicht nur der Flieger, sondern auch der Berliner Ladearbeiter, sagte Oberst Foote, der amerikanische Transportoffizier in Tempelhof einmal: »Zahlen allein erzählen noch nicht die ganze Geschichte. Man muß die begeisterte Einsatzfreudigkeit gesehen haben, um zu wissen, welche Entschlossenheit

212

hinter den Gesichtern der Arbeiter steckte, die die Flugzeuge nicht mit der Geschwindigkeit von Menschen, sondern der von mechanischen Robotern entluden.«

Manchmal war diese Schnelligkeit auch fehl am Platze. Einmal hatte es ein Flieger in Tempelhof so eilig, daß er startete, bevor noch die sechs Mann des Abladekommandos aus dem Flugzeug waren. Ein anderes Mal, so erzählt man, stürzte sich eine Ablademannschaft mit solchem Eifer auf die Säcke im Flugzeug, daß sie aus Versehen beinahe den Piloten mit hinausgeworfen hätte.

So gut klappte die Luftbrücke jetzt, daß die tägliche Verbrauchsmenge für einen Westberliner »Normalverbraucher« im Januar 1949 von bisher 1600 Kalorien auf 1880 Kalorien heraufgesetzt werden konnte. Auch die monatlichen Lieferungen von Kohle nach Berlin stiegen ständig, am 30. September 1949 zum Beispiel waren total 1 586 029 Tonnen über die Luftbrücke eingeflogen worden. Nach Beendigung der Luftbrücke hat ein Amateurstatistiker ausgeknobelt, daß 17 Millionen Nachrichtenworte monatlich durch die Fernschreiber gesendet wurden. Wenn alle Flugstunden aller Luftbrückenflugzeuge von einer einzigen Maschine geflogen würden, hätte dieses Flugzeug vor dem Ersten Weltkrieg abfliegen und über 35 Jahre ununterbrochen in der Luft bleiben müssen. Allmählich erkannten selbst die Sowjets die Bedeutung der ständig ansteigenden Transportleistungen über die Luftbrücke. Jeden Tag verfolgten sie die Berichte, die täglich um die Mittagsstunde die Flug- und Tonnageziffern der vergangenen 24 Stunden bekanntgaben. Mit der Zeit wurde es ihnen klar, daß die Berliner Blockade vergeblich war. Sie erkannten die Gefahr einer dauernden Gegenblockade durch den Westen und sie spürten das steigende Mißfallen der ganzen freien Welt.

Gegen Ende April 1949 kamen die ersten Gerüchte in Umlauf. New Yorker Zeitungen berichteten, die Sowjets seien zu Verhandlungen über die Beendigung der Berliner Blockade bereit. Dr. Philip Jessup, der amerikanische Vertreter bei den Vereinten Nationen sprach mit Jakob Malik, dem sowjetischen Vertreter. Man kann sich dieses diplomatische Gespräch so vorstellen: Eines schönen Aprilabends spazierten die beiden auf dem kahlen Flur im UN-Gebäude. »Malik«, eröffnete Dr. Jessup das Gespräch, »wir halten beide den Berliner Bären am Schwanz gepackt — ich habe das Gefühl, wir können ihn jetzt loslassen, nicht wahr? Wir müssen nur offen miteinander sprechen«.

»Wissen Sie, Kollege Jessup, das gleiche Gefühl habe ich schon seit einer ganzen Weile.«

»Was schlagen Sie vor, Malik?«

»Ich muß mir vom Kreml neue Anweisungen holen. Aber ich glaube, wir können zu einer Verständigung kommen!«

»Gut, ich werde mit Washington sprechen, Sie sprechen mit Moskau. Mal sehen, was dabei herauskommt.«

Es kam heraus, daß die Vertreter Frankreichs, Englands, der USA und der UdSSR einige Tage später in New York um den Verhandlungstisch saßen und über die Beendigung der Blockade sprachen. Am 5. Mai kam schließlich ein amtliches Kommuniqué aus New York: »Die vier Großmächte haben beschlossen, die Blockade Berlins genau am 11. Mai um Mitternacht zu beenden. Alle Verkehrs- und Handelseinschränkungen in Deutschland werden von beiden Seiten aufgehoben.«

Man hätte erwarten können, daß in Berlin ein wilder Freudentaumel einsetzte, aber er kam nicht. General Clay erklärte: »Die alliierte Luftbrücke wird in bisheriger Stärke weitergeführt, bis ein Vorrat von 200 000 Tonnen Kohle und Lebensmitteln in Berlin vorhanden ist.«

Und vom Luftwaffen-Hauptquartier in Washington kam eine ebensolche Erklärung: »Das Personal und die Maschinen der Luftbrücke werden so lange in Europa bleiben, bis wir sicher sind, daß die Sowjets keine zweite Blockade planen.«

Aber die Beendigung der Blockade war kein Trick, denn sie lag zu sehr im eigenen Interesse des Ostblocks. In Ostberlin zeigte sich überall erleichtertes Lächeln. Der Ostberliner Polizeipräsident Markgraf befahl mit fast übertriebener Eile: »Alle Verkehrskontrollen an der Sektorengrenze werden nach Aufhebung der Blockade aufhören und alle damit zusammenhängenden Maßnahmen eingestellt werden.«

In Hamburg, Lübeck, Bremen und anderen Städten waren plötzlich nicht mehr genug Überland-Lkw's für den normalen Geschäftsablauf verfügbar, denn jeder wollte der erste sein, der nach Aufhebung der Blockade seine Waren wieder nach Berlin brachte. In der Nacht vom 11. zum 12. Mai drängten sich Tausende von Berlinern am Rande der Autobahn und in den Bahnhöfen. Voll Eifer und brennendem Interesse wollten sie selbst sehen, ob das Unglaubhafte wirklich wahr werde. Hunderte von Zeitungsreportern und Bildberichtern aus allen Teilen der Welt strömten nach Berlin, um über den historischen Augenblick der Blockadeaufhebung zu berichten. Fahnen flatterten über die Straßen, Blumen und Girlanden lagen am Rande der Autobahn bereit, die Fahrer der ersten Lkw's zu erfreuen.

Und währenddessen dröhnte das ununterbrochene beruhigende Motorengeräusch der riesigen Luftbrücke durch die Nacht. Die Luftbrücke wurde ohne Unterbrechung und ohne Verzögerung weitergeführt.

Genau eine Minute nach Mitternacht an diesem 12. Mai 1949 ergriff ein Sergeant der Roten Armee den Schlagbaum über der Straße und hob ihn hoch. Der erste große Lastwagen, mit frischem Obst und Gemüse voll beladen, rollte über das Niemandsland rein nach West-Berlin. Die wartende Menge brach in einen Beifallssturm aus, ein mächtig anschwellender Willkommensruf klang in die Nacht. Und über viele, allzu viele Wangen rannen Tränen der Dankbarkeit.

Es war eine unvergeßliche Nacht damals in West-Berlin. Wir Kinder jubelten mit, hemmungslos weinten einige Eltern vor Freude und Erleichterung. Überall verkündeten handgeschriebene Plakate: »Hurra, wir leben noch! Berlin ist wieder frei!«

Der westberliner »Tagesspiegel« schrieb: »Die Initiatoren der grausamen Blockade fallen stiller Verachtung anheim, während diejenigen von der ganzen Welt gepriesen werden, die die Lage gemeistert haben. Alle Berliner gedenken in Dankbarkeit der Piloten und Arbeiter, deren Erfolg ein echtes Geschenk für die Stadt bedeutete.«

Die Luftbrücke fuhr fort, die Mindestreservemengen in Berlin aufzufüllen, bis sich die internationale Situation langsam klärte. Am 30. Juli 1949 wurde die offizielle Beendigung der Luftbrücke nach Berlin auf den 31. Oktober festgelegt. Anfang August 1949 verließ die erste C-54 den Rhein-Main-Flughafen, diesmal nicht nach Berlin, sondern zum endgültigen Rückflug in die USA. Mitte August zogen sich die beiden US-Marine-Geschwader vom Luftbrücken-Unternehmen zurück. Am 1. September wurde von General Tunner das Amt des Leiters der Combined Airlift Task Force niedergelegt, weil seine Aufgabe erfüllt war. Am 30. September 1949 verließ die letzte C-54 Rhein-Main im Rahmen der Luftbrücke, nach einer Einsatzzeit von 1845 Flugstunden auf dieser Strecke, einen Monat vor der geplanten Stillegung. Die Briten hielten noch einige Tage die »Stellung«. Erst am 6. Oktober 1949 landete die letzte Hastings des Unternehmens Luftbrücke in Gatow.

Im ehemaligen Hauptquartier der Vereinten Luftbrückenverbände in Wiesbaden hält ein amerikanischer Offizier Vortrag. Unter anderem gibt er die Zahlen der Luftbrückenleistung bekannt: »Die Verbände flogen insgesamt 2 342 257 Tonnen Versorgungsgüter in 279 114 Flügen nach Berlin. Davon die Amerikaner in 190 951 Flügen 1 782 295 Tonnen, die britische Luftwaffe und englische zivile Fluggesellschaften in 88 163 Flügen 541 962 Tonnen. Die geflogene Gesamtentfernung aller Luftbrückenmaschinen beträgt rund 175 Millionen Kilometer, das entspricht über 200 Flügen von der Erde zum Mond. Die Frachten bestanden zu 67 % aus Kohle, 24 % aus Lebensmitteln und 9 % aus Rohmaterialien, Medikamenten, Zeitungspapier und anderen Frachten. Außerdem flogen insgesamt 93 869 Menschen, deutsche und alliierte Beamte, Flüchtlinge, evakuierte Kinder, Zeitungsreporter und andere, während der Blockade aus der Stadt heraus. Das »Wunder« der Luftbrücke ist bekannt. Aber nur wenige wissen, daß hinter der fast maschinellen Präzision, Zeiteinteilung und Zusammenarbeit schwere körperliche Arbeit und unendliche Stunden gründlicher Planung standen.

Hierzu vielleicht eine Passage aus »Diplomat unter Kriegern« von Robert Murphy, dem Sonderberater Clays, damit man sieht, daß die Blockade durchaus auch andere Beurteilungen erhielt:

»...Als die Blockade nach fast einem Jahr aufgehoben wurde, begrüßten Presse und Öffentlichkeit in Amerika dieses Ergebnis als einen großen Sieg der Westmächte. Die erfolgreiche Luftbrücke erweckte allenthalben ein berauschendes Triumphgefühl. Im Grunde genommen aber hatten sich die Politiker in Washington nur auf ein Experiment eingelassen, das nicht mehr bewies, als daß eine moderne allein auf dem Luftwege versorgte Großstadt leben und überleben konnte.

Nur wenige Beobachter schienen zu begreifen, daß unser Entschluß uns ausschließlich auf die Luftbrücke zu stützen, einem Verzicht auf unsere schwer errungenen Rechte in Berlin gleichkam, einem Verzicht, dessen Folgen uns seitdem erheblich zu schaffen gemacht haben. Der kritische Punkt an der neuen Berlin-Regelung war, daß die amerikanische Regierung es unterlassen hatte, sich darin ihre legitimen Ansprüche auf Zugang nach Berlin auf der Straße und den Wasserwegen bestätigen zu lassen. Während der ganzen Blockade hatten die Russen den Westmächten die Benutzung eben dieser Zugangswege verweigert und der Zugang war in den Bedingungen jener Vereinbarungen nicht besser abgesichert als vor der Blockade.«

Nun, sei es wie es sei, die Luftbrücke war erfolgreich und Berlin veränderte sich seitdem zusehens. Wer heute an die Spree kommt, findet überall Beispiele dafür, daß Berlin wieder eine »Weltstadt« geworden ist.

ANHANG

VERZEICHNIS DER UNFÄLLE WÄHREND DER
BERLIN-LUFTBRÜCKE

8. Juli 1948 — Beim Landeanflug auf den Flugplatz Wiesbaden prallt eine C-47 gegen einen im Nordwesten der Stadt gelegenen Hügel. Die beiden Piloten Leutnant George B. Smith und Mr. George Haan (Zivilist) kommen bei dem Unfall ums Leben.
25. Juli 1948 — Eine C-47 stürzt beim Blindanflug auf den Flughafen Tempelhof in ein Wohnhaus in der Handjerystraße in Berlin-Friedenau, die beiden Piloten Leutnants Charles H. King und Bovert W. Stuber unter sich begrabend.
24. August 1948 — Zwei C-47 stoßen über Hanau in der Luft zusammen. Alle vier Piloten der beiden Maschinen kommen ums Leben. Es sind Major Edwin O. Diltz, Captain William R. Howard, Captain Joelm Devaientine und Leutnant William T. Lucas. Am gleichen Tage stürzt die erste Luftbrücken-C-54 auf dem Rückflug von Berlin beim Landesanflug auf den Rhein-Main-Flughafen ab, die Flieger Captain James A. Vaughan, Leutnant Eugene Erickson und Sergeant Richard Winter kommen ums Leben.
23. November 1948 — Eine Lancaster der Flight Refuelling Ltd. stürzt beim Überführungsflug nach Hamburg über Thruxton/England ab. Alle sieben Insassen kommen dabei ums Leben. Es sind Captain Cyril Taylor, Captain Reginald M. Heath, Captain William Cusack, Navigations-Offizier Michael E. Casey, Navigations-Offizier Alan J. Burton, Funker Dornford W. Robertson und Flugingenieur Kenneth A. Seaborne.
5. Dezember 1948 — Eine C-54 stürzt beim Start auf dem Flugplatz Faßberg ab und begräbt unter sich die Flieger Captain Billy E. Phelps, Leutnant Willie F. Hargis und Sergeant Lloyd G.

Wells. Am gleichen Tage stürzt eine R 5-D (C-54) der amerikanischen Marine beim Landeanflug auf den Rhein-Main-Flughafen ab. Ein Mann der Besatzung, CPO Harry Crites, kommt dabei ums Leben.

8. Dezember 1948 — Eine Tudor der Airflight Ltd. stößt beim Rollen auf dem Flugplatz Gatow mit einem Lastwagen zusammen. Der Chef-Pilot der Gesellschaft, Captain Clement W. Utting, kommt bei dem Unfall ums Leben.

7. Januar 1949 — Eine C-54 auf dem Wege nach Burtonwood stürzt 100 km nördlich dieser Stadt ab und begräbt unter sich die Flieger Leutnant Lowell A. Wheaton jr, Leutnant Richard M. Wurgel, Captain William A. Rathgeber, Sergeant Bernard J. Watkins, Corporal Nobert H. Thies und Ronald E. Stone (Zivilist).

12. Januar 1949 — Eine weitere C-54 verunglückt drei Kilometer östlich von Rhein-Main beim Landeanflug und begräbt unter sich die Flieger Leutnant Ralph H. Boyd, Leutnant Craig B. Ladd, sowie Sergeant C. L. Putnam. Zwei weitere C-54 verunglückten kurz darauf, und zwar eine Maschine im Warteraum über Faßberg, wobei der Pilot Leutnant Robert P. Weaver ums Leben kommt. Die andere C-54 fängt in der Luft Feuer und stürzt im südlichen Luftkorridor nahe Fulda ab, wobei der Pilot Leutnant Royce C. Stephens ums Leben kommt.

15. März 1949 — Eine York der Skyways Ltd. verunglückt in der Nähe des Flugplatzes Gatow. Alle drei Mann der Besatzung kommen dabei ums Leben. Es sind Captain Cecil Golding, 1. Offizier Henry T. Newman, Funker Peter J. Edwards.

21. März 1949 — Ein Halton-Tanker der Lancashire Aircraft Corporation Ltd. verunglückt auf dem Flugplatz Schleswigland. Die Besatzung, Captain Robert J. Freight, Navigations-Offizier James P. Sharp und Flugingenieur Henry Patterson, kommt ums Leben. Schon am 15. Januar war Bodenpersonal der gleichen Gesellschaft in Schleswigland verunglückt und zwar die Ingenieure Theodor Supernatt, Patrick Griffin und Edward O'Neill.

30. April 1949 — Ein Halton-Frachter der World Air Freight stürzt in der Nähe von Nauen/DDR in einen Wald. Die vierköpfige Besatzung kommt dabei ums Leben. Es sind Captain William R. Lewis, Navigations-Offizier Edward E. Carrol, Flugingenieur John Anderson und Funker Kenneth G. Wood. Es wird erwähnt, daß zu diesem Unfall, der sich im Rahmen der Berliner Luftbrücke als letzter ereignet hat, von den Sowjets die Erlaubnis erteilt wurde, u. a. die Frau eines der Piloten zur Unfallstelle durchzulassen.

Von den hier folgenden Luftbrücken-Unfällen lagen genauere Angaben über die Namen der Verunglückten nicht vor:
Fünf RAF-Angehörige kamen bei dem Unfall einer York am 19. September 1948 ums Leben. Eine Dakota verunglückte am 17. November 1948, wobei vier RAF-Soldaten ums Leben kamen. Eine andere Dakota stürzte am 24. Januar 1949 ab, wobei ein Pilot ums Leben kam. Am 16. März 1949 verunglückte eine RAF-York und begrub drei Mitglieder der Besatzung. Ein ziviler Halvard-Tanker und mit ihm drei Mitglieder der Besatzung verunglückte am 22. März 1949. Es besteht die Wahrscheinlichkeit, daß dieser Unfall mit dem am 21. März auf dem Flugplatz Schleswigland in Verbindung steht. Am 23. März 1949 verunglückte eine Dakota, wobei drei Mann ums Leben kamen.

Detailliertere Angaben zu diesen Luftbrücken-Unfällen waren im Rahmen der Untersuchungen zu diesem Buch nicht zu erhalten. Auf der anderen Seite sollte die Aufzählung auch dieser Unfälle nicht an der Freude einer, hier billigen, Sensation angesehen werden, sondern ist Bestandteil einer Dokumentation, die ohne sie einfach nicht vollständig wäre.

ZEITCHRONIK ZUR BERLIN-LUFTBRÜCKE

20. Juni 1948 — Währungsreform in den drei Westzonen

Deutschlands, nachdem eine gemeinsame Währungsreform in ganz Deutschland am Widerstand der Sowjetunion gescheitert war.

22. Juni — Abbruch der Viermächtebesprechungen über eine einheitliche Währungsreform in ganz Berlin.

23. Juni — Marshall Sokolowski ordnet eine Währungsreform für die Sowjetzone und ganz Berlin an. Die westlichen Stadtkommandanten setzen diesen Befehl für ihre Sektoren außer Kraft.

24. Juni — Nach zahlreichen vorherigen Verkehrsbehinderungen sperrt die sowjetische Besatzungsmacht die Westsektoren völlig ab. Jeder Personen- und Güterverkehr von und nach West-Berlin ist unterbunden.

25. Juni — Die westdeutsche Währung wird auf Befehl der drei Kommandanten in den Westsektoren eingeführt. Daneben ist die Ostwährung als Zahlungsmittel zugelassen.

26. Juni — Auf Veranlassung des amerikanischen Militärgouverneurs General Lucius D. Clay wird die Versorgung West-Berlins durch Flugzeuge aufgenommen. Flugzeuge der amerikanischen Luftwaffe transportieren 80 Tonnen Lebensmittel von Frankfurt-Rhein-Main nach Berlin-Tempelhof.

28. Juni — 35 viermotorige C-54 Skymaster verlassen Basen in Alaska, Texas und Hawaii, um an der Luftbrücke nach Berlin teilzunehmen. Die bereits im Einsatz befindlichen zweimotorigen C-47 Dakotas beginnen mit ihrem Rund-um-die-Uhr-Service.

29. Juni — Die »Operation Vittles« organisiert sich unter Brigadegeneral Joseph Smith.

30. Juni — Die ersten C-54 kommen in Deutschland an. Wiesbaden wird Luftbrücken-Basis.

5. Juli — Britische Short-Sunderland-Flugboote beginnen ihren Einsatz von Hamburg-Finkenwerder nach Berlin und landen hier auf der Havel bei Lindwerder.

7. Juli — Die ersten Kohlen werden nach Berlin geflogen. Die Luftbrücken-Tonnage erreicht erstmals 1000 Tonnen in 24 Stunden.

8. Juli — Erster großer Unfall der Luftbrücke, dem eine C-47 mit zweiköpfiger Besatzung zum Opfer fällt.

12. Juli — Die zweite Rollbahn wird in Tempelhof fertig.

25. Juli — Eine C-47 stürzt beim Blindanflug auf Tempelhof in ein Wohnhaus in Friedenau ab. Beide Piloten sind tot.

27. Juli — Die zivile Fluggesellschaft Flight Refuelling beginnt ihre Operationen nach Berlin mit drei Lancastrian-Tankern.

28. Juli — Major General William H. Tunner übernimmt den Befehl über die Luftbrückenoperationen des amerikanischen Teils.

30. Juli — Zwei weitere Geschwader mit C-54 treffen in Deutschland ein. »Operation Vittles« wird umgenannt in »Airlift Task Force«.

1. August — Die Luftbrücke transportiert erstmals 2000 Tonnen innerhalb von 24 Stunden nach Berlin.

4. August — Erster Tag der Zivil-Luftbrücke.
In Wunstorf etablieren sich eine Halton der Bond Air Services und eine Liberator der Scottish Airlines. In Faßberg werden stationiert: Neun Dakotas der Scottish, drei von Air Contractors, je eine von Trent Valley Aviation, Air Transport, Kearsley Airways und Westminster Airways und in Finkenwerder zwei Hythe-Flugboote der Aquila Airways.

5. August — Die Basis Oberpfaffenhofen wird zuständig für die 200 Stunden-Inspektion von Luftbrücken-Flugzeugen.

6. August — Die Ciros Aviation stationiert eine Dakota in Faßberg zur Teilnahme an der Luftbrücke.

7. August — Amerikanische und britische Flugzeuge setzen einen neuen Meilenstein in die Geschichte der Berliner Luftbrücke. Erstmals werden 3880 Tonnen in 666 Flügen innerhalb eines Tages in die Stadt eingeflogen.

8. August — Die Fluggesellschaft Flight Refuelling zieht von Bückeburg nach Faßberg um und beginnt von dort ihre Versorgungsflüge mit flüssigen Brennstoffen nach Berlin.

10. August — Der Personalchef der US-Luftwaffe inspiziert die Luftbrücke.

12. August — US- und RAF-Maschinen erreichen erstmals die erweiterte Minimalgrenze für Versorgungsgüter. In 707 Flügen bringen sie 4742 Tonnen nach Berlin.

14. August — Die Scottish Airlines-Liberator wird aus der Luftbrücke zurückgezogen.

17. August — Eine C-74-Globemaster startet zum ersten Testflug nach Berlin, ihre Frachtladung wiegt 19 Tonnen. Sie bringt damit in einem Flug fast doppelt so viel wie die Skymaster in zwei Flügen in die belagerte Stadt.

21. August — Ein Teil der vorher in Wiesbaden stationierten C-54 überführt nach Faßberg, RAF-Basis in der britischen Zone.

24. August — Zwei C-47 stoßen östlich von Hanau in der Luft zusammen. Vier Tote.

26. August — Die Fluggesellschaft Eagle Aviation tritt der Luftbrücke mit dem Einsatz einer Halton-Maschine von Wunstorf aus bei.

27. August — Die Dakotas der Scottish Airlines werden von der Luftbrücke zurückgezogen.

28. August — Alle Zivilflugzeuge, die bisher in Faßberg stationiert waren, werden von nun an von Lübeck eingesetzt.

1. September — Neben Oberpfaffenhofen wird Burtonwood/England als zweites Überholungs- und Wartungszentrum für Luftbrückenflugzeuge in Betrieb genommen.

3. September — Die Fluggesellschaft Airflight tritt der Luftbrücke mit Tudor-Frachtern von Wunstorf aus bei.

13. September — Die erste der fünf »Fliegenden Güterwagen« vom Typ C-82 zum Transport von sperrigen Frachten nimmt ihren Dienst in der Luftbrücke auf.

17. September — Halton-Frachter der Skyflight starten erstmals von Wunstorf nach Berlin.

18. September — Die Silver City Airways nehmen ihren Luft-

brücken-Einsatz mit zwei Wayfarer-Maschinen von Wunstorf aus auf. Alle früheren Rekorde gebrochen: Erstmals transportieren kombinierte britische und amerikanische Einheiten 6987,7 Tonnen in 896 Flügen an einem Tage nach Berlin.

21. September — Die British Nederland Air Services stationiert eine Dakota in Lübeck zur Teilnahme an der Luftbrücke.

23. September — Die British South African Airlines tritt der Luftbrücke bei. Sie stationiert zwei Tudor-Tanker in Wunstorf zusammen mit einer Viking im Charter der Transworld.

24. September — Eine Dakota für die Luftbrücke der Horaton Airways kommt in Lübeck an. Die amerikanische C-74 macht ihren letzten von 24 Flügen nach Berlin, auf denen sie insgesamt 428,6 Tonnen transportierte.

30. September — Alle Maschinen des zweimotorigen Typs C-47 sind vom Luftbrückeneinsatz zurückgezogen. Dies gilt allerdings nur für die USAF, andere Gesellschaften setzen die C-47 auch weiterhin ein.

1. Oktober 1948 — Leutnant J. R. Finn absolviert als erster Flieger seinen 100. Einsatz auf der Luftbrücke.

5. Oktober — Alle Zivilflugzeuge aus Lübeck ziehen um nach Hamburg-Fuhlsbüttel.

6. Oktober — World Air Freight startet erstmals mit einer Halton von Wunstorf aus nach Berlin. Die Skyflight ziehen sich vom Luftbrückeneinsatz zurück.

8. Oktober — Die Halton G-AKGZ der World Air Freight erleidet in Gatow einen Unfall, keine Verletzten.

14. Oktober — Britische und amerikanische Luftbrückeneinheiten werden unter einem Oberbefehl zusammengefaßt. General W. Tunner wird Chef der Combined Airlift Task Force, stellvertretender Chef ist Air Commodore J. W. Merer. Die 1000. C-54 fliegt aus Wiesbaden nach Berlin ab.

16. Oktober — Lancashire Aircraft Corp. stationiert drei Halton-Frachter in Wunstorf.

18. Oktober — Erster fataler Unfall einer C-54 in der Nähe von Rhein-Main. Drei Tote.

19. Oktober — Sivewright Airways stationiert eine Dakota in Hamburg.

20. Oktober — Die BOAC stationiert drei Dakotas in Hamburg.

28. Oktober — Die Tudors der Airflight werden zu Tankern umgebaut.

29. Oktober — Als dritter Flughafen in West-Berlin wird Tegel eröffnet, nach einer Bauzeit von nur 85 Tagen ist die erste Landebahn in Betrieb genommen worden.

30. Oktober — Die Lancashire Aircraft Corp. operiert mit Halton-Tankern von Wunstorf aus.

5. November 1948 — Die 300 000. Tonne wird von Leutnant D. Bridwell nach Berlin geflogen.

8. November — Die erste C-54 von zwei amerikanischen Marine-Geschwadern tritt der Luftbrücke in Rhein-Main bei.

10. November — Trent Valley Aviation, Ciros Aviation, Air Contractors und Kearsley Airways ziehen sich von der Luftbrücke zurück. Die Airwork positioniert einen Bristol-Frachter in Hamburg.

11. November — Die ersten 100 Tage der Zivilen Luftbrücke sind abgeschlossen.

14. November — Die beiden Vikings und die Dakota der British Nederlands werden von der Luftbrücke zurückgezogen. Bond Air Services zieht mit ihren Halton von Wunstorf nach Hamburg um.

15. November — Sivewright Airways und Air Transport ziehen sich von der Luftbrücke zurück. Die Überführung von Wartungseinheiten von Oberpfaffenhofen nach Burtonwood ist abgeschlossen. Die reguläre C-54-Überholung auf dieser neuen Basis beginnt am 18. November.

16. November — Die Gesellschaft Skyways tritt mit drei Yorks in Wunstorf der Luftbrücke bei.

18. November — Die Hornton Airways zieht sich von der Luftbrücke zurück.

20. November — Eagle Aviation zieht von Wunstorf nach Hamburg um.

21. November — British South African beginnt ihren Einsatz mit Tudor-Tankern von Wunstorf aus.

23. November — Westminster Airways-Dakotas ziehen sich von der Luftbrücke zurück. Die Lancaster G-AOJW der Flight Refuelling stürzt über Truxton/England ab. Sieben Tote.

24. November — Wayfarer-Maschinen der Silver City fliegen nach England zurück. Die Haltons der Lancashire Aircraft werden nach Schleswigland verlegt.

25. November — BOAC zieht sich von der Luftbrücke zurück.

26. November — Alle Dakotas der Luftbrücke sind nun vom Einsatz zurückgezogen. Durch schlechtes Wetter bedingt beträgt die im November nach Berlin geflogene Menge 112 760 Tonnen.

29. November — Die British South African zieht einen Tudor-Frachter vom Luftbrückeneinsatz zurück.

30. November — Durch die Proklamation eines »Magistrats« auf einer Funktionärsversammlung der SED wird Berlin gespalten.

1. Dezember 1948 — Der legale Magistrat unter dem amtierenden Oberbürgermeister Dr. Friedensburg (CDU) ist gezwungen, seinen Dienstsitz nach West-Berlin zu verlegen (zuerst nach Charlottenburg, dann ins Rathaus Schöneberg).

4. Dezember — Der geistige Terror an der Berliner Universität im Sowjetsektor führt zur Gründung der »Freien Universität« in West-Berlin.

5. Dezember — Durch ein Verbot der sowjetischen Besatzungsmacht können die Wahlen zu Stadt- und Bezirksverordnetenversammlungen nur noch in den Westsektoren durchgeführt werden. Damit ist die Spaltung der Milionenstadt vollzogen. Die Westberliner bekennen sich eindeutig zur demokratischen Lebensform des Westens. Die SED stellt sich nicht zur Wahl.

7. Dezember — Nach Tagen sehr schlechten Wetters, an denen der Flugbetrieb völlig ruhte, werden erstmals wieder 4964 Tonnen nach Berlin geflogen.

8. Dezember — Captain Utting, Chef-Pilot der Airflight, fällt einem Zusammenstoß mit einem Lkw auf dem Flugplatz Gatow zum Opfer.

9. Dezember — Silver City stationiert zwei Bristol-Frachter in Hamburg.

11. Dezember — British American Air Services startet mit zwei Halton-Frachtern von Hamburg nach Berlin.

15. Dezember — Die Aquila Airways mit ihren Hythe-Flugbooten zieht sich von der Luftbrücke zurück. Finkenwerder wird wegen Eisbildung für Flugboot-Operationen geschlossen. Die 317th Troop Carrier Group wird von Wiesbaden nach Celle verlegt und eröffnet damit die zweite US-Basis innerhalb der britischen Zone.

16. Dezember — Die Lancashire Aircraft Corp. beendet ihre Operationen mit Frachtern und stellt auf Tank-Flugzeuge um. Die 5000. Landung einer Zivil-Luftbrückenmaschine wird von einer York der Skyways in Berlin erreicht. Bis zu diesem Tag wurden über 26 170 Tonnen von zivilen Flugzeugen befördert.

20. Dezember — Luftbrückenbesatzungen in Faßberg gründen die »Operation Santa Claus« und fliegen 10 000 Geschenke für Berliner Kinder in die blockierte Stadt.

24. Dezember — Berühmte Künstler, u. a. Bob Hope, starten eine Unterhaltungstour für das Personal der Luftbrücke. Die World Air Freight stationiert einen Halton-Frachter in Hamburg.

26. Dezember — Sechs Monate nach Beginn der Luftbrücke. Insgesamt wurden in dieser Zeit 700 172,7 Tonnen in 96 640 Flügen nach Berlin befördert.

31. Dezember — Der 100 000. Flug im Rahmen der Luftbrücke ist erreicht.

1. Januar 1949 — Insgesamt 41 287 Tonnen wurden innerhalb des Neujahr-Wochenendes nach Berlin geflogen.

228

2. Januar — Der erste Skyways Lancastrian-Tanker kommt in Wunstorf an. Die ersten 12 Luftbrücken-Männer machen Urlaub in den Staaten.

7. Januar — Eine Luftbrücken-C-54 stürzt bei Burtonwood ab, alle sechs Insassen kommen ums Leben.

8. Januar — Auch die zweite British South African-Tudor wird aus der Luftbrücke abgezogen.

13. Januar — Allein die amerikanische Luftwaffe fliegt an diesem Tag 6678,9 Tonnen in 755 Flügen nach Berlin.

14. Januar — Ernst Reuter wird zum Oberbürgermeister gewählt. Der »Operation Little Vittles«-Organisator Leutnant Halvorsen verläßt Deutschland. In der Nähe von Rhein-Main stürzt eine C-54 ab. Drei Tote.

15. Januar — Drei Zivil-Angestellte kommen bei einem Unfall auf dem Flugplatz Schleswigland ums Leben. Der Flughafen Tegel in Berlin wird für zivile Flugzeuge geöffnet.

18. Januar — Eine C-54 stürzt 16 Kilometer östlich von Faßberg ab, der Pilot kommt ums Leben.

25. Januar — British American Air Services baut ihren Frachter zu einem Tank-Flugzeug um und beginnt ihre Operationen von Schleswigland aus.

29. Januar — Auch Westminster Airways tritt wieder der Luftbrücke bei und zwar mit einem Halton-Tanker von Schleswigland aus.

31. Januar — Der Januar-Rekord beträgt 171 960 Tonnen.

5. Februar 1949 — Silver City zieht sich von der Luftbrücke zurück.

12. Februar — Airwork stellt ebenfalls ihre Operationen ein.

18. Februar — Eine Million Tonnen Versorgungsgüter sind nach Berlin geflogen.

19. Februar — Scottish Airlines tritt der Luftbrücke wieder bei und zwar mit zwei Liberator-Tankern von Schleswigland aus.

20. Februar — Der 200. Tag der Zivil-Luftbrücke.

Schlechtes Wetter verursacht Hemmung, nur 205,5 Tonnen in 22 Flügen werden nach Berlin gebracht.

22. Februar — Neuer Tagesrekord: 7513 Tonnen in 876 Flügen.

23. Februar — Neuer Rekord: 7897 Tonnen in 905 Flügen.

26. Februar — Abermals neuer Tagesrekord: 8025 Tonnen in 902 Flügen innerhalb von 24 Stunden. Die Wochenleistung, endend mit Samstag-Nacht 24 Uhr beträgt damit 44 612 Tonnen.

12. März 1949 — Neuer Wochenrekord: 45 664 Tonnen.

15. März — Die York G-AHFI stürzt nahe dem Flugplatz Gatow ab. Drei Mann der Besatzung werden getötet.

20. März — Die Ost-Mark gilt in West-Berlin nicht mehr als gesetzliches Zahlungsmittel.

21. März — Die Halton G-AJZZ der Lancashire Aircraft Corp. stürzt nahe Schleswigland ab, drei Tote.

30. März — Zweithöchster Tagesrekord im März: 8020,8 Tonnen in 905 Flügen.

31. März — Der neue Monatsrekord beträgt 196 160,7 Tonnen. Von der 61st Maintenance Rhein-Main Squadron wurden 154 Triebwerke an Luftbrückenflugzeugen im März ausgewechselt.

1. April 1949 — Die BEA gründet eine spezielle Abteilung für die Zivil-Luftbrücke, die Civil Airlift Division.

7. April — Tempelhofer GCA-Crews sprechen alle vier Minuten in einer Zeit von 6¹/₂ Stunden 102 Flugzeuge herunter. Eine C-54 aus Faßberg schafft den Hin- und Rückflug nach Berlin einschließlich einer Bodenzeit in Tegel von 15 Minuten in einer Gesamtzeit von unter zwei Stunden.

11. April — Neuer Tagesrekord: 8246,1 Tonnen in 922 Flügen.

16. April — In einer »Oster-Parade« ungeahnten Stils flogen die Vereinigten Luftbrückeneinheiten von Mittag, dem 15. 4. bis Mittag, dem 16. 4. ihre bisher und auch in der Zukunft absolut höchste Tonnagequote in die Stadt: in 1398 Flügen wurden 12 940 Tonnen Kohle, Lebensmittel und andere Güter in die blockierte Stadt Berlin geflogen. 3946 Starts und Landungen wur-

den auf West-Berlins drei Flughäfen abgewickelt, alle vier Sekunden wurde ein Funkgespräch mit Luftbrückenmaschinen abgewickelt — 24 Stunden lang. 80 % aller Luftbrückenflugzeuge war zu dieser Operation eingesetzt, einige Gruppen meldeten sogar 100%-ige Einsätze ihrer Maschinen.

Flight Refuelling verlegt von Wunstorf nach Hamburg.

18. April — General Vandenberg, Chef der USAF, nennt die Oster-Parade einen »Meilenstein in der Geschichte des Lufttransports.«

Am selben Tage werden 8923 Tonnen in 979 Flügen eingeflogen.

22. April — Während der vergangenen fünf Tage wurde per Flugzeug mehr nach Berlin eingeflogen als die durchschnittliche Menge an Gütern, die vor der Blockade per Schiff, Eisenbahn und Straße in die Stadt kam, diese Menge lag bei 8000 Tonnen.

23. April — Der dritte Tagesrekord dieses Monats: 8774,3 Tonnen in 974 Flügen. Neuer Wochenrekord: 58 155 Tonnen in 6437 Flügen.

25. April — Wieder eine Tagesbestleistung: 8939,1 Tonnen in 1011 Flügen.

27. April — Der Rekord vom 25. 4. wird mit 9119,9 Tonnen in 1022 Flügen überboten.

30. April — Der neue Monatsrekord liegt bei 232 263,7 Tonnen, das entspricht einem Tagesdurchschnitt während des ganzen Monats April von 7845,5 Tonnen.

Die Halton G-AKAC der World Air Freight stürzt in der Nähe von Nauen über der russischen Zone ab. Die vier Insassen kommen dabei ums Leben.

Der neue Wochenrekord liegt bei 60 772 Tonnen.

4. Mai 1949 — Erstmals landet eine C-97 Stratofreighter mit einer Ladekapazität von 24 Tonnen in Tempelhof.

5. Mai — In einem Kommuniqué von der Sitzung der vier Großmächte der Vereinten Nationen in New York wird bekanntgegeben, daß die Aufhebung der Blockade für den 12. Mai vorgesehen

ist. Für den 23. Mai ist eine Sitzung der vier Außenminister vorgesehen, an der die Berlin-Frage behandelt werden soll.

10. Mai — Eine Lancastrian der Flight Refuelling macht in der sowjetisch besetzten Zone eine Notlandung, keine Verletzten.

12. Mai — Die Sowjets brechen die Blockade West-Berlins ab.

Die Spaltung der Stadt besteht weiter. Das gesamte Versorgungs- und ein großer Teil des Verkehrsnetzes bleiben zerrissen. Die zwischen West- und Ostberlin bestehenden Verkehrsverbindungen — das U-Bahnnetz sowie 18 Straßenbahn- und 2 Autobuslinien der Berliner Verkehrsbetriebe und die von der Sowjetzone betriebene S-Bahn — bleiben noch aufrechterhalten. Infolge der verschiedenen Währungen in beiden Teilen der Stadt werden die Fahrscheine je nach Fahrtantritt mit West- bzw. Ostgeld bezahlt, gelten aber einheitlich auf der gesamten Strecke. An den Sektorenübergängen erfolgt jedoch ein Schaffnerwechsel.

14. Mai — Das sogenannte Kleine Besatzungsstatut wird erlassen; dadurch besteht keine alliierte Direktverwaltung mehr.

23. Mai — Das vom Parlamentarischen Rat in Bonn und von den Parlamenten der Länder verabschiedete Grundgesetz (»Berlin ist ein Land der Bundesrepublik Deutschland«) tritt in Kraft. Damit ist die Bundesrepublik Deutschland konstituiert.

31. Mai — Die Tudors der Airflight werden vom Luftbrückeneinsatz zurückgezogen. Die Zivil-Luftbrücke registriert die 100 000. nach Berlin transportierte Frachttonne.

19. Juni 1949 — Die York G-ALBX der Skyways stürzt nahe Wunstorf ab. Keine Verletzten.

24. Juni — Eine Lincoln der Airflight trifft zur Teilnahme an der Luftbrücke in Wunstorf ein.

26. Juni — Die Lancastrian G-AKFH der Skyways brennt in Gatow aus. Keine Verletzten.

12. Juli 1949 — Die Lincoln der Airflight wird wieder zurückgezogen. Schleswigland schließt.

13. Juli — Die tägliche Mindestbrennstoffmenge wird von 550

auf 140 Tonnen reduziert, weil der Bahntransport wieder funktioniert.

17. Juli — Skyways zieht ihre Lancastrian-Tanker zurück.

10. August — Flight Refuelling und British South African ziehen sich zurück.

15. August — Fuhlsbüttel schließt als Flugplatz der zivilen Luftbrücke. Wunstorf schließt ebenfalls seine Pforten.

16. August 1949 — Ende der Zivil-Luftbrücke.

7. Oktober 1949 — Die Deutsche Demokratische Republik wird in Ostberlin proklamiert.

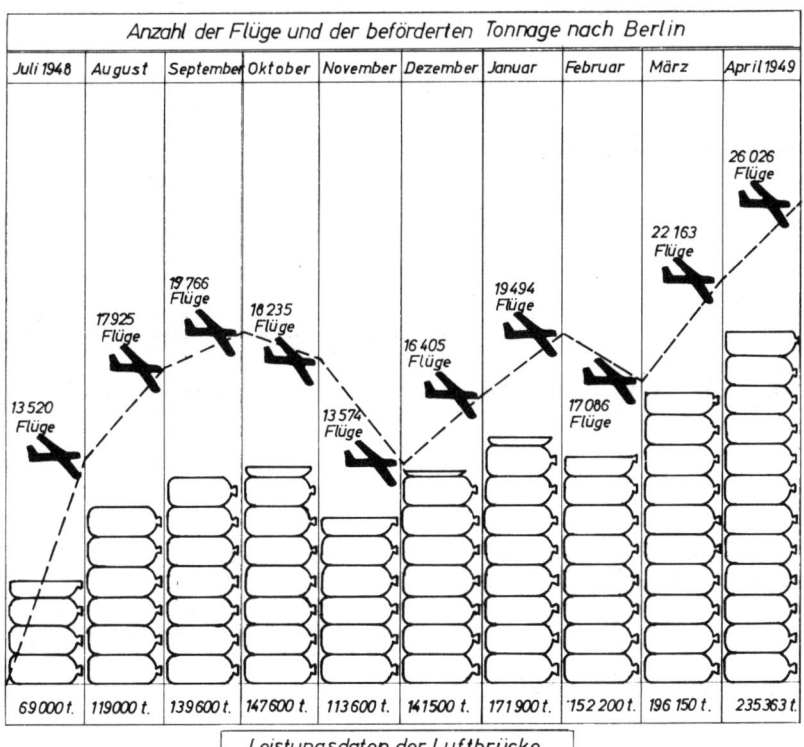

Leistungsdaten der Luftbrücke

DIE LUFTBRÜCKENFLUGZEUGE

Im Zusammenhang mit der Aufzeichnung der historischen Ereignisse während der Zeit der Berliner Blockade und der Luftbrücke ist es vielleicht nicht uninteressant, sich einmal die dabei verwendeten Flugzeugtypen näher zu betrachten. Man sollte auch nicht vergessen, daß 1948 noch keine Strahlturbinen-Transportmaschinen existierten, Düsenjäger dagegen gab es schon. Die ausschließlich im Luftbrückenunternehmen eingesetzten Propellerflugzeuge hatten auch noch nicht die große Ladefähigkeit, die uns heute von den Düsenfrachtern, zum Beispiel der Boeing 747 oder der Lockheed-Galaxy, schon beinahe selbstverständlich sind. Der Jumbo-Frachter zum Beispiel kann 115 Tonnen maximal befördern, ein normaler Boeing 707-Transporter immerhin schon mehr als 35 Tonnen. Dagegen nehmen sich die 10 Tonnen

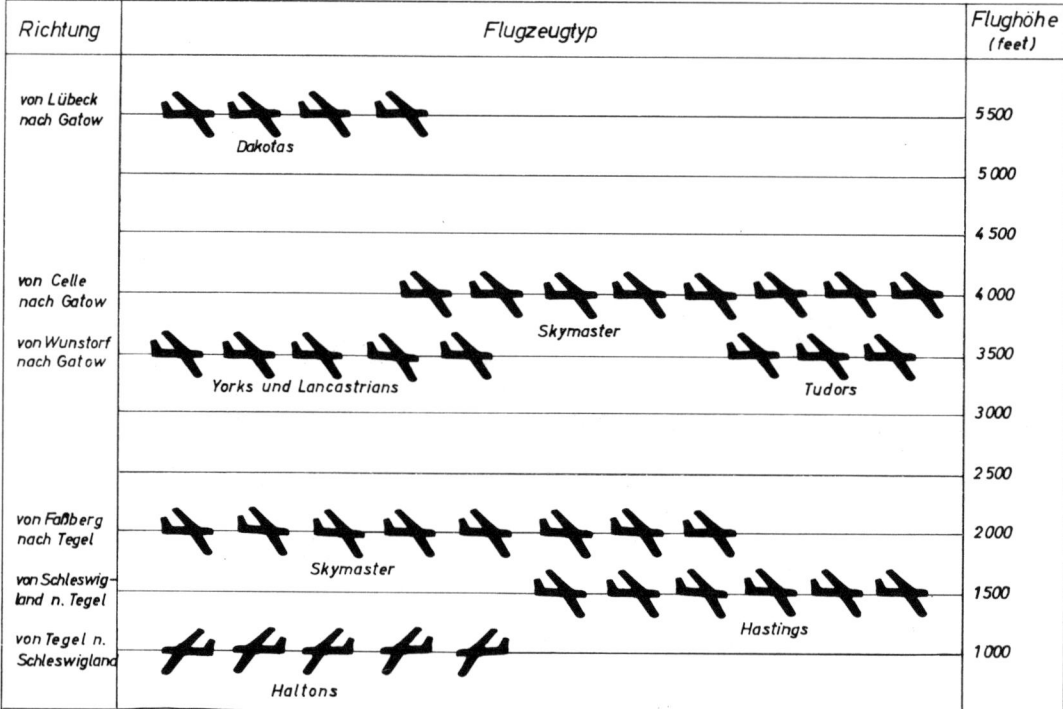

Beispiel der Flughöhenstaffelung im nördl. Luftkorridor

Ladefähigkeit der Skymaster sehr bescheiden an. Aber es standen 1948 nun einmal keine ausreichenden Mengen von noch schwereren Transportmaschinen zur Verfügung, wenn man von den vereinzelten Einsätzen der Globemaster oder dem erst ganz zum Schluß der Blockade herangezogenen 26 Tonnen-Stratofreighter einmal absieht. Unter diesem Aspekt sollte man die Luftbrücke sehen, ihre Leistung gewinnt dann eine noch größere Bedeutung.

Douglas C-47

Insgesamt 10 926 DC-3 wurden in den USA gebaut. Dieses Flugzeug ist in seinen vielen Versionen und Varianten zu einem der bekanntesten Transporter der Welt geworden. Viele 28-sitzige C-47-Standardmuster stehen heute noch bei der US Air Force und der Navy im Einsatz. Hunderte von Maschinen werden bei über 50 Luftstreitkräften der ganzen Welt verwendet, sehr oft unter der britischen Bezeichnung Dakota, die sich gegenüber dem Original-US-Namen Skytrain stark durchsetzen konnte. In Berlin zum Beispiel nannte man die C-47 ausschließlich Dakota.

Als erste Maschine einer langen Passagierflugzeug-Reihe wurde die DC-1 entsprechend einer von der TWA herausgegebenen Spezifikation gebaut, und zwar im Jahre 1932. Der Jungfernflug fand am 1. Juli 1933 statt. Als DC-2 bestellte die TWA ein erstes größeres Los von 25 Maschinen; später erhöhte sie diese Zahl auf 40. Die DC-2 war ein sofortiger Erfolg, Ende 1935 fertigte Douglas alle drei Tage eine Maschine, insgesamt wurden 138 DC-2 gebaut. Die DC-3, die ihren Erstflug am 18. Dezember 1935 machte, war eine Weiterentwicklung der DC-2 mit drei Mann Besatzung, 90 cm mehr Länge, drei Meter größerer Spannweite und 1360 kg mehr Nutzlast. Sie konnte 28 Passagiere befördern. Die beiden wichtigsten militärischen Versionen der DC-3 waren die C-47 Skytrain und die C-53 Skytrooper, von denen die R 4 D als Gegenstück der Marine sich nur in unwesentlichen Einzelheiten unterschied. Alle Maschinen wurden von Twin Wasp-Motoren angetrieben. Die gesamte militärische Produktion erreichte 10 123 Flugzeuge, darunter 1200 C-47 und C-53, die unter dem Pacht- und Leihabkommen an die Royal Air Force geliefert wurden. Wie schon angedeutet, nannte man sie hier Dakota, ein Name, der sich nach dem Kriege fast generell in der ganzen Welt durchsetzte.

Spannweite:	28,96 m
Länge:	19,64 m
Triebwerke:	Zwei 1200 PS Pratt & Whitney R-1830 Twin-Wasp Doppelsternmotoren
Fluggewicht:	11 790 kg max.
Höchstgeschwindigkeit:	368 km/h in 2680 m Höhe
Gipfelhöhe:	7350 m
Reichweite:	2415 km

Douglas C-54

Als die USA 1941 in den Krieg eintraten, wurde das neue Verkehrsflugzeug Douglas DC-4 gerade in Serie gebaut. Sofort wurde dieser Typ auch für militärische Aufgaben verwendet und schließlich waren für die USAF und die Navy mehr als 1000 Maschinen gebaut, die erste Serien-C-54 flog Anfang 1942 und Ende des Jahres begann der Eintritt dieses Musters in den aktiven Truppendienst. Später wurde die Skymaster als wichtigstes Flugzeugmuster für die Personen- und Frachtbeförderung über den Atlantik ausgewählt. Von den verschiedensten Varianten, die produziert wurden, stehen heute noch viele Maschinen bei mindestens einem Dutzend Luftstreitkräften der Welt im Einsatz. Die Standard-Nutzlast der C-54 besteht aus 50 Soldaten oder 14 515 kg Fracht.

Spannweite:	35,82 m
Länge:	28,62 m
Triebwerke:	Vier 1450 PS Pratt & Whitney R-2000-7 Twin-Wasp Doppelsternmotoren
Fluggewicht:	33 112 kg max.
Höchstgeschwindigkeit:	440 km/h in 4280 m Höhe
Gipfelhöhe:	6860 m
Reichweite:	6250 km max.

Douglas C-74

Douglas begann während des Zweiten Weltkriegs die Arbeiten an einem schweren Langstrecken-Transporter für 125 Passagiere, der von der C-54 abgeleitet wurde. 15 dieser mit C-74 Globemaster bezeichneten neuen Transportflugzeuge wurden zwischen Oktober 1945 und April 1947 ausgeliefert. Die C-124 Globemaster II, die den gleichen Tragflügel, das gleiche Triebwerk und das gleiche Leitwerk aufweist, erhielt einen neuen Rumpf größe-

Auf dieser Amateuraufnahme erkennt man die beiden Ost-West-Landebahnen in Tempelhof,
dahinter die Trümmer des alten Abfertigungsgebäudes aus den zwanziger Jahren. Hinten
links der »Kleiderbügel«, das neue Gebäude.

Fairchild
»Packet«
C-82

Boeing
»Stratofreighter«
C-97

Avro
»York«

Handley Page »Hastings«

Avro »Tudor«

Short »Sunderland«

Bristol »Freighter«

ren Querschnitts mit Bugladerampe statt des in der C-74 verwendeten Heckaufzuges.

(Daten: C-124 C)

Spannweite:	53,09 m
Länge:	39,75 m
Triebwerke:	Vier Pratt & Whitney R-4360-63A von je 3800 PS
Fluggewicht:	88 225 kg max.
Höchstgeschwindigkeit:	489 km/h in 6100 m Höhe
Reichweite:	6485 km mit 11 964 kg Nutzlast
Ladefähigkeit:	max. 31 070 kg Fracht oder 200 Soldaten

Fairchild C-82

Während der Luftbrücke wurden fünf dieser Großraum-Transport-Maschinen von der USAF eingesetzt. Ausgerüstet mit zwei Pratt & Whitney R-2800 Doppelstern-Motoren von je 2400 PS Startleistung, unterscheidet sich die Fairchild Packet von der später gebauten C-119 »Flying Boxcar« hauptsächlich in der Bugkonstruktion und der Cockpitanordnung. Bei der C-119 ist das Cockpit weiter vorn und tiefer in den Rumpfbug eingelassen, bei der Packet von oben aufgesetzt.

(Daten: C-119)

Spannweite:	33,30 m
Länge:	26,36 m
Triebwerke:	Zwei 2400 PS Pratt & Whitney R-2800-CA Double Wasp Doppelsternmotoren
Fluggewicht:	34 925 kg max. (C-119)
Höchstgeschwindigkeit:	391 km/h in 3050 m Höhe
Reichweite:	1595 km mit max. Nutzlast (etwa 5500 kg)

Boeing C-97

Der Entwurf dieses Flugzeuges geht auf eine Transportversion der B-29 Superfortress zurück, wobei Triebwerke, Flügel und Hecksektion beibehalten wurden und ein neuer Rumpf mit Acht-Querschnitt Verwendung fand. Die Serienproduktion der C-97 lief bei Boeing im Jahre 1945 an. Die Serienproduktion endete im Juli 1956, nachdem insgesamt 888 C-97 gebaut waren, davon 811 Tanker.

Spannweite: 42,75 m
Länge: 33,63 m
Triebwerke: Vier Pratt & Whitney R-4360-59 Kolbenmotoren von je 3500 PS
Abfluggewicht: 79 378 kg max.
Höchstgeschwindigkeit: 603 km/h
Reichweite: 6920 km

Avro York

Die York wurde entsprechend der A.M. Spezifikation C. 1/42 auf der Grundlage des Tragflügels und der Triebwerke der Lancaster 1942 mit vollständig neuem Rumpf und Leitwerk entworfen und machte ihren Jungfernflug im selben Jahr. Bedingt durch die Abhängigkeit von den USA bei der Lieferung von Transportflugzeugen im Kriege hatte die York eine sehr geringe Fertigungspriorität und bis 1945, als die erste vollausgerüstete Transportstaffel gebildet wurde, dienten die wenigen ausgelieferten Maschinen als fliegende Konferenzzimmer und zum Transport wichtiger Personen. Der größte Teil der 257 gebauten Yorks wurde nach dem Kriege ausgeliefert und das Muster spielte eine hervorragende Rolle bei der Berliner Luftbrücke 1948/49.

Spannweite: 31,10 m
Triebwerke: Vier 1280 PS Rolls Royce Merlin 12-Zylinder-V-Motoren
Höchstgeschwindigkeit: 477 km/h in 6400 m Höhe
Ladefähigkeit: 9 t

Handley Page Hastings

Die Entwurfsarbeiten am schweren Frachter und Truppentransporter Hastings liefen noch während des Zweiten Weltkrieges an und der Prototyp startete am 7. Mai 1946 zum Erstflug. Die erste Maschine eines auf 100 Stück bezifferten Fertigungsloses mit der Typenbezeichnung C. Mk. 1 wurde beim Transport Command in Dienst gestellt, gerade rechtzeitig, um eine wichtige Rolle in der Berlin-Luftbrücke 1948/49 zu spielen. Darauf folgte eine zweite Serie von 50 C. Mk. 2 mit leistungsstärkeren Triebwerken und anderen Änderungen. Die Hastings standen lange Zeit mit Erfolg

242

beim Transport Command im Einsatz, bis sie 1967 von der Hercules abgelöst wurden. Einige wenige Maschinen tun jedoch bei der No. 90 (Signals) Group des Strike Command immer noch Dienst, Flugzeuge, deren erste praktische Einsätze während der Berliner Luftbrücke gefordert wurden.

Länge:	25,02 m
Spannweite:	34,34 m
	Vier Bristol Hercules von je 1640 PS
	(T. Mk. 5)
Abfluggewicht:	36 287 kg max.
Höchstgeschwindigkeit:	570 km/h
Reichweite:	5246 km bei 444 km/h

Avro Tudor

Dieses viermotorige Verkehrsflugzeug wurde während des Krieges gebaut und absolvierte im Juni 1945 seinen Jungfernflug. Es war speziell für Luxusdienste über den Nordatlantik gebaut. Die Tudor, die heute noch als Charterflugzeug und als Frachter fliegt, konnte 32 Passagiere mit einer Geschwindigkeit von 455 km/h über Distanzen von 4680 km befördern. Im März 1946 machte die Tudor II ihren Erstflug, eine gestreckte Version der Type I, die für mittlere Strecken gebaut wurde. Insgesamt wurden von beiden Typen jedoch nur 34 Maschinen hergestellt, da sich schnellere und modernere Flugzeuge ankündigten. Auf der Berliner Luftbrücke wurde ausschließlich die Ausführung I der Tudor von einigen britischen Zivil-Fluggesellschaften geflogen, in den meisten Fällen als Tanker; die RAF hatte die Maschine nicht im Einsatz.

Triebwerke:	Vier Rolls Royce Merlin von je 1280 PS
Höchstgeschwindigkeit:	570,9 km/h
Reichweite:	4680 km
Zuladung:	8 t

Short Sunderland

Die S. 25 Sunderland wurde als Eindecker zur Ablösung der Doppeldecker-Flugboote der frühen dreißiger Jahre entwickelt und war eigentlich eine militärische Weiterentwicklung der berühmten Empire-Flugboote der C-Klasse aus der Vorkriegszeit. Sie behielt die Doppeldeck-Auslegung mit Offiziersmesse, Besatzungs-

und Schlafräumen, Kombüse und Werkräumen bei und der Prototyp der ersten Sunderland machte im Oktober 1937 seinen Erstflug. Die Mk. 1 (Pegasus-Triebwerke) kam im Sommer 1938 in den Dienst der Truppe und 75 Maschinen dieser Version wurden gebaut. Die Sunderland spielte bei der U-Boot-Abwehr eine bemerkenswerte Rolle, die erste Versenkung wurde im Januar 1940 gemeldet. Ende 1941 kam als Nachfolge der Mk. 1 die Mk. 2 in die Serienfertigung, von der 58 Maschinen gebaut wurden. Die Mk. 3 deren Prototyp im Juni 1942 flog, war mit 407 gebauten Einheiten das am häufigsten vorkommende Muster der Sunderland. Es hatte verschiedene Verbesserungen, darunter einen überarbeiteten Schwimmkörper. Die gesamte Sunderland-Produktion umfaßte, als sie im Oktober 1945 auslief, 700 gebaute Maschinen. Die »entmilitarisierte« Zivilausführung der Sunderland hieß »Hythe« und stand im Jahre 1943 zur Verfügung. In 265 Flügen beförderten Hythe-Flugboote im Auftrage der Aquila-Airways bei 700 Flugstunden insgesamt 1409 Tonnen Versorgungsgüter in die blockierte Stadt Berlin. Am 20. Mai 1958 endete der mehr als 20-jährige aktive Dienst der Sunderland-Flugboote in der Royal Air Force.

Spannweite: 34,43 m
Länge: 26,00 m
Triebwerke: Vier 1200 PS Pratt & Whitney Twin
                                Wasp R-1830 Doppelsternmotoren
Höchstgeschwindigkeit: 340 km/h in 1525 m Höhe
Abfluggewicht: 27 200 kg max.
Dienstgipfelhöhe   5460 m
Reichweite: 4760 km

Bristol Freighter
Am Ende des Zweiten Weltkrieges hatten die Bristol-Werke ein Transportflugzeug geschaffen, das in der Lage sein sollte, auch von kleinen Flugplätzen ohne feste Landebahnen zu operieren. Es war das erste Verkehrsflugzeug, das nach dem Kriege in Großbritannien bestellt wurde. Der Bristol-Typ 170 erhielt als Fracht-Flugzeug die Bezeichnung »Freighter«, als Passagierversion »Wayfarer«. Von den insgesamt 214 für zivile und militärische Zwecke gebauten Bristol 170 befinden sich noch zahlreiche Flugzeuge im Einsatz. Während der Luftbrücke beförderten sie im

Auftrage von Airwork und Silver City in 287 Flügen 1267 Tonnen Güter nach Berlin.

Spannweite:	32,94 m
Länge:	20,84 m
Triebwerke:	Zwei 2028 PS Bristol-Hercules-Motoren
Höchstgeschwindigkeit:	360 km/h
Abfluggewicht:	19 967 kg max.
Dienstgipfelhöhe	7000 m
Reichweite:	3800 km mit vollem Tankinhalt
	1200 km mit voller Nutzlast (6262 kg)

Neben diesen auf der Luftbrücke hauptsächlich eingesetzten Maschinen setzten die Zivilgesellschaften einige weniger bekannte Flugzeuge ein, von denen die Avro Lancastrian, die Transport-Version des berühmten Lancaster-Bombers oder die Handley Page Halton, die Zivil-Version des Halifax-Bombers, die am meisten beachtetsten waren. Die Lancastrian verfügte über Merlin-Triebwerke, erreichte eine Höchstgeschwindigkeit von fast 500 km/h und konnte eine Nutzlast von 7 t tragen. Meist war sie im Auftrage von Flight Refuelling und Skyways als Tanker eingesetzt. Allein von diesem Flugzeugtyp wurden über 40 000 Tonnen flüssige Brennstoffe nach Berlin geflogen. Die Halton war etwas langsamer als die Lancastrian, besaß Bristol Hercules-Motoren und flog im Dienste einer ganzen Reihe von Gesellschaften mehr als 31 000 Tonnen in 4653 Flügen nach Berlin.

Daneben flogen Dakotas für Zivilgesellschaften, einige umgebaute Liberator-Bomber, Viking-Flugzeuge und natürlich auch die Zivil-York, alles in allem eine bunte Zusammenstellung aller damals für Transportzwecke nur einigermaßen geeigneten oder notdürftig umgerüsteten Maschinen, die zusammen in 8713 Flügen bei 22 640 Flugstunden 54 634 Tonnen feste Güter, mit den Tankern zusammen 146 980 Tonnen in die blockierte Stadt Berlin flogen.

Der Stand der Ausrüstung und der Technik, die enorme Schnelligkeit beim Aufbau des Flughafens Tegel und die immer besser werdende Organisation des Riesenunternehmens waren zweifellos die entscheidenden Kriterien für den Erfolg der Berliner Luftbrücke. Den Sieg aber bestimmten letzten Endes die Menschen, die sie durchführten.

LITERATURNACHWEIS

Beim Recherchieren für dieses Buch zog der Verfasser neben seinem eigenen Archiv folgende Veröffentlichungen hinzu:

Barker, D.: Berlin Airlift. Account of the British Contribution, London 1949.

Bennet, L.: Bastion Berlin. Friedrich Rudl, Frankfurt 1951.

Clay, L. D.: Entscheidung in Deutschland, New York 1950.

Cronin, H.: Gelandet in Berlin. Festschrift der Berliner Flughafengesellschaft, herausgegeben im Oktober 1974.

Girbig, W.: Im Anflug auf die Reichshauptstadt, Stuttgart 1970.

Girbig, W.: Unternehmen Luftbrücke. Fliegergeschichten Bd. 163, München 1959.

Gordon, A.: Die Fliegerei, Gütersloh 1964.

Howley, F.: Berlin Command, New York 1950.

Krumholz, W.: Berlin ABC. Presse- und Informationsamt, Berlin 1970.

Kruse, W.: Berlin kurzgefaßt. Presse- und Informationsamt, Berlin 1972.

Leithäuser, J. G.: Die unsichtbare Kraft, Berlin 1959.

Lietzmann, Sabina: Berlin. Deutschland gestern und heute, Gütersloh 1962.

50 Jahre Motorflug, Offenburg 1953.

Muson, Kenneth: Die Weltkrieg II - Flugzeuge, Stuttgart 1973

Przychowski, Hans von: Verkehrsflugzeuge in West und Ost, Berlin 1966.

Taylor, John und Swanborough, Gordon: Vom weißen bis zum roten Stern. Die Militärflugzeuge der Welt, Stuttgart 1972.

The Berlin Airlift. Air Force Magazine Ausg. August 1957.

Schmidt, Heinz: Flugzeuge aus aller Welt, Ausgabe I bis III, Stuttgart 1966.

Reichardt, H. D.: Berliner Omnibusse, Berliner U-Bahn, Die Straßenbahnen Berlins, Düsseldorf 1974.

Vittles and Plainfare. Pictorial History of the RAF, London 1970.